HUBERT PIERQUIN

HISTOIRE POLITIQUE

DE LA

MONARCHIE ANGLO-SAXONNE

(449-1066)

PARIS

ALPHONSE PICARD & FILS, ÉDITEURS

82, RUE BONAPARTE, 82

1912

HISTOIRE POLITIQUE

DE LA

MONARCHIE ANGLO-SAXONNE

(449-1066)

HUBERT PIERQUIN

HISTOIRE POLITIQUE

DE LA

MONARCHIE ANGLO-SAXONNE

(449-1066)

PARIS

ALPHONSE PICARD & FILS, ÉDITEURS

82, RUE BONAPARTE, 82

1912

« *Britanniae usque ad hoc tempus variis cladibus eventi-busque late vexatae, in dicionem Saxonum rediguntur.* »

(*Chronica Gallica*, a. CCCCLII, *ed.* Mommsen. (*Mon. Hist. Germ. Auctores Antiquissimi*, IX, 1, 660).

PRÉFACE

Cette étude embrasse une période obscure et troublée de l'Histoire d'Angleterre. A l'effort civilisateur des Romains ; à l'influence de leur génie modérateur ; à l'unité nationale déjà réalisée par les Bretons, succèdent pendant des siècles, les invasions des barbares, leur domination précaire et tyrannique, leurs constantes révolutions.

Ce ne sont que guerres intestines, morcellements et partages arbitraires d'états et de provinces, que leur situation, leur histoire et leurs mœurs avaient autrefois unis. Le christianisme seul, mêle quelque douceur à l'agitation de ces temps lointains. Aussi le conquérant peut-il à peine jouir de sa victoire en Angleterre, puisque d'autres barbares l'y menacent sans cesse, de leurs forces grandissantes. Les domaines de l'envahisseur sont emportés par l'invasion, et lorsque l'ennemi du dehors est venu troubler sa conquête, le roi étranger s'est tourné dans un élan de confiance vers ce peuple anglais qu'il avait asservi, mais qu'il pouvait appeler aux armes, puisqu'il incarnait pour lui, les luttes et l'espoir de sa patrie. Car souvent, le peuple l'a élu, pour son courage et ses vertus. C'est Alfred, Athelstan et Cnut qu'il adopta, quand ceux-ci eurent voulu la grandeur de leur patrie nouvelle, et porté au delà des mers, le nom anglais. La volonté du peuple et son amour loyal, les sacraient une seconde fois.

1

Avec ces maîtres incertains, qu'ils fussent saxons ou danois, le peuple anglais se sentait uni et fort, sous la rude conduite qui le disciplinait, et jamais la conquête, ni l'invasion ne parvinrent à ébranler sa foi, dans la gloire de ses futures destinées.

Mars 1907-Octobre 1912.

LIVRE PREMIER

CHAPITRE PREMIER

La très ancienne population de la Bretagne. — Les Cimmériens et les
Celtes. — Leur établissement en Bretagne. — Les traditions galloises.
— Les anciens Bretons. — L'invasion de la Bretagne par Jules César.
— Sa conquête définitive par les Romains.

L'origine des populations de l'Europe, en général, a toujours été pour l'historien, l'objet de conjectures, souvent
aventureuses. La Grande-Bretagne n'a pas échappé à de
pareilles investigations, au cours desquelles, le document
authentique ne se différencie guère du jugement personnel
de l'auteur, et où l'intuition supplée, dans l'examen de
périodes historiques aussi reculées, à l'insuffisance, ou à
l'obscurité des sources critiques.

Le phénomène de la population s'explique en tout
pays, par l'émigration de tribus, se détachant de quelque
établissement primitif. Ainsi, des peuples se sont-ils formés,
hors du sein de nations préexistantes, du fait de l'émigration voulue, ou de quelque séparation fortuite, commandée
par les nécessités des conquêtes, ou des échanges commerciaux ; et combien de tribus s'aventurant sur les mers, ont
été poussées, au gré des flots, vers la destination imprévue,
où devait se développer leur effort colonisateur.

Le docteur Percy, en Angleterre, fut le premier qui, en
1770, distingua clairement les tribus celtiques des tribus

gothiques : il établissait, ainsi, une base historique certaine,
pour l'étude de l'Europe antique, en y comprenant encore
les éléments slaves ou sarmates Ce sont là, semble-t-il, les
trois grands courants d'où dérivent principalement les diverses nations des parties occidentales de l'Europe, successivement peuplée, à des intervalles assez distincts, pour que les
différences de langage des populations, les caractérise plei-
nement. La première période de ces migrations comprend
les races cimmériennes et celtiques ; la seconde, les tribus
des Scythes, des Goths, et des Germains, qui donnèrent
naissance à la plupart des nations de l'Europe occidentale.
Enfin, la troisième période embrasse l'évolution des Slaves
et des Sarmates, alors que ceux-ci débordent sur les frontières des premières tribus, qui se sont étendues sur toute la
Germanie. C'est des deux premiers éléments des populations
de l'Europe que descendirent les plus anciens immigrants
d'Angleterre (1).

Les Cimmériens s'établirent en Europe, vraisemblable-
ment, avant les tribus des Scythes. Hérodote rapporte que
les Cimmériens possédaient, autrefois, ces régions d'Europe,
dont les Scythes les avaient chassés, et que ceux-ci gardaient encore, au temps où il écrivait (2), puisqu'ils s'étendaient, alors, du Danube vers la Baltique, et vers le
Nord.

Il est difficile de préciser le temps où les Cimmériens quittèrent l'Asie, mais on peut avancer qu'ils s'étaient fixés en

---

1. Nous ne donnons que cette référence à la magistrale et définitive
étude de Sharon Turner, sur l'*Histoire des Anglo-Saxons, jusqu'à la
Conquête Normande* (Londres, 1852). Elle renferme sur la période
anglo-saxonne, les sources historiques les plus précieuses, qui ont
apporté au présent ouvrage, la plus large contribution : celui-ci n'est
souvent, comme l'histoire dont il s'est constamment inspiré, qu'une version de la *Saxon Chronicle*.

2. Hérod. *Melpom.*, s. 11.

Europe, à l'âge homérique, puisqu'ils sont cités par deux fois, dans l'Odyssée (1). Et le fait, qu'Homère ait pu connaître la situation des établissements des Cimmériens, dans les parties nord-sud de l'Europe, est affirmé, à trois reprises, par Strabon (2).

C'est 700 ans avant l'ère chrétienne, que les Cimmériens furent attaqués par les Scythes, dans leurs positions (3). Sous cette invasion, les Cimmériens s'éloignèrent d'Europe en Asie-Mineure, dont ils dévastèrent les côtes : Homère et les Ioniens partageaient la croyance légendaire, qu'ils étaient sortis des régions infernales (4).

La population Cimmérienne, ainsi attaquée par les Scythes, occupait alors la Chersonèse Cimmérienne. Elle se répandit en Asie-Mineure, mais ne paraît pas s'être étendue, au delà de la région des côtes : elle était commandée par Lygdamis qui pénétra en Lydie et en Ionie, prit Sardes, et mourut en Cilicie (5). Cette incursion réussit, sans doute, par ce qu'elle était inattendue, et mention en est faite par Hérodote, Callisthène, et Strabon (6). Les Cimmériens furent chassés plus tard, d'Asie-Mineure par le père de Crœsus (7).

Quand les Scythes les attaquèrent pour la première fois, sur la partie européenne du Bosphore, les tribus des Cimmériens tinrent conseil : les chefs et l'aristocratie voulaient

---

1. Κιμμεριων ανδρων, Od., V, 14.

2. Strabo, *Geog.*, 12, 38, 222.

3. Hérodote rapporte cette invasion au règne d'Ardyes, fils de Gygès. (Liv. I, s. 15). Ardyes régna de 680 à 631, avant Jésus-Christ.

4. « Comme Homère savait que les Cimmériens étaient fixés, dans les régions au nord, et à l'ouest du Bosphore, il les fit voisiner les Enfers suivant, peut-être, en cela, l'opinion commune des Ioniens sur cette race. » Strabo, *Geog.*, 222.

5. Strabo, lib. XI ; Herod., *Melpom.*, s. 12 ; *ibid.*, *Clio*, s. 15.

6. Herod., *Clio*, s. 6 ; Strabo, *Geog.*, lib. I.

7. Herod., *Clio*, s. 16.

résister aux envahisseurs, mais d'autres préféraient à ce parti, l'émigration volontaire (1). La divergence de vues provoqua une bataille, dont les survivants abandonnèrent le pays aux Scythes. Mais tandis qu'une partie des Cimmériens se dirigeait vers l'Asie, sous la conduite de Lygdamis, l'autre, plus belliqueuse et plus nombreuse, marchait vers les régions les plus reculées de l'Europe, et s'étendait jusqu'au rivage de la mer germanique. « Ici, rapporte Plutarque, ils vivent dans une contrée sombre et boisée, où l'on voit rarement le soleil, que cachent des arbres magnifiques et pleins d'ombre, qui couvrent, très avant, les terres sur une étendue, pareille à celle de la forêt Hercynienne... » Mais il est difficile de savoir si l'établissement des Cimmériens en Germanie, fut la conséquence de l'attaque des Scythes, ou si elle la précéda.

L'histoire des Cimmériens demeure incertaine, depuis leur départ du Bosphore oriental, pour la Chersonèse des Cimbres, sur la Baltique. On admet, généralement, que les premiers émigrants s'établirent dans les régions voisines de Naples, où la mythologie place l'entrée des Enfers (2). Là, ils vivaient comme les nomades, de pillage et de rapines, selon Posidonius, qui rapporte leurs incursions fréquentes chez les populations environnantes (3).

Dans le siècle antérieur à César, les Cimmériens furent connus des Romains, sous le nom contracté de Cimbres (4),

---

1. Herod., *Melpom.*, s. 11.

2. « Et ils regardent cette place comme infernale, et ils disent que les Cimmériens y habitent : et les étrangers, en arrivant en ces lieux, y font des sacrifices, pour apaiser les démons souterrains. Il y a là, une fontaine d'eau vive, mais chacun s'en abstient, croyant boire l'eau du Styx ». Strabo, *Geog.*, 171.

3. Strabo, *Geog.*, 106 ; *Posid.* dans Strab., 450.

4. Dans Strabon, *Posidonius* (lib. VII) : « Quum Græci Cimbros Cim-

lors des guerres où Marius les combattit. A cette époque, nombre d'entre eux quittèrent leurs positions de la Baltique, et se joignant à d'autres tribus, pénétrèrent dans la grande forêt Hercynienne, qui couvrait, alors, la plus large partie de l'ancienne Germanie. Repoussés par les Boïens, ils descendirent vers le Danube, et envahissant le Norique et l'Illyrique, ils mirent en déroute le consul romain, Narbon. A quelques années de distance, ils envoyèrent des ambassadeurs à Rome, pour solliciter du Sénat, que des terres leur fussent assignées et reconnues, et ils offraient en retour, leur alliance aux Romains, dans leurs guerres. Mais leurs propositions furent repoussées, et par quatre fois, ils furent victorieux des consuls, et pénétrèrent en Gaule, où ils dévastèrent toutes les régions entre le Rhône et les Pyrénées. Puis, ils tentèrent vainement d'attaquer l'Espagne, dont ils furent chassés par les Celtibères. Revenus en France, ils se joignirent aux Teutons, errants sur les bords de la Baltique, pour envahir l'Italie, et pour y être arrêtés, par le génie victorieux de Marius et de Sylla (1).

La majeure partie des Cimbres fut décimée, en ces guerres meurtrières, au cours desquelles, la tradition rapporte que les Romains anéantirent deux à trois cent mille de ces barbares, en deux batailles... Les Cimbres, demeurés sur le continent, ne connurent plus qu'un établissement précaire et troublé. Strabon parle d'eux, en son siècle, comme vivant sur les bords de la Baltique (2) ; et Pline se contente de les mentionner, en deux courts passages (3). Selon ces auteurs,

merlorum nomine afficiant ». Diodore de Sicile (lib. V) dit expressément que l'appellation de Κιμμεριοι, fut changée en Κιμβροι, par corruption.

1. *Liv. Epit*, 63, 67 ; Florus, lib. III, c. 3 : Oros., lib. V, c. 16 ; Strabo, lib. V. Les noms de trois de leurs rois sont donnés par Tite-Live, Plutarque et Florus : Bolus, Bojorise, Teutobochus.

2. Lib. VII.

3. *Hist. Nat.*, lib. IV, c. 27, 28 ; lib. VI, c 14.

les Cimbres s'étaient fixés sur les côtes nord-ouest d'Europe, ou de la mer de Germanie, sur laquelle les Saxons et les Danois devaient s'aventurer, par la suite, pour leurs expéditions, en Bretagne.

Quand Tacite parle des Cimbres qui, en son siècle, s'étaient retirés dans la péninsule du Jutland, il les mentionne en ces termes, qui rappellent leur ancienne puissance, et leur renommée : « C'est maintenant un petit État, mais la gloire en fut grande : les marques de leur ancien renom se retrouvent au loin, aux rives de l'Elbe... ». Et la tradition de la gloire des Scythes se maintient, jusqu'au siècle de Claudien (**1**).

On s'accorde, généralement, à reconnaître que les plus anciens habitants de la Bretagne furent appelés Cymry (se prononçant Kumri), et il est à remarquer que leurs premiers descendants, les Gallois, se sont toujours eux-mêmes qualifiés de Cymry, nom qu'on retrouve dans les très anciens monuments de la littérature anglo-saxonne.

Si l'on admet que les Κιμμέριοι ou *Cimbri* occupèrent les côtes du nord de la mer de Germanie, et tentèrent la fortune des expéditions lointaines, on peut soutenir avec quelque vraisemblance, que les Cymri de Bretagne durent tirer leur origine, des Cimmériens du continent (**2**). Et cette présomption se fortifie du fait, que dans le nord de l'Angleterre, une partie de l'ancienne nation bretonne s'était établie dans une région nommée *Cumbria*, nom d'où est dérivée la forme moderne, Cumberland.

Les traditions danoises des expéditions en Bretagne, venues

1. Claudien appelle la mer du Nord, « Cimbrica Thetis » (Cons. Hon., lib. IV).

2. Tacite (*De Mor. Germ.*) parlant des Œstii, établis sur les bords de la Baltique, dit que leur langage est semblable à celui des Bretons : « *lingua Britannicae proprior* ».

du Jutland, et que rapporte Saxo Grammaticus, peuvent être prises en considération. Quelque incertaine que soit la tradition sur laquelle elles se fondent, et sans présenter le caractère de faits historiques positifs, elles s'ajoutent encore aux probabilités diverses, qui militent en faveur des migrations primitives dans les Iles Britanniques.

Les données traditionnelles des triades (1) galloises, fortifient également cette hypothèse. Elles établissent que les Cymry furent les premiers habitants dè la Bretagne, et qu'avant leur arrivée, le pays était peuplé de troupeaux d'ours, de loups et d'aurochs (2). Elles ajoutent qu'Hu Cadarn, ou Hu le Fort, ou le Puissant, fit traverser à la nation des Cymry l'Hazy, ou Océan Germanique, pour les conduire en Bretagne, alors qu'ils venaient des parties orientales de l'Europe (3). Les Cymry seraient donc venus des bords du Bosphore Cimmérien, vers la mer du Nord. Ceux-ci paraissent avoir eu les mœurs qui ont été rapportées des

---

1. Les triades galloises consistent dans la réunion de trois événements traditionnels réunis par l'auteur, et présentant entre eux quelque analo-.gie. Une série complète des triades fut éditée dans l'*Archaiology of Wales*, vol II, 57-75. L'impression en fut faite sur un manuscrit de 1601, tiré des livres de Caradoc de Llancarvan, et de John Breckfa (xiie siècle).

2. Les termes mêmes de la triade sont les suivants : « Trois noms ont été donnés à l'île de Bretagne, depuis le commencement du siècle. Avant d'être peuplée, on la nommait Clas Merddin (la contrée des falaises), et par la suite, Fel Ynis (l'île du miel). Quand sur elle régna Prydain. fils d'Aedd le Grand, la Bretagne fut appelée Ynys Prydain (l'île de Prydain), et elle n'était tributaire que de la race des Kymry, qui en avaient été les premiers possesseurs ». Triad. I. *Arch.*, V. II, 57.

3. « Les trois piliers de la nation de l'île de Bretagne. D'abord, Hu Gadarn qui conduisit, le premier, la nation des Cymry vers l'île de Bretagne ; et ils venaient du pays de Summer, qui est appelé Deffrobani, c'est-à-dire des lieux où Constantinople s'élève ; et par l'océan, ils vinrent en Bretagne, où ils sont demeurés. » Triad., 4, p. 57.

peuplades primitives, en migration. Ephore (1) dit des Cimmériens qu'ils habitaient des demeures souterraines, séparées par des sortes de fossés. Leur nom était *argillas*, et il est curieux de remarquer que dans la langue des Cymry ou Bretons. le mot *argel*, signifie couverture, abri, maison couverte (2). Ce genre d'habitation semble avoir été celui de tous les barbares, dans leur établissement primitif. On rapporte que les Troglodytes d'Asie vivaient dans des souterrains, et Tacite cite le même détail en parlant des tribus germaines, les plus sauvages... Les Cymry juraient par un taureau d airain, qui suivait l'armée. Dans les batailles, ils apparaissaient, avec des casques et des enseignes représentant des bêtes féroces et menaçantes, ou quelques figures étranges. Ils portaient des boucliers blancs et brillants ; des cottes de mailles de fer, et des haches de batailles, ou de longs et lourds glaives. Ils jugeaient honteux de mourir de maladie, et ils souhaitaient que leur fin fût héroïque. Comme pour la plupart des nations barbares, Callimaque rapporte des Cymry, qu'ils buvaient le lait des cavales, comme l'Arabe du désert, celui des chamelles.... Les rites religieux des Cimmériens comportaient, parfois, des sacrifices humains, et Strabon rapporte des Cimbres, que leurs femmes les accompagnaient à la guerre, avec un cortège de prêtresses sauvages, vêtues de blanc, et les pieds nus. Celles-ci, glaives en main, cherchaient les captifs par toute l'armée, et les faisaient jeter dans une

1. Dans Strabon, *Geog.*, lib. V, 375.

2. Le mot se rencontre dans la très ancienne poésie galloise, dans Afallenau de Merddhin :

« A dyf yn *argel* yn argoedydd
(il viendra sous le *couvert* de la haute forêt).

Il se trouve encore dans Beddaw de Taliessin :

« Bet Llia Gwitel in *argel* ardudwy dan y guellt ac guevel.

(La tombe de Llia, la Gwydellienne, dans la *voûte* d'Ardudwy, sous l'herbe et les feuilles mortes), I. *Archaiol*, p. 80.

immense chaudière, de la dimension de vingt grandes amphores. Alors, sur les bords de cette gigantesque coupe, une prêtresse poignardait les victimes, une à une, et éjaculait ses prédictions, d'après la manière dont le sang coulait, à l'intérieur du récipient. Dans les combats, les Cimbres frappaient sur des peaux tendues sur leurs charriots de guerre, et faisaient entendre un son terrible (1). Dans les guerres de Marius, Plutarque rapporte que les femmes furent placées sur les chars, derrière l'armée, et que quand elles virent céder les leurs, elles tuèrent indistinctement tous les fuyards, frères, époux, parents, ou alliés : elles étranglèrent, également, leurs enfants en bas âge, les jetant sous les roues des chars, et se tuèrent, enfin, elles-mêmes, ne voulant point survivre à leur défaite. Ces détails peuvent être utilement comparés à ceux que donne Tacite, sur les Bretons, lors de l'invasion romaine. Il dépeint, en effet, les femmes, agitant des torches enflammées, et courant comme des furies, parmi l'armée des Bretons. Il ajoute qu'elles répandaient sur les autels, le sang des captifs, et qu'elles consultaient les oracles, par l'examen des viscères humains. Il rappelle encore que des femmes, avant la destruction de la colonie de Camelodunum, chantèrent, animées d'un délire prophétique, la ruine prochaine de leur patrie (2).

Mais un autre peuple, mêlé aux origines de la Grande-Bretagne, les Celtes, étaient établis, au début historique de la Grèce, dans les régions occidentales de l'Europe. On les appelait Κελτοί, puis Γαλάται, et César dit d'eux qu'ils se qua-

1. Strabo, lib. VII, 451.
2. « Stabat pro litore diversa acies, densa armis, virisque, intercusantibus feminis. In modum furiarum, veste ferali, crinibus dejectis, faces preferebant... Nam cruore captivo adolere aras ; et hominum fibris consulere deos fas habebant. . Et feminæ in furore turbatæ, adesse exitium canebant » ... Tacite, *Annal.*, lib. XIV.

lifiaient de *Celtae*, ou *Keltae*, bien que les Romains leur eussent donné l'appellation générale de *Galli* (1).

Les Celtes paraissent avoir formé une race, issue de la famille cimmérienne. Car le terme cimmérien, n'était qu'une appellation générique, et chaque peuple, détaché du groupe primitif, gardait sa dénomination particulière. Ainsi, une partie des Cimmériens qui avaient envahi l'Asie, sous Lygdamis, étaient appelés, également, *Trerones*, ou Treres. Arrien (2) affirme, par deux fois, que les Celtes étaient Cimmériens, et Diodore (3) soutient en termes précis, la même hypothèse.

Alors que les Cimmériens traversaient le nord de l'Europe, du sud à l'ouest, les Celtes semblent s'être étendus vers le sud, et le sud-ouest. Quelques géographes, avant Plutarque, ont étendu les régions occupées par les Celtes, jusqu'à la mer d'Azof. Ephore fait rentrer l'Espagne dans l'empire celtique, et divisant le monde en quatre parties, il fait habiter l'une d'elle, vers l'ouest, par les Celtes (4). Ces données, tout incertaines qu'elles soient, prouvent l'importance territoriale qu'on attribuait aux Celtes. De plus, tous les auteurs classiques qui font mention des Celtes, les représentent, comme peuplant les régions occidentales de l'Europe. Tandis que les Cimmériens pénétraient en Europe, de l'extrémité orientale de celle-ci, jusqu'à sa plus lointaine péninsule, au nord-ouest, la branche celtique se répandait sur les côtes du sud-ouest.

<hr>

1. Cæsar, *Comment. de Bell. Gall.*, lib. I, s. 1.; Diod. Sic., lib. V (Κελτοι); Strabo, 298 (*Gallikon*, ou *Galatikon*). Cf. les très remarquables et définitives études de M. d'Arbois de Jubainville.

2. App. dans *Illyr.*; *De Bell. Civ.*, lib. I.

3. Diod. Sic. lib. V.

4. Strabo, lib. IV, 304; lib. I. 59. Les quatre parties du monde, selon Ephore, étaient peuplées à l'orient, par les Indiens; au sud, par les Ethiopiens; à l'ouest, par les Celtes, et au nord, par les Scythes.

Au temps d'Hérodote, les Celtes étaient établis sur les côtes ouest de l'Europe. Il rapporte que ce peuple s'était fixé, sur les parties ouest de l'Europe, les plus distantes (1) ; et ailleurs, il écrit que les Celtes vivaient au delà des colonnes d'Hercule, et qu'ils s'étaient arrêtés à l'embouchure du Danube (2).

Aristote, fait souvent mention des Celtes. Il les représente comme ne craignant ni les tremblements de terre, ni les inondations ; il les montre se précipitant, tout armés, dans les flots, ou plongeant les nouveau-nés dans l'eau glacée, ou les revêtant de haillons. Il situe la Celtique au-dessus de l'Ibérie, et quelqu'incertaines que soient les notions d'Aristote, sur les Celtes, elles prouvent toutefois qu'il avait une vague connaissance de l'étendue de leur empire (3)... Les Boïens et les Helvètes étaient regardés comme Celtes, dans l'antiquité (4).

César, après Hérodote et Aristote, établit que les Celtes vivaient dans les parties occidentales de l'Europe, en Gaule et en Espagne. Quand il écrivait, les hordes germaines ou scythes avaient incorporé, ou chassé devant elles, les races plus anciennes fixées dans les régions qu'elles envahissaient.

En pénétrant dans la Gaule, César trouva les Celtes qui en possédaient la meilleure part, avec les régions maritimes : la Seine et la Marne, selon lui, séparaient les Celtes des Belges, et la Garonne, des Aquitains (5). Et si l'on admet que les Celtes occupaient les côtes de la Gaule, de la

1. Herod. *Melpom.*, c. 49.
2. Herod., *Euter.*, c. 33.
3. Arist. *Eth.* lib. III, c. 10, c. 4 ; *Polit.*, lib. VII, c. 17 ; *Meteor.*, lib. I, c. 12.
4. Tac. *Mor. Germ.* ; Strabo, lib. VII ; Cæsar, de *Bell. Gall.*
5. Cæsar. *De Bell. Gall.* lib. I, c. 1.

Seine à la Garonne, et qu'ils avaient été refoulés vers la Seine, par les invasions du Nord, — on doit convenir qu'ils se trouvaient dans une position très favorable, pour passer en Bretagne — ; de même que les Bretons qui, en retour, vinrent chercher, plus tard, un refuge sur les côtes gauloises, en fuyant devant les Saxons.

Avant le siècle de César, les Celtes avaient menacé les puissances grecque et romaine, de leurs dangereuses invasions. Vers 600, avant l'ère chrétienne, ils occupent les Gaules, et le nombre de 'leur population s'y accroît en de telles proportions, que leurs chefs leur font passer les Alpes, pour envahir l'Italie. Une armée nombreuse vint défaire les Toscans, et les vainqueurs fondèrent, ensuite, Milan ; l'autre partie des Celtes s'établit près de Vérone, et rayonna, de là, dans les districts environnants (1).

Le second mouvement des Celtes, en Italie, eut lieu 180 ans après leur première invasion : Brennus les dirigeait contre Rome elle-même, dont ils devinrent maîtres jusqu'à ce que Camille eût sauvé la république en péril, de ses conquérants barbares (2).

Cent dix ans, après ces événements, la Grèce subit les attaques de ce peuple formidable. Les Celtes accoururent d'Illyrie, en Macédoine et en Thrace ; puis, ils se répandirent en Thessalie, et tentèrent d'attaquer Delphes que protégea

---

1. C'est le règne de Tarquinius Priscus qui marque la date de ces événements. Tite-Live rapporte, en effet, que sous son règne, les Bituriges commandaient aux autres Celtes, et qu'ils donnèrent un roi à toute la Celtique, et qu'il fut Ambigat. Les princes qu'il mit à la tête de la double expédition. en Italie, furent Bellovesus et Sigovesus, ses neveux. L'armée de Sigovesus se dirigea vers la forêt Hercynienne ; celle de Bellovesus envahit l'Italie. *Liv. Hist.*, lib. V, c 34.

2. Denys d'Halicarnasse fait dater l'invasion des Celtes (εφοδος Κελτων), de la première année de la 98ᵉ Olympiade, ou de 120 années avant Junius Brutus et Collatin. Lib. I.

le respect religieux, et qui arrêta, ainsi, ce flot d'envahisseurs, en **280** avant J.-C. (1).

Après ces faits, l'histoire antique rapporte encore une tentative des Celtes en Asie-Mineure, alors que ceux-ci servaient dans les armées de Ptolémée et d'Antigone : ils eurent avec les Romains de nombreuses rencontres, toujours marquées par des défaites : et Quintus Fabius Maximus, dans une bataille, que César rappelait aux Gaulois en révolte, extermina, au dire de Strabon, **200.000** combattants celtiques (2).

Sur les mœurs des Celtes, Strabon remarque qu'ils couchaient sur la terre, comme les Ibères ; qu'ils se servaient de vases de cire ; qu'ils pratiquaient les sacrifices humains que les Romains leur interdirent ; qu'ils rapportaient les têtes de leurs ennemis, pour les fixer aux portes de leurs villes, et qu'ils furent plus facilement (3) conquis que les Espagnols, parce qu'ils combattaient en masses serrées.

Si l'on considère, et l'esprit d'aventure et de conquête d'une population si nombreuse, et sa puissance dans la Gaule, avec son voisinage de la Bretagne, il semble que l'on puisse conclure que les Celtes durent traverser la mer, pour aller coloniser ce dernier pays. César rapporte en termes exprès, que l'un des rois celtes, en Gaule, Diviaticus, avait réduit la Bretagne sous sa domination (4) ; que les Celtes de l'Armorique appelèrent à leur aide, quelques-unes des tribus bretonnes, contre les Romains, et que l'une des raisons qu'il eut d'attaquer la Bretagne, fut l'assistance même qu'elle avait prêtée contre lui, aux Gaulois celtiques (5)

---

1. Cf. Pausan., *Attic.*, lib. 1, 6, 8 ; *Phoc.*, lib. X.
2. Pausan., lib. 1 ; *Liv. Hist.* ; Cæsar. *De Bell. Gall.*
3. Strabo, 249, 233, 303, 299.
4. Lib. II, c. 4.
5 Lib III, c. 9 ; c. 18.

César mentionne également, la venue des trafiquants celtes, en Bretagne, et avant d'envahir celle-ci, il envoya aux Bretons un des princes de race celte; dont il avait fait un roi, pour leur persuader de garder la paix avec les Romains, et il ajoute que ce chef jouissait d'un grand renom, en Bretagne. On trouve donc, ainsi, dans César, des preuves suffisantes des échanges commerciaux et des relations militaires, qui existaient entre les Celtes et les Bretons.

La plupart des historiens sont d'accord sur ce point, que des colonies de race celtique, vinrent se fonder de la Gaule, dans les Iles-Britanniques. Et la tradition galloise fait venir de Gaule, en Bretagne, avec quelque vraisemblance, deux colonies d'origine cimmérienne : l'une, partie de l'Armorique ; l'autre, de Gascogne (1). L'émigration armoricaine était celle d'une tribu appelée Brython (2), nom qui rappelle que Pline avait trouvé un peuple, établi en Bretagne, lorsqu'il écrivait, et dont les habitants étaient nommés, *Britanni.* Les colons venus de Gascogne, étaient les Lloegrwys : ils occupaient la plus large partie de l'Angleterre, qui a été toujours nommée Lloegr, par les poètes, et par les

1. La cinquième triade est ainsi conçue : « Les trois peuples paisibles de la Bretagne. Les premiers furent les Kymry, qui vinrent avec Hu Cadaru dans l'île de Bretagne. Il n'obtint pas le pays et les terres, par voie de massacres ou de spoliations, mais par la justice et par la paix. Les seconds étaient de la race des Lloegrwys, et venaient de la terre de Gwasgwyn, et ils appartenaient à la race primitive des Kymry. Les troisièmes étaient les Brython, et ils venaient du pays de Llydaw, et ils étaient de la première race des Kymry. Et ces trois peuples étaient appelés peuples de la paix, parce qu'ils étaient venus l'un vers l'autre, dans la paix et la tranquillité. Et ces trois nations étaient de la race des Kymry, et elles avaient la même langue. » Triacddynys Prydain, 2 Archaiol, 58.

2. Les Brython sont fréquemment cités par les anciens poètes gallois : par Aneurin, dans son *Gododin,* et par Taliessin (*Archaiol.,* 10, 31, 50, 66, 67, 73. Pline. *Hist. Nat.,* lib. IV, c. 31).

chroniqueurs gallois (1). Tacite croit formellement que les
Gaulois peuplèrent la Bretagne, et Bède soutient que les
premiers colons de l'Angleterre, vinrent de l'Armorique (2).
L'établissement de la Grèce, avec les Phocéens, à Marseille,
vers 540 avant J.-C., ne fut pas sans influence sur la colonisation de la Bretagne : les Phocéens s'établirent, en ce dernier pays, dans plusieurs régions celtiques, et ce fait, ajouté
à ceux qui précèdent, montre assez la descendance cimmérienne et celtique, de la population primitive de l'Angleterre (3).

Les îles bretonnes furent, sans doute, visitées par les
Phéniciens et les Carthaginois, mais il est difficile d'établir
ces faits, par des documents positifs, devant les récits contradictoires des historiens de l'antiquité (4), et les conjectures fabuleuses de la Bretagne, colonie troyenne ou grecque.

Quand César envahit la Bretagne, les *Commentaires* nous
apprennent (5) qu'il en ignorait, et l'étendue, et la population : on ne savait, alors, si ces terres, nouvellement con-
nues, étaient un continent, ou une île. Mais après la
conquête de la nation celtique de la Gaule, et de ses envahisseurs germains, ce fut l'ambition de César, que de tenter
la découverte, et la soumission de la Bretagne.

L'incertitude même où l'on était, de ces peuples et de ces
régions inconnues, constituait un nouvel attrait pour son
génie conquérant. Il fit équiper une flotte légère, pour explorer les côtes de Bretagne, et il résolut de pénétrer à l'inté-

1. Aneurin, Taliessin, Llywarch Hen, et Myrddhin parlent de Laelgr,
et des Llaegrwys (*Archaïol.*, 7, 4, 9, 11, 64, 59, 51, 55, 108, 117,
153).
2. Tac., *Vit. Agric.*; Bède, *Hist. Eccl.*, lib. I, c. 1.
3. Strabo, 272, 273, 286, 301, 304.
4. Cf. Strabo, *Geog.*, lib. II, III; Polyb., *Hist.*, lib. III, 5; Dion *Cass* ,
XXXIX; Plin., *Hist. Nat.*, lib. II, 67 ; Herod., *Thal.*, c. 115.
5. Cæsar, *Comm. de Bell. Gall.*, lib. IV, 18 ; Strabo, lib. III.

rieur des terres, avec les forces qu'il pouvait détacher, des armées de Gaule : c'est ainsi qu'il voulait imposer la domination romaine à des régions qui avaient échappé, jusque-là, aux atteintes des conquérants de l'ancien monde.

Quand César envahit la Bretagne, celle-ci semblait avoir été peuplée par diverses races, barbares, venues successivement s'y établir ; elles s'étaient mêlées entre elles, avec les siècles, et avaient subi la lente pénétration, d'une civilisation primitive. Les habitants de la Bretagne étaient divisés en nombreuses tribus, dont quarante-cinq, environ, avaient des appellations (1).

1. I. De Kent jusqu'en Cornouailles étaient établis, en citant leurs noms latins, les :

Cantii	Belgae
Regni	Durotriges
Bibroces	Haedui
Attrebates	Carnabii
Segontiaci	Damnonii.

Ces peuples furent compris, par la suite, dans le district romain, *Britannia Prima*.

II. Dans la Péninsule de Galles : Silures, Ordovices, Dimetae, — qui formèrent la *Britannia Secunda*, des Romains.

III. Entre la Tamise et la mer, le district *Flavia Cæsariensis*, comprenait les :

Trinobantes	Dobuni
Iceni	Huiccii
Coritani	Ancalites
Cassii	Carnabii.

IV. Dans la *Maxima Cæsariensis*, comprenant le Lancashire, Westmoreland, Cumberland, Yorkshire, Durham, et une partie du Northumberland, entraient les :

> Setantii ou Sistuntii
> Volantii ou Voluntii
> Brigantes

V. Les cinq peuples occupant les districts de la province romaine de Valentia, qui comprenait la majeure partie du Northumberland, et

Parmi celles-ci, les Belges, selon César, semblent s'être fixés dans l'île, après leurs victoires, et avoir occupé les côtes britanniques. Le même auteur cite les *Cantii*, ou peuple de Kent, comme ayant un degré de civilisation beaucoup plus avancée que les autres tribus, et comme ne différant pas des populations de la Gaule. Les Belges pratiquaient l'agriculture, mais la plupart des tribus de l'intérieur de l'île, vivaient de lait et de viande, — de leurs chasses, — ou à l'état pastoral (1).

Tous les Bretons se teignaient le corps en bleu, avec la guède, ce qui leur donnait un terrible aspect, dans la bataille (2). Leur population apparut très nombreuse, aux Romains.

Ce n'était à leurs yeux, qu'une succession de forêts, de

l'étendue séparant, en Ecosse le mur d'Adrien, de celui d'Antonin, étaient les :

Ottadini	Novantes
Gadeni	Damnii
Selgovae.	

VI. Dans le nord de la Bretagne, on rencontrait les tribus comprises dans la province de Vespasien :

Horestii	Vacomagi
Vecturones	Albani
Taixali	Attacotti·

VII. Dans le reste de l'Ecosse, étaient dispersés, les :

Caledonii	Mertae
Cautae	Carnonancae
Logi	Cerones
Carnabii	Creones
Catini	Epidii.

1. Cæsar. *Comment.*, lib. V, c. 10.

2. Cæsar, *ibid.*, Mela, lib. III, c. 6; Martial, lib. XI, c. 32 : *Cæruleis Britannis* » ; Herodien remarque que les Bretons qui résistèrent à Sévère, portaient des figures d'animaux peintes, sur leurs corps, lib. III.

lacs, de grands fleuves, et ces terres, dans leur fertilité inculte, ne semblaient destinées qu'à l'entretien des troupeaux nombreux, seule richesse apparente de ce peuple encore sauvage (1). Ce dernier point de vue est confirmé dans une lettre de Cicéron à Atticus (lib. IV, ep. 17), où il dit : « C'est un fait notoire qu'il n'y a point dans l'île, le moindre numéraire ; et il n'y a d'espoir de butin que dans les esclaves... » (2).

Des guerres incessantes divisaient ces peuplades qui n'étaient point établies, dans l'indépendance, sur des régions déterminées, et que les besoins de défense détournaient, toujours, des travaux de la civilisation. Le jeune Breton, moins grand que le Gaulois, étonnait encore la plèbe, à Rome, dans les triomphes, où il dépassait d'un demi-pied, la taille ordinaire du Romain. Sa chevelure était moins blonde que celle du Gaulois : le Silure, aux joues rouge pâle, avait la chevelure frisée, et l'habitant de la Calédonie était roux. Comme les Belges, en Gaule, portaient les braies, et une cotte à manches, au lieu de tunique, avec le *sagum*, on peut supposer que leurs colons, en Bretagne, avaient le même costume. Tous les Bretons, indistinctement, portaient un anneau d'or, au médius (3).

Les maisons des Bretons étaient de bois, ou de roseaux : elles étaient nombreuses, comme celles des Gaulois, et placées, pour les besoins de la défense, au cœur des forêts,

---

1. Mela, lib. III, c. 6.

2. Mela, lib. III. c. 6 ; Herodien, lib. III, 83 ; Strabo, lib. IV ; Tacit. *Agric. Vit.* ; Liv. lib. XXXVIII, c 17 ; Plin. lib. XXXIII, c. 6.

3. Le costume royal de Bonduca, quand elle harangua les Bretons, était composé de la façon suivante : de larges torsades d'or couraient dans ses cheveux blonds épars : un χιτών, ou tunique multicolore était drapée sur son sein, et un manteau royal, très épais, était jeté sur ses épaules. Xiph., *epit. Dio*, 169.

entourées de fossés et de troncs d'arbres. Les maisons ainsi assemblées, formaient les premières villes (1).

Autour de celles-ci paissaient les troupeaux des tribus, et les Bretons ne cultivaient que la quantité de blé qui leur était nécessaire. Ils se servaient peu de monnaie, et n'employaient à cet effet, que des anneaux de cuivre ou de fer, d'un poids déterminé (2).

La force militaire des Bretons, résidait principalement dans leur infanterie, mais ils combattaient encore à cheval, et plus souvent, sur des chariots, armés de faux (3), d'où ils décochaient des flèches, de tous côtés. L'ennemi était parfois démoralisé par la crainte des chevaux, et étourdi par le bruit des roues. Quand les Bretons se trouvaient dans la mêlée, ils s'élançaient hors des chars, et combattaient à pied. Les conducteurs des chars se retiraient alors de la ligne de bataille, pour recevoir leurs combattants, si ceux-ci étaient, soudain, pressés par le nombre de leurs adversaires : les Bretons unissaient, de la sorte la rapidité de mouvements de la cavalerie, à la puissance de l'infanterie. Et Diodore, jugeant ce peuple, concluait avec impartialité, en ces termes : « ....Il y a dans leurs mœurs, une simplicité bien différente du luxe qui nous est offert, en ces jours. Ils se contentent d'une vie frugale, et redoutent la corruption des richesses (5) ».

La religion des Bretons était semblable à celle des Gaulois, et comportait des rites sanguinaires. Les druides pré-

---

1. Strabo, lib. IV ; Cæsar, lib. V, c. 17 ; *Diod. Sic.*, lib. V.

2. Cæsar, lib. V, c. 10, *Diod.*, lib. V. On suppose, généralement, que Cunobelin, successeur de Cassivellaun, fut le premier roi qui battit monnaie (*Whit. Manch.*, lib. I, c. 9).

3. Tacit., *Pomp. Mela*, lib. III, c. 6.

4. Cæsar, lib. IV, c. 29 ; *Diod.*, lib. V ; « Honestior auriga ; clientes propugnant ». *Tacit. Vit. Agric.*

5. *Diod.*, lib. V.

sidaient aux sacrifices humains, votifs, ou expiatoires, précédant ou suivant les batailles. Les criminels de droit commun, en étaient les victimes désignées, mais à leur défaut. des innocents étaient sacrifiés, pendant que les femmes des tribus, autour des bûchers, dansaient, nues, et le corps teint en couleurs sombres (1).

Les Celtes, également, pratiquaient les sacrifices humains, dans le culte de leur divinité. appelée par les Grecs, Kronos, et par les Latins. Saturne (2). La superstition druidique la plus gracieuse, était celle du gui, poussant sur le chêne sacré, dont l'origine était regardée comme divine. Au sixième jour qui suivait la pleine lune, jour fatidique, et qui marquait le commencement des mois de l'année nouvelle, les druides se rendaient, en cortège, vers le chêne qu'ils observaient, recueillant toutes les végétations qui le recouvraient, puis ils préparaient, sous l'arbre vénéré, le sacrifice de deux taureaux blancs, après que les dernières pousses de gui étaient tombées, sous leur faucille d'or. Couronnés de chêne, ils appelaient, alors, les bénédictions du ciel, sur le gui qu'ils distribuaient au peuple, et qui devenait pour ceux qui le recevaient, le gage de l'abondance, sur la terre (3).

Les druides, au temps de César, assistaient à toutes les cérémonies religieuses ; à tous les sacrifices, publics ou privés, et ils procédaient à toutes les formes de la divination. La vénération qui les entourait, leur faisait connaître de tous les conflits privés, et de toutes causes touchant au meurtre, aux héritages, ou aux délimitations des biens. Quiconque désobéissait à leur ordre, ou à leur sentence, était déclaré impie, et exclu des sacrifices... Les druides n'obéis-

1. Cæsar, lib. V, c. 15 ; Plin. lib., XXII, c. 2.
2. Denys d'Halic, lib. I, 30.
3. Plin.. lib. XVI, c. 95.

saient qu'à un pontife suprême, et à la mort de celui-ci, il avait pour successeur, le prêtre, dont la dignité était la première, après la sienne. En cas de compétition, l'assemblée des druides exprimait son suffrage, et l'on vit, parfois, l'issue du conflit, remise au sort des armes (1).

Le collège des druides était exempté d'impôts, et de toutes charges militaires. Les postulants à ce sacerdoce, devaient subir de longues épreuves, et des initiations d'une durée de vingt ans, ainsi que la tradition le rapporte. Le dogme et le secret des rites, se transmettaient, oralement, entre les druides, qui enseignaient, et l'immortalité de l'âme, et la métempsychose (2). Ils enveloppaient de mystère, leurs notions sur les astres, et sur la géographie du monde ; sur la force, et sur l'immortelle puissance des dieux. Il semble difficile d'admettre que les druides, philosophes et théologiens (3), aient eu pour origine la Bretagne et la Gaule, encore sauvages. Leur culture étendue, leur intuition religieuse et mystique, la jalouse conservation de leurs secrets rituels, paraissent avoir été les produits d'une civilisation plus raffinée.

Ceux qui dominaient ainsi le peuple, par leur science, devaient avoir reçu, — et c'est, là, une simple hypothèse, — leur initiation primordiale de quelque prêtre venu de l'Orient, et sous sa discipline, avait pu se fonder cet ordre druidique, dont l'influence religieuse devait se fortifier de toute l'étendue des attributions judiciaires et politiques, qui appartinrent en fait, et avec le temps, à ce collège sacerdotal.

Après sa conquête de la Gaule, et une expédition en Ger-

---

1. Cæsar, lib. VI, c. 13.
2. *Pomp. Mela*, lib. III, c. 20.
3. *Diod.* Sic., lib. V, 308 ; Strabo, lib. IV 302 ; Plin. lib., XXX, c. 4.

manie, César résolut de pénétrer en Bretagne (**1**). C'était là, un projet qu'il caressait de longue date : la Bretagne lui apparaissait comme un continent nouveau, peu connu même de ses voisins, les Celtes. César interrogea, d'abord, les marchands de Gaule, qui avaient coutume de visiter l'île : il s'enquit auprès d'eux, de l'étendue de celle-ci ; de ses ports, et des peuples divers qui l'habitaient N'ayant obtenu que de vagues réponses, il ordonna qu'une expédition fût préparée, à l'effet d'explorer les côtes de la Bretagne : cette nouvelle parvint jusqu'à certaines tribus, qui envoyèrent à César, des messages de paix. La première expédition romaine, en Bretagne, ne fut qu'une reconnaissance. Le premier engagement des Romains, avec les Bretons, fut assez meurtrier pour les légions de César, qui refoulèrent les Bretons, mais sans les poursuivre, à l'intérieur des terres. Car, après le succès de ses armées, César résolut brusquement, de quitter l'île, à minuit. Il rattache son départ à l'approche de l'équinoxe d'automne, mais le prétexte semble assez vain, et la vérité doit être cherchée dans ce fait, que les forces dont disposait César, étaient, peut-être, suffisantes pour repousser les Bretons, mais non pour les soumettre, ou pour les poursuivre (**2**).

L'été suivant, les forces qui devaient envahir la Bretagne, furent plus considérables. Elles se composaient de cinq légions, formidablement armées ; de deux mille cavaliers, et au total, de trente mille hommes, admirablement disciplinés, et tous, vétérans des guerres de Gaule. Le débarquement des Romains s'effectua avec facilité, et César put s'avancer, sans rencontrer de résistance, jusqu'à douze milles, à l'intérieur des terres. A ce point, il subit une attaque qu'il

1. Suet. *Vit. Caes.*, s. 44.
2. Cæsar, lib. IV, c. 18-33. Dio. Cass., lib. XXXIX.

repoussa, et revint s'assurer du sort de ses vaisseaux. Dix jours après, il regagna ses positions primitives, et fut aussitôt assailli par quelques-unes des tribus bretonnes qui s'étaient groupées, sous le commandement temporaire de Cassivellaun ; elles furent vaincues, dans leurs attaques successives. Après ces défaites, les alliés bretons abandonnèrent Cassivellaun, et César, informé de ces nouvelles, s'avança jusqu'à la Tamise, aux frontières mêmes des états du roi breton. Des gués que les Romains rencontrèrent, avaient été fortifiés, par des pieux entrecroisés, fichés dans les eaux, jusqu'aux rives. Les indigènes, en voyant les Romains s'engager victorieusement dans le fleuve, se retirèrent en hâte. Et Cassivellaun, ne gardant avec lui que quatre mille chariots, se contenta de harceler les envahisseurs.

César sut alors profiter des dissensions qui divisaient les tribus bretonnes : les Trinobantes qui comprenaient Londres, dans leur territoire, appelèrent les Romains au secours de leur chef Mandubratius, ou Androgorus, contre Cassivellaun ; et cinq autres tribus envoyèrent à César, leur soumission. Celui-ci fut encore attaqué par quatre rois du Kent, Cingetorix, Carnilius, Taximagulus, et Segonax qui, tous, échouèrent dans leur entreprise, et Cassivellaun, lui-même, résolut d'envoyer une ambassade, pour solliciter la paix romaine. César la lui accorda sur-le-champ, demanda des otages, fixa le tribut de la Bretagne, se retira avec son armée, vers la côte, et de là, regagna la Gaule. Et pendant plusieurs années, les Romains semblèrent avoir oublié la Bretagne (1).

1. Cæsar, lib. II, c. 7-19. Dio. Cass. (lib. XI) remarque qu'il eût été dangereux, pour César, de faire hiverner ses troupes en Bretagne... César offrit à Vénus, une ceinture de perles de Bretagne (Suet, c. 6)... Les victoires remportées sur les Bretons, furent peintes, à Rome, sur des

Auguste avait décidé une expédition en Bretagne, et il avait même pénétré en Gaule, pour réaliser ce dessein, lorsque les Bretons lui envoyèrent des ambassadeurs, pour demander la paix. Il se contenta d'imposer certains objets échangés, ou vendus, entre la Bretagne et la Gaule, — tels que l'ivoire, l'ambre, et les poteries de verre. Tibère ignora la Bretagne, et Caligula s'avançant, en Gaule, jusqu'à la mer, rangea son armée en bataille, fit sonner dans des conques marines, en signe de conquête, et se contenta de ce triomphe symbolique sur la Bretagne.

Celle-ci fut alors abandonnée à ses guerres intestines, et quelques rois bretons résolurent d'appeler les Romains (1). Claude envoya en Bretagne, Aulus Plautius, avec toute une armée, comprenant des auxiliaires germains, et des éléphants : Vespasien était au nombre des lieutenants d'Aulus. Le succès des armes romaines, amena Claude (2) à prendre part à l'expédition de Bretagne. Il vint assister à la prise de Camalodunum, capitale du roi Cunobellin. Après avoir séjourné pendant soixante jours dans l'île, l'empereur, laissant à Aulus Plautius, le gouvernement de la Bretagne, revint à Rome, où il se décerna le triomphe, et prit le surnom de Britannicus.

Vespasien, dans l'intervalle, se distinguait en Bretagne. Il gagnait trente batailles, s'emparait de vingt villes, et soumettait l'île de Wight (3), tandis que Titus, tribun militaire

étendards de pourpre, et plusieurs Bretons furent jetés aux bêtes Cf. Virgil. *Georg.*, 3.

1. Dio Cass , lib. IX. Parmi les rois en révolte. Aulus Plautius défit, à son arrivée en Bretagne, Kataratakos, Togodoumnos, tous deux fils de Kunobellin

2. *Ibid.*, lib. IX.

3. Sueton., *Vesp.*, c. 4.

sous les ordres de son propre père, se conduisait avec éclat, au cours de la même campagne (1).

Toutefois, l'état de fait qu'on observait en Bretagne, n'impliquait ni la conquête définitive de celle-ci, ni sa pacification. Sept années après ces événements, Ostorius, après plusieurs attaques des Bretons, doit établir une ligne de défense entre la Saverne et la Nen. Les Bretons du Nord et du Sud, et plus tard ceux du pays de Galles tentèrent une nouvelle offensive. Mais leur effort fut arrêté par la défaite et la capture de Caradawg, ou Caractacus (2), qui fortifia la domination romaine en Bretagne.

Après un intervalle de dix années, les Bretons tentèrent de reconquérir leur indépendance, sous la conduite de Boadicée, et leur soulèvement fut marqué par un massacre général des Romains. Le gouverneur romain, Suetonius réprima cette révolte avec une extrême rigueur, et l'emporta sur les forces combinées des Bretons. Boadicée s'empoisonna, et l'île presque entière fut bientôt pacifiée par la terreur (3).

L'avènement de Vespasien à l'empire, devait porter l'attention de l'ancien compagnon d'armes d'Aulus Plautius, sur la Bretagne. Il voulut étendre, en ce dernier pays, les conquêtes romaines, qui se heurtaient, après des fortunes diverses, à l'esprit d'indépendance, toujours renaissant chez les Bretons (4).

Dix-sept ans après la révolte de Boadicée, Agricola fut appelé à commander les forces romaines en Bretagne, et sous son commandement, la conquête de l'île fut achevée (5).

1. *Ibid., Tit.*, c. 4; Dio. Cass., lib. IX.
2. Tacit., *Annal.*, lib. XVII, c. 37-40. Cartismandua, reine des Brigantes que ce prince avait épousée, fut soumise par les Romains, à la même époque.
3. Tacit. *Ann.*, lib. XIV, c. 29-39 : *Vit. Agric.*, c. 14-16.
4. Tacit. *Agric.*, c. 16-17.
5. *Ibid.*, c. 30

Le chef romain s'efforça de faire pénétrer chez ces peuples encore barbares, les bienfaits de la civilisation, et peut-être y avait-il chez Agricola, quelque pensée de les amollir par le luxe. Il leur édifia des temples, des forums, des demeures plus spacieuses et plus riches. Il tenta, insensiblement, de leur donner le goût des lettres, et celui de la langue et des mœurs romaines, cependant que quatre légions tenaient garnison dans l'île. Il fit sillonner celle-ci de trois grandes voies militaires, avec des postes romains, espacés de proche en proche, pour en assurer la sécurité : sur ces routes, s'élevèrent les fondations de la plupart des villes les plus importantes de l'Angleterre. Les lois romaines réglèrent le statut des indigènes, et la Bretagne elle-même apparut dans la littérature latine (2).

La Bretagne, un demi-siècle après la venue d'Agricola, fut visitée par l'empereur Adrien, qui fit élever des remparts à l'embouchure de la Tyne, comme frontières extrêmes des provinces romaines, en Bretagne. Sous le règne d'Antonin le Pieux, ces limites furent encore reculées, mais en 170, les Romains semblent avoir abandonné tout le pays, au nord de cette muraille d'Antonin (3).

Après cette période historique, les légions romaines en Bretagne, se mêlèrent aux luttes des compétitions à l'empire, et dans cet intervalle, deux nations insoumises du Nord de la Bretagne, les Calédoniens et les Méats, franchirent les lignes romaines, et envahirent les provinces. L'empereur Sévère vint réprimer en Bretagne, cette insurrection (4), et

1. Tac. *Agric.*, 2. 21.

2. « *Gallia causidicos docuit facunda Britanos* ». Juvenal, *Sat.* Et Martial consacre une épigramme à la beauté d'une Bretonne, qu'il nomme Claudia Rufina. L'épithète, *aux yeux bleus*, appliquée aux Bretons par Martial, l'est encore par Sénèque.

3. Whit, Manch., II, 86.

4. Hérodien, lib. III.

remplaça la faible barrière d'Adrien, par une immense muraille de pierre, haute de vingt pieds, — et de huit pieds d'épaisseur, fortifiée de tours, avec des garnisons de proche en proche. Cette muraille, autour de laquelle était creusé un fossé profond, et que suivait une voie militaire, s'élevait parallèlement à l'ancienne muraille d'Adrien.

Sévère mourut à York, et c'est peu après cette époque, que les Saxons envahirent la Bretagne.

CHAPITRE II

L'origine des Saxons. — Les régions occupées par les Saxons près de l'Elbe, avant leur invasion de la Bretagne. — Les expéditions sur mer, des Saxons : leur ligue avec les autres peuples, et leurs agrandissements sur le continent ; — leur histoire, jusqu'à leur première tentative contre la Bretagne. — Les mœurs des anciens Saxons.

Au Ve et au VIIe siècles, les Anglo-Saxons vinrent s'établir en Angleterre, après avoir quitté la péninsule des Cimbres qu'ils occupaient. Les Anglo-Saxons constituaient une branche distincte de la grande famille saxonne, qui de l'Elbe, s'était étendue jusqu'au Rhin. Les attaques de cette race formidable avaient longtemps désolé les régions occidentales de l'Europe, et quand les Goths s'emparèrent des plus riches provinces romaines, les Anglo-Saxons, du même coup, vinrent envahir la Bretagne, après que les Romains eurent définitivement quitté celle-ci. Les vaincus reculèrent devant l'ennemi, ou subirent son joug, et les institutions des Saxons, leurs lois, leurs langues, et leurs mœurs prévalurent, bientôt, par toute l'Angleterre, et même sur celles des autres peuples qui s'y étaient précédemment établis.

Au début le qualificatif saxon, impliquait un seul Etat, et non la confédération qu'il devait plus tard, désigner. Si les Romains ne s'inquiétèrent des Saxons qu'au second siècle de l'ère chrétienne, du moins Ptolémée, les mentionna-t-il, le premier, dans sa *Géographie*. Selon cet auteur (1), l'an **141**, après J.-C., un peuple, appelé *Saxones*, était établi au nord de l'Elbe, et occupait trois petites îles, à l'embouchure de ce fleuve. La population saxonne était alors peu importante, puisque six autres nations occupaient, avec elle, ces territoires.

On peut remarquer avec quelque surprise, que Tacite, en écrivant une description particulière de la Germanie, bien des années avant Ptolémée, ait omis de nommer les Saxons. Quelques auteurs ont pensé que la nation à laquelle Tacite donne la dénomination de *Fosi* (**2**) était composée de ces guerriers qui devaient s'illustrer, par la suite, sous le nom de Saxons. Mais il ne saurait y avoir plus de raison d'attribuer ce nom aux Saxons eux-mêmes qu'aux autres peuples omis par Tacite, dans la *Germanie* : aux Sigulones, aux Sabalingii, aux Cobandi, aux Chali, ou aux Phundisii (**3**). Le manque de renommée et de gloire des Saxons, suffit à expliquer le silence de Tacite, à leur endroit, car les Saxons n'avaient point, alors, attaqué Rome, ou quelque autre peuple puissant du continent.

Après la première occupation de l'Europe, par les Cimmériens et les Celtes, se forme un nouveau courant de tribus barbares, composées de Scythes, de Germains et de Goths : toutes étaient venues d'Asie. Les Celtes et les Cimmériens, pressés par ces nouveaux envahisseurs, se replièrent sur les parties occidentales et méridionales de l'Europe, où les Scythes les poursuivirent encore. Dans l'intervalle, ce dernier flot de peuples se répandait progressivement, sur les vastes espaces de l'Europe, jusqu'à ce que Tacite vînt à comprendre

---

1. Ptolem, *Geog* , lib. II, c. 11.

2. Cf. Schilter, *Thes. Ant. Teut.*, III, 704 ; Cellarius, *Geog. Ant.*, I, 303 ; Cluverius, *Germ. Antiq.*, III, 87.

3. *Ant. Germ.*, III, 94.

tous ces barbares sous le nom de Germains, reconnaissant ainsi un état de fait. puisqu'à cette date, les Germains avaient non seulement, atteint le Rhin, mais avaient encore pénétré en France.

La première apparition des tribus des Scythes, en France, peut être placée, suivant Strabon au viiie siècle, ou d'après Hérodote, au viie siècle, avant l'ère chrétienne (1). Ce dernier établit que les Scythes étaient le peuple le plus jeune de ceux qu'il étudiait, puisqu'il ne comptait que mille ans entre le règne de leur premier roi, Targitaos, et les guerres que leur fit Darius. Le premier théâtre de l'action guerrière des Scythes, et du développement progressif de leur puissance, fut en Asie, le sud de l'Araxe. Pendant des siècles, ils y étendirent leurs territoires, qui demeuraient inconnus des peuples de l'Europe. Ils se nommaient entre eux, *Scoloti*, mais les Grecs leur donnaient la dénomination de *Scuthoi*, ou Nomades.

Avec les succès militaires d'un de leurs rois, les Scythes, selon Diodore de Sicile, ajoutèrent à leurs possessions, les régions montagneuses à l'entour du Caucase, avec les autres territoires, près du Tanaïs. De ces Scythes primitifs, les Sakaï, les Massagètes, et les Arimaspoi tirèrent leur origine.

Les Massagètes semblent avoir formé la branche orientale de la race scythe. Des guerres éclatèrent entre eux et les autres tribus, comme le rapporte Hérodote, et ces circonstances déterminèrent leur émigration en Europe (2). Ce fut donc au viie siècle, que ces Scythes, passant l'Araxe, apparurent dans l'ancien monde. Ils s'y répandirent progressivement, et sous le règne de Darius, leurs colonies européennes

1. Herod. *Melp.*, s. 5, 6, 7, 11. Diod. Sic., 127.
2. Herod. *Melpom.*. s. 11. *Clio.*, s. 15, 103-106.

se trouvaient assez nombreuses et prospères pour exciter la convoitise du roi des Perses, après sa conquête de la Babylonie. Mais ses attaques furent repoussées par les Scythes, et au temps d'Hérodote, ceux-ci occupaient en Europe, une situation que leurs succès militaires avaient définitivement fortifiée. Il semble qu'ils aient alors occupé les territoires du Tanaïs au Danube, et dans leurs migrations ultérieures, ils se dirigèrent vers l'occident, alors que leurs colonies, en Thrace, se développaient, d'un mouvement continu, vers le sud. Leur établissement le plus avancé, au nord de l'Europe, était représenté par les Roxolanes, qui s'étaient fixés au-dessus du Borysthène, ou moderne Dniéper.

En s'étendant à travers l'Europe, les Celtes et les Cimmériens se repliaient sur l'ouest et sur le sud, et les différentes tribus des Scythes, comme celles des Cimmériens et des Gaulois, avaient chacune, leur dénomination particulière.

Parmi les tribus des Scythes, les *Sakai* ou *Sacae*, paraissent avoir donné aux Saxons, leur descendance. Cette assertion n'a, ici, que la valeur d'une simple hypothèse, mais étymologiquement, *Sakai-suna*, ou fils des Sakai, a pu être abrégé en *Saksun*, qui donne le même son phonétique que *Saxon*. Les Sakai, appelés en latin, *Sacae*, constituaient une tribu importante, issue de la race des Scythes. Leur renom était tel, que les Perses qualifiaient tous les Scythes, de *Sacae*, et Pline parle d'eux, comme étant l'élite guerrière de ce peuple (1). Strabon (2) situe les régions qu'ils occupaient, à l'ouest de la mer Caspienne, et il rapporte que les Sakai se livrèrent à de fréquentes attaques contre les Cimmériens et les Trères. Ils s'emparèrent, également, de la Bactriane et de la partie la plus fertile de l'Arménie, qui

1. Plin. lib., VI, c. 19.
2. Lib. XI.

s'appela Sakasina, sous leur domination. Les Sakai sont nommés Sacassani, par Pline (1) ; et ainsi connus des Romains, on peut supposer qu'ils purent traverser l'Europe, sous cette appellation qui leur demeurait, tout en subissant des contractions et des variations diverses, dans sa forme.

Il est admissible que les Sakai nomades, durent émigrer, insensiblement, vers les parties occidentales de l'Europe, où Ptolémée signale leur présence, et d'où ils harcelaient les provinces extrêmes de l'empire romain, au IIIe siècle de l'ère chrétienne. Ces *Saxoi* qu'Etienne de Byzance mentionne, comme établis sur le Pont-Euxin, semblent avoir tiré leur descendance d'Odin, à qui la tradition de l'Ynglinga Saga (2) fait abandonner, une cité au sud du Tanaïs, du nom d'Asgard, et une région appelée Asaland, ou terre des Asae. Cette retraite avait été causée par les progrès des Romains, et Odin passe dans la fable, pour s'être retiré d'abord en Russie, et puis chez les Saxons, repoussé par les barbares eux-mêmes, que refoulaient nécessairement vers l'Europe, les guerres des Romains et de Mithridate.

Mais en laissant de côté les détails d'une tradition souvent fabuleuse, et les hypothèses quelque peu vaines qu'elle a pu suggérer, on remarque que certains mots de l'ancienne langue scythe, nous ont été conservés par l'histoire (3) :

Exampaios . . .	voies sacrées.
Arima	un.
Spou	un œil.
Oior	un homme.
Pata	tuer.
Groucasum . . .	blanc de neige.

1. Plin. lib., VI, c. 11.
2. C. 2, 5.
3. Herod. *Melpom* , s. 52, 28, 110 ; Plin. lib. VI, c. 19.

On apprend, d'après les mêmes sources historiques, que leurs dieux étaient au nombre de sept. Leurs caractères, et leur ressemblance avec les divinités de la mythologie grecque, ont été marqués par Hérodote :

Tabiti, divinité essentielle = Vesta.
Papaios = Jupiter.
Oitosuros = Apollon.
Artimpasa, ou Arippasa = Vénus.
Thamimasadas = Neptune.
Apia, femme de Papaios = La Terre.

Les Scythes avaient aussi une divinité guerrière dont le nom n'a pas survécu, et à laquelle ils élevaient des temples (1), et sacrifiaient annuellement, des chevaux, des moutons et des prisonniers. A la bataille, ils buvaient le sang du premier ennemi qu'ils renversaient, et ils faisaient des coupes, avec les crânes de leurs plus redoutables adversaires. Mais Homère et Eschyle ont rendu témoignagne à leur esprit de justice, et Strabon rappelle, non sans étonnement, leur détachement absolu des richesses.

Les Saxons, au temps de Ptolémée, étaient donc établis à l'ouest de l'Elbe, et leur situation même indiquait qu'ils l'avaient conquise, pendant la seconde grande émigration des tribus barbares, en Europe.

Quand les Saxons attirèrent l'attention des Romains, ils occupaient l'extrémité de la Chersonèse des Cimbres, avec trois îles inhabitées au temps de Ptolémée, et dénommées par la suite, Nord-Strand, Busen et Heiligland (2).

La première de ces îles qui fut sans doute détachée du sud du Jutland, par la violence des vagues, est située en face Hesum, et au-dessus de l'Eiderstede, dont elle est séparée

1. Herod. *Melp.*, s. 59.
2. Cluver. *Ant. Germ.*, III, 97 : Pontanus. *Chorog.*, 737.

par des bras de mer. L'Hever qui coule sur ses rives, est favorable à la navigation commerciale. Cette île, dont la population vivait d'agriculture et de pêche, était longue, au début de vingt lieues, et large de sept. Des inondations, au cours des années **1300, 1483, 1532** et **1615**, en ont diminué de beaucoup, la superficie (1).

L'île de Busen est située au nord de l'embouchure de l'Elbe, à l'ouest de Ditmarsia : elle n'a guère que deux lieues de longueur, et trois de largeur (2). Mais l'île saxonne la plus célèbre, et la plus peuplée fut celle d'Heiligisland, littéralement, l'île sacrée. Au viiie et au xie siècles, elle était désignées par deux autres noms, Fossetis-land et Farria, — dont l'orthographe a souvent varié.

Cette dernière île fut, sans doute, le centre des expéditions navales des Saxons. Au viiie siècle, un auteur la mentionne, comme étant le lieu, où l'idole Fosete était adorée (3). Au xie siècle, elle est décrite en ces termes, par Adam de Bremen, sous le nom de Farria «... C'est la première île, écrit-il, que l'on rencontre dans l'océan. Elle possède un monastère, et est inhabitée. Sa terre est très fertile : riche en blé, elle nourrit les troupeaux et les oiseaux. Il y a là, une colline, et point d'arbres : l'île est entourée des rochers les plus abrupts, avec un seul défilé, où l'eau fraîche jaillit en cascade. C'est un lieu vénéré de tous les marins, et surtout, des pirates. D'où, son nom d'Heiligeland » (4).

L'île souffrit d'inondations, en **800, 1300** et **1500** : celle de **1649**, fut la plus destructive ; mais toujours, Heiligisland, reçut dans son port, le pilote en détresse, ou le pirate, poursuivi sur les mers.

---

1. Chrytaeus, 65 ; Pontanus, 741 ; Ubbo Emmius, 30, 158.
2. Ubbo Emmius. *Rer. Fris.*, 31 ; Pontanus, *Chorog.*, 737, 738, 741.
3. Altf., *vita St. Lieudg*.
4. Ad. Brem. *Hist.*, c. 210.

Le territoire que les Saxons occupaient, à l'origine, sur le continent, était situé sur la rive occidentale de la péninsule Cimbrique, entre l'Elbe et l'Eyder. Ce dernier fleuve est regardé comme la frontière du Danemark, et comme le point extrême des possessions germaniques (1). La région entre l'Eyder et l'Elbe, était nommée Nordalbingia, ou Eald Saexen, et divisée en trois districts, Ditmarsia, Stormaria et Holsatia (2). Les progrès des Slaves contribuèrent à former une quatrième division de ces territoires, dans la province de Wagria.

Le district de Ditmarsia (3) est séparé, au nord, du Sleswig par l'Eyder, et du district de Stormaria, au sud, par la Stoer. Il fait face aux îles d'Heiligland et de Busen, et a une étendue de trente-sept lieues, avec une largeur de vingt-trois lieues. L'aspect général du sol est bas, et marécageux, et de fortes digues défendent l'île, contre l'assaut furieux des vagues. Les plaines du rivage sont propices à la culture, et à l'élevage, mais à l'intérieur des terres, on ne rencontre guère que des landes stériles, et des marais sauvages. Les habitants de l'île montrèrent, toujours, un instinct belliqueux très prononcé, avec des mœurs presque sauvages, et un désir constant d'indépendance qu'ils assuraient par les armes.

Au-dessous de Ditmarsia, s'étendait jusqu'à l'Elbe, le district de Stormaria, borné au Nord, par la Stoer. La province entière, ne présentait guère que l'aspect d'un vaste et sombre marais, d'une étendue de trente-trois lieues. Ces détails con-

1. Saxo Gram Préface, Svaningius, dans *Steph. Com. in Sax.*, 16
2. Ad. Brem.. 63 ; Helmoldus *Chron. Slav.*, 40.
3. Par Anscharius, en 840, l'île est appelée *Thiat mares-gaho* (I. Langb. Script. 347) : *Thiatmaresca*, dans une charte de 1059, et *Thiatmarsgoi*, dans Ad. Brem., 22. Cf. Pontanus, ch. 667. Chryteus Sax , 66. Les armes de Ditmarsia étaient un soldat en armes, monté sur un coursier blanc.

firment bien les descriptions faites par les Romains, des régions inaccessibles, occupées par les Saxons (1).

Séparé du Sleswig par le Levesou, au nord, et borné, au sud, par la province de Wagria, le district d'Holsatia (2), étendait vers Ditmarsia ses régions forestières, et ses plaines susceptibles de culture.

Le travail et le courage, furent les conditions nécessaires à la subsistance et à la défense de ces peuples primitifs. Bien que ces derniers fussent encore dans un état de civilisation peu avancé, les chroniqueurs rapportent leur fidélité au serment, devenue proverbiale ; et en dépit de leur goût du pillage, ils passaient pour hospitaliers, généreux à la guerre, et magnanimes envers leur ennemi, brave et vaincu (3). C'étaient ces peuples, perdus sur leurs territoires lointains, qui menaçaient, déjà, l'empire de César, et qui, en se répandant par les Gaules, la Germanie, et la Bretagne, devaient réaliser, en fait, la formidable unité barbare, bientôt victorieuse du nom romain.

Les Saxons, ainsi établis sur les côtes d'une partie de l'Europe, voisine de quelques riches provinces de l'empire et assez éloignée pour défier les poursuites des Romains, devaient s'efforcer de développer leur puissance maritime : les tribus, établies sur les bords de la mer, des embouchures du Rhin à la Baltique, s'étaient formées, depuis le siècle de César, aux expéditions maritimes. Les Romains avaient contribué à ces progrès, sans en mesurer les conséquences loin-

1. « Saxones, gentem in oceani littoribus et paludibus inviis sitam ». *Oros.*, 7, 32, cf. Pontan , 666. Ad. Brem., 22. Les armes de Stormaria étaient un cygne blanc, au col d'or.

2. Etymologie d'Adam de Bremen et de Pontanus : *holt*, une forêt ; — *suten*, être assis, être établi. Cf. Shering, de *Gent. Angl.*, 28 ; Bede, lib. I, c. 15 ; lib. V, c. II ; *Chron. Sax.*, p. 13 ; Nennius, 3, Gale, *Script. Angl.*, 115, 3.

3 Helmoldus, *Chron. Slav*, 40.

taines. Drusus avait équipé une flotte sur le Rhin, pour faire remonter l'Ems à son armée, et il avait donné l'ordre qu'on creusât un canal, pour permettre à ses troupes, de passer dans le Zuyderzée. A cette même époque, les Bructères, établis sur la rive gauche de l'Ems, étaient capables sur mer, de livrer bataille aux Romains. Sous le règne de Tibère, Germanicus fit construire et équiper mille vaisseaux sur le Rhin : il eut, alors, l'imprudence d'enseigner aux barbares attentifs, l'art et les secrets de la navigation (1).

Après trente ans, les progrès maritimes de ces peuples, furent arrêtés par Germascus qui, à la tête des Chauques, et sur des bâtiments légers, se livrait à la piraterie, et désolait les côtes des provinces romaines. Comme la population entre le Rhin et l'Ems, s'accoutumait aux expéditions aventureuses sur mer, les Saxons se rapprochèrent d'elle, et se multiplièrent dans les îles, dont il a été précédemment question. Là, les Saxons vécurent entre la sombre horreur de leurs marais, et les rocs inaccessibles qui les entouraient, demandant leur subsistance à la pêche, sur la mer inclémente. Mais leur audace sur les flots s'étant fortifiée, avec de nouveaux progrès dans l'art de la navigation, ils se prirent à songer que les Romains invincibles sur terre ne l'étaient plus sur les flots, et ils voyaient dans le pillage des provinces lointaines, avec l'appât du butin, la satisfaction de leur goût naissant des aventures.

Dans les quelques années qui suivirent, les Saxons joints aux Francs, désolèrent à ce point les côtes de la Belgique, de la Gaule, et de la Bretagne, que les Romains durent envoyer une flotte puissante, commandée par Carausius, Ce dernier, accusé de corruption, se révolta contre Rome, prit

1. Tacit. *Ann.*, lib. II, c. 6.
2. *Ibid.*, lib. XI, c. 18. Cf. Zosim. *Eumen. Paneg.*, IV, c 18; Vopiscus *in Probo*, c. 18.

la pourpre et se fit reconnaître empereur, par les légions de
Bretagne, l'an **287**. Les guerres, sans cesse renaissantes aux
confins de l'empire, favorisèrent son usurpation. Carausius
se comporta en politique assez habile : il fit alliance avec les
Germains, les Saxons, et les Francs, adoptant même, pour
répondre aux besoins de sa cause, les coutumes et les mœurs
de ces peuples. Afin de les rendre utiles à ses projets, il les
dirigea vers les expéditions maritimes, leur donna des vaisseaux et de hardis pilotes. Tout peuple des côtes qui ne
reconnaissait pas l'autorité de Carausius, était envahi, et
dévasté par les barbares. Durant les sept années de l'usurpation de Caurausius, les Saxons purent se livrer, à l'envi,
au pillage, avec des procédés de navigation plus sûrs, et
avec la confiance que leur donnaient de constantes victoires (1).

Soixante ans après ces événements, Magnence ayant usurpé
le trône de Constance qu'il avait assassiné, résolut d'affermir
sa dignité précaire, par l'alliance défensive des Francs et
des Saxons auxquels, il promettait, en retour, une protection
dont ceux-ci n'avaient nul besoin. Ce fait consacrait l'importance déjà prise, par ces peuples indomptés que Tacite ignorait, et que Ptolémée nommait à peine : ils s'apprêtaient à
s'emparer de la Bretagne romaine, et à y fonder des colonies
nouvelles.

Au début du ive siècle, les Saxons n'étaient pas seuls établis, sur les rivages de la mer : d'autres nations, au nord et
au sud des propres territoires de ces derniers, étaient prêtes
à agir de concert avec eux, animées du même esprit d'indépendance et de conquête. Grâce à ces appoints naturels, et
avec l'accroissement constant d'une forte population, les
Saxons multipliaient leurs flottes, et réparaient, sans cesse,

1. Gibbon. I, 362, 364.

les pertes qu'ils subissaient dans les combats. La ligue de
tous les Saxons était réalisée ; en fait, et ceux-ci imposant
leur alliance, même par la force, aux autres peuples, on vit
bientôt la plupart des nations établies au nord du Rhin, prendre le nom saxon, et vouloir en assurer la prédominance.
Au sud, les Chauques, entre l'Elbe et le Rhin, semblent
s'être joints, les premiers, aux Saxons. L'appât du pillage fit
suivre aux Frisons leur exemple, et l'alliance saxonne paraît
avoir encore compris les Chamaves, et en dernier lieu, les
Bataves, les Toxandres, et les Morins. Cette ligne formidable qui devait demeurer, entière, jusqu'à l'expédition
Saxonne en Bretagne, et fut ensuite dissoute, s'accrut encore
concours des Cimbres, des Jutes, des Angles, et de peuplades
nombreuses dont les noms n'ont point été rapportés (1).

Ainsi unis, les états Saxons s'étendirent progressivement,
de l'Elbe au Weser ; du Weser, à l'Ems, et se répandirent,
finalement, sur lesbords du Rhin, alors que les Francs, quit-
tant ces régions, et la mer, marchaient sur les Gaules. Les
Francs, étant, par leur situation géographique, les premiers
exposés aux répressions des Romains, devaient nécessairement concentrer leur effort, et consolider leur force sur le
continent, et abandonner ainsi, les expéditions maritimes,
pour s'assurer contre un péril imminent. Ces circonstances
influèrent singulièrement, sur l'extension maritime des
Saxons, et plus on approche de l'invasion de la Bretagne par
ces derniers, et moins on voit leur alliance étroite, avec les
Francs. Des conflits armés éclatent même entre les deux
nations, et quand les Francs se portent à la conquête de la
Belgique et de la Gaule, les Saxons demeurent le seul peuple combattant avec succès sur mer, et s'y livrant avec

1. Cf. Spener Notitia, 363-370 ; Stilingfleet, *Orig. Brit.*, 305 ; Langhorn, *Elench. Ant. Alb*, 342 ; Fréret, *Mem. Ac. Inscript.*, XXXIII, 134 ;
Gibbon, II, 523.

impunité, à la piraterie. D'anciens alliés des Francs se joignirent à eux, par la suite, pour partager leur vie facile et aventureuse, et l'abondance de leur butin. Les Saxons, successivement vainqueurs, se répandirent en Germanie, où ils rangeaient sous leur domination, avec leurs anciennes possessions de l'Elbe à l'Eyder, les vastes territoires baignés par l'Elbe et le Rhin (1).

Mais les alliés immédiats des Saxons, dans leur invasion de la Bretagne, furent les Jutes et les Angles. Les Jutes étaient fixés, dans la partie sud du Jutland, et la première armée qui devait s'introduire en Angleterre, sous la conduite d'Hengist et d'Horsa, était composée de Jutes (2). Les Angles venaient des différentes parties du Nord de la Germanie. On a cru reconnaître leur capitale, par la similitude des noms, successivement, dans Engern, en Westphalie, et dans Angloen, en Poméranie. Mais l'opinion de Bède et du roi Alfred, adoptée par Camden, a prévalu : au temps de Tacite et de Ptolémée, les Angles ont pu être établis en Westphalie, mais au moment de l'invasion Saxonne, il semble bien qu'ils étaient fixés, dans le district d'Anglen, dépendant du moderne duché de Sleswig (3).

1. Cf. Adam. Brem.. 3 ; Chytaeus, 72 ; Spener, *Notit.*, II, 400-413. Un poète Saxon, rapporte que cette occupation était encore effective, au temps de Charlemagne .

  « Saxonum populus quidam quos claudit ab austro
  « Albia sejunctum positos Aquilonis ad axem,
  « Hos Northalbingos patrio sermone vocamus ».

Duchesne. *Hist. Franc. Script.*, II, 160

2. L'orthographe de ce nom a subi de nombreuses variations : Geatum, Giotae, Jutae, Gutae, Geatani. Jotuni. Jetae, Juitae. Vitae, etc... Cf. Chrytæus, Saxon. 65 ; Pont. *Chor. Dann.*, 655.

3. « De illa patria, quae Angulus dicitur et ab ec tempore usque hodie, manere desertus inter provincias Jutarum et Saxonum perhibetur », lib. I, c. 15 ; Pontanus, *Geogr.*, 655, 656 ; Ethelwerd (Haithabay, p. 833) : « Anglia vetus sita est inter Saxones et Giotos, habens oppi-

Quand au iv° siècle, les Saxons furent parvenus à l'apogée de leur puissance militaire, le voisinage de la Bretagne facile d'accès, et prospère, ne fut pas sans exciter leur convoitise. Ils associèrent à leur projet de conquêtes, les Pictes, les Scotes, et les Attacottes : l'an 368, après J.-C., ils massacrèrent, dans une invasion de la Bretagne, le gouverneur romain, Nectaridus. Les Romains ne purent se rendre maitres des assaillants, qu'à l'arrivée de Théodose, désigné par l'empereur Valentinien, pour pacifier la Bretagne. Les Pictes et les tribus alliées dirigeaient leur attaque par le nord, alors que les Saxons et leurs auxiliaires investissaient les côtes de la mer. Parti de Richborough, Théodose marcha sur Londres, et divisant son armée en deux corps, il opposa chacun de ceux-ci aux ennemis, qu'encombraient les nombreux bagages de l'armée. Le butin, repris aux barbares, fut restitué à ses possesseurs primitifs, et Théodose voulut achever les succès qu'il avait remportés à la guerre, en divisant ses ennemis. Il proclama une amnistie pour les vaincus (1) ; tout en poussant la guerre avec énergie, dans le nord de la Bretagne, encore insoumis. Les Saxons, après une vaine résistance sur mer (2), firent aux Romains leur soumission, et Théodose reçut le surnom de Saxonicus (3).

A la Bretagne romaine, il ajouta la province de Valentia, et rétablit des garnisons par toute l'île.

Tour à tour, vaincus et vainqueurs des Romains, les Saxons

dum capitale quod sermone Saxonico Sleswic muncupatur, secundum vero Danos » : Cf. Schilters' Glos., p. 49 ; Wormius. *Literat. Runica,* p. 29. Camden, dans son introduction, attribue aux Angles, les cités germaniques d'Engelheim où naquit Charlemagne ; d'Ingolstad, Engleburg, Engelrute ; et d'Angleria, en Italie.

1. Am. Marcel., lib. XXVII, c. 8.

2. Claud., 4, Cons. Hon., 34. « Maduerunt Saxone fuso Orcades » ; « Saxo consumptus bellis navalibus ». . Pacat. *Paneg. Theod.,* 97.

3. Pacat., 98 : « Quum ipse Saxonicus ».

défirent Maxime, et arrêtèrent momentanément Stilichon, à la fin du iv⁰ siècle (1). Après la mort de ce général, ils aidèrent les Armoricains révoltés, ouvrirent des hostilités contre les Francs, et étendant le champ de leurs conquêtes, ils menacèrent la Belgique, la Gaule, l'Italie et la Germanie. Mais la puissance des Saxons du continent fut définitivement abaissée par Charlemagne, et ce peuple dut se contenter de jouer un rôle obscur, dans les événements qui se précipitèrent en Germanie.

Mais quels furent les caractères généraux, et les mœurs des premiers Saxons ? Pirates férocement braves, guerriers aventureux, Orose (2) parle de leur terrible courage, et l'empereur Julien (3) qui s'était mesuré en mainte rencontre avec les tribus barbares, cite les Saxons, comme l'emportant sur leurs voisins, par leur ardeur à la guerre. Zosime (4) porte sur eux le même jugement, en plaçant leur bravoure au-dessus de celle des peuples contemporains, même les plus belliqueux.

Cet instinct guerrier se développait sans cesse, chez les Saxons, par de continuelles expéditions, qui n'avaient pour but, que le pillage. Les autres peuples redoutaient ces barbares comme un fléau, pour leurs agressions soudaines, pour leurs cruautés inutiles, et pour les ruines qu'ils laissaient derrière eux, sur ces rives qu'ils avaient pillées (5).

Insouciants de la résistance possible des assaillants, les

1. Oros. VIII, c. 12 ; Claud. de Laud. Stil., lib. II ; Sid. Appolin., *Panég. Avit.*, V, 369.
2. Oros., lib. VII, c. 33.
4. Jul. Imp., *Orat. de laud. Const.*
4. Zosim., lib. III.
5. Salvien : « gens Saxonum fera est... » de Gub. Dei., lib. IV ; Fortunat : « aspera gens, vivens quasi more ferino ». Bib., *Mag. Pat.*, VIII, 787 ; Sidoine Appolinaire : « omni hosti truculentior », lib. VIII, c. 7.

Saxons s'abandonnaient aux flots, pour aborder sur quelque rivage, même inconnu, qu'ils pussent dévaster, après l'avoir atteint (1). Ils bravaient les naufrages, en s'embarquant par les tempêtes, pour mieux surprendre leurs victimes par une attaque, que celles-ci pouvaient croire impossible, devant les éléments déchaînés. Les régions, à l'intérieur des terres, n'étaient pas à l'abri des invasions des Saxons. Ceux-ci remontaient le cours des fleuves, sur des barques de bois, recouvertes de peaux cousues les unes aux autres : et telles étaient l'habileté et l'audace des navigateurs saxons, qu'ils se hasardaient sur de pareils esquifs, même sur l'océan germanique (2). Les Romains leur avaient enseigné contre eux-mêmes, l'art de la navigation, et les Saxons avaient construit des flottes entières, grâce aux ressources inépuisables de bois, que leur gardaient les immenses forêts de la Germanie.

Au v⁰ siècle, Sidoine Apollinaire (3), écrivait ainsi, des Saxons : « Vous voyez, parmi eux, autant de pirates que de rameurs, car tous apprennent et enseignent l'art du pillage ; ils ne commandent, et n'obéissent que dans ce dessein... Ces ennemis sont plus redoutables qu'aucun autre : êtes-vous sans défense ? ils vous attaquent; êtes-vous prêts ? ils vous échappent. Ils craignent la défensive, et n'attaquent qu'inopinément... S'ils poursuivent l'ennemi, c'est qu'ils doivent l'écraser ; s'ils s'enfuient, ils échappent sûrement à qui les poursuit ! Les naufrages les fortifient, sans les abattre, ...et

1. Amm. Marcell., lib. XXVIII, c. 3; lib. XXVII, c. 8.

2. Boniface, le missionnaire : « periculosum est navigantibus... germanici tempestatibus maris undique quassantibus fatigati senis miserere... ». Bib. Mag. Patrum, vol. XVI, 59. Isid., *Orig.* : « Mioparo quasi minimus paro ; idem et carabus. Est parva scapha ex vimine, facta quae contexta crudo corio genus navigii præbet ». Lib. XIX, c. 1.

3. Epist., lib. 8.

tous les dangers de la mer, leur sont familiers ; ...une tempête les favorise, car elle enlève toute appréhension à ceux qu'ils doivent assaillir... Parmi les vagues et les écueils, ils se réjouissent dans le péril, parce qu'ils espèrent surprendre leur ennemi... »

Et Zosime (1) ajoute encore, en parlant des Saxons et de leurs alliés : « ...ils se dispersaient en corps, pillaient la nuit, et le jour venu, ils se cachaient dans les bois, pour compter leur butin... »

Les Saxons ne pouvaient supporter la honte, ni l'esclavage, et Symmaque rapporte, que dans leur orgueil, vingt-neuf Saxons s'étranglèrent, plutôt que de figurer, à Rome, dans les jeux du cirque (2).

La taille des Saxons, était, généralement haute, et fiers de la beauté de leur race, ces barbares n'acceptaient point d'alliances avec d'autres tribus. Au iv⁰ siècle, les Saxons se rasaient la tête (3), mais par la suite, ils portèrent des cheveux flottants sur les épaules (4), et une ancienne loi saxonne punissait l'homme qui en saisissait un autre par les cheveux (5).

Comme costume, les Saxons portaient une sorte de veste de toile, ornée de bordures aux nuances bigarrées (6). Sur

1. Zosim, lib. III ; Marcellinus, lib. XVIII, c. 8. Sidon. Apoll., lib. VIII, ep. 9 ; Bede, lib. II, c. 1.
2. Ep., XLVI, lib. II.
3. Sid. Apoll. :

> « Cujus vertices extimas per oras
> Non contenta suos tenere morsus
> Arctat lamina marginem comarum
> Et sic crinibus ad cutem recisis
> Decrescit caput, additurque vultus ».

4. Wittichind, p. 5.
5. Linden, *Codex Legum*, I, 474.
6. Paul. Warnefrid *de Gest. Langob.*, lib. IV, c. 23, p. 838, éd. Grot.;

celle-ci, était jeté le sagum ou manteau. Les Saxons portaient des sandales. Leurs femmes avaient d'amples tuniques, et des bijoux à la tête, aux bras, et au cou (1).

D'après Wittichind (2), les Saxons qui envahirent la Thuringe, au VIe siècle, étaient armés de petits boucliers, de longues lances, et de larges coutelas.

Un auteur du XVIe siècle, Fabricius, ajoute, en s'appuyant sur la seule tradition parvenue jusqu'à lui, que les Saxons avaient leurs boucliers suspendus à des chaînes; que leurs cavaliers brandissaient de lourds marteaux de forgeron, et qu'enfin, leur armure était très pesante... (3).

Chez les Saxons, comme chez tous les peuples primitifs, la première autorité dut être celle du père de famille ; et par la suite, l'âge devint le titre essentiel à toute charge, ou fonction publique. Dans la langue saxonne, les mots désignant l'autorité, impliquent, aussi, la notion d'âge.

Dans la version saxonne des écritures, Joseph est cité, comme ayant été choisi pour gouverner l'Egypte, de préférence aux plus âgés. Le nom de César, y est accompagné de l'adjectif *yldest*, *le plus âgé*, *le plus grand* (4). Le chef militaire des Saxons était, en général, appelé *ealdorman*, *l'homme âgé* (5). Et le terme latin, *satrapa*, qu'emploie Bède, pour désigner le chef du district saxon, est rendu par *ealdorman*,

l'idole des Saxons, Crodus, était ainsi vêtue. Fabric., *Hist. Sax.*, I, 61.

1. Dans le recueil de Linden (I, 484), on relève ces détails d'un testament, par lequel une mère lègue à sa fille, tous ses bijoux : « id est muraenas (colliers), muscas, monilia, inaures (pendants d'oreille), vestes, armillas (bracelets), vel quicquid ornamenti proprii videbatur habuisse... ».

2. 5, Fabricius, I, 66.

3. Suivant les Eddas du Nord, l'arme favorite du dieu Thor, était, le marteau.

4. Genesis, XIV, V, 8 ; Oros, lib. V, c. 4.

5. Sax., Chron., passim.

dans la traduction d'Alfred (1). Dans la controverse des disciples du Christ, cherchant à savoir lequel d'entre eux serait le plus grand, ce dernier adjectif est exprimé en saxon, par *yldest*, le plus âgé (2). Les chefs primitifs des Saxons furent donc les hommes âgés ; les termes rendant l'idée d'âge ou de vieillesse, sont synonymes d'âge ou de dignité, et gardent ce même sens, quand les charges publiques, par la suite, ne sont plus dévolues à la seule ancienneté.

La plus ancienne relation du gouvernement Saxon, sur le continent, est renfermée dans ce passage de Bède : « Les anciens Saxons n'ont pas de roi, écrit-il, mais plusieurs chefs qui, en présence des nécessités de la guerre, tirent entre eux, au sort : ils obéissent, alors, à celui que la chance désigne, pendant toute la durée de la guerre. Quand celle-ci est terminée, tous les chefs reprennent un égal pouvoir (3)... » Ces données ont été confirmées, par d'autres autorités (4), et on les rencontre, déjà, avec les mêmes

1. Béd., éd. Smith., p. 624.
2. Luc., XXII, V, 24.
3. Bede, *Hist. Eccl.*, lib. V, c. 10.
4. L'ancien poète Saxon, dans Duchesne :

> « Quae nec rege fuit saltem sociata sub uno
> Ut se militiae pariter defenderet usu :
> Sed variis divisa modis plebs omnis habebat.
> Quot pagos, tot pene duces ».

« Si autem universale bellum ingrueret, sorte eligitur cui omnes obedire oporteat ad administrandum imminens bellum. Quo peracto, aequo jure ac lege propria contentus potestate unusquisque vivebat. » — Wittichind, lib. I, 7. — « Douze *ethelings* (ducs), gouvernaient les territoires des Saxons ; et quand la guerre éclatait en ce pays, les Saxons choisissaient l'un des douze, pour être roi pendant la durée de la guerre : quand la guerre s'achevait, chacun des douze jouissait d'un égal pouvoir. » Lindenb., *Gloss.*, 1347, cf. Krantz, *Metropol.*, lib. I, c. 1 ; *Hist. Sax.*, I, 69 ; Sagittarius, *Hist. Bard.*, 60.

détails, dans César (1), parlant des chefs germains. On peut donc avancer, que quand les Anglo-Saxons pénétrèrent en Angleterre, ils y vinrent sous la conduite de rois, élus pour la guerre : ainsi s'expliquent le règne d'Hengist, et les dynasties de l'Octarchie. En fait, les Anglo-Saxons, par les guerres perpétuelles dont ils étaient menacés, durent maintenir au pouvoir ces rois temporaires, jusqu'à ce qu'un état de paix relatif, leur permit l'établissement d'une monarchie tempérée, et permanente. Dans ce système de gouvernement, les chefs, ou *witena*, conservèrent leur influence et leur pouvoir. Ils élisaient le roi, tout en le choisissant dans la famille même du monarque défunt, et leur consentement était nécessaire à tous les actes publics du royaume.

Sous les anciens Saxons, les hommes étaient divisés en trois classes : l'*étheling*, ou noble ; l'homme libre, l'affranchi, et l'esclave. Les nobles se montraient jaloux de leur race et de leur rang. Ces ordres avaient, chacun, une existence distincte, sociale et juridique, et leurs membres ne s'alliaient qu'entre eux.

La législation des Saxons, à l'état païen, est imparfaitement connue : elle paraît avoir eu pour base, la compensation pécuniaire, comme mode général de punir les injures personnelles, et les crimes. La sévérité de la loi, dans la répression de l'adultère, fut extrême : si une femme manquait à son devoir d'épouse, on l'obligeait à se pendre ; puis, son corps était brûlé, et sur ses cendres, on égorgeait le complice de l'adultère. D'autres fois, une troupe de femmes

---

1. « Quum bellum civitas aut illatum defendit, aut infert, magistratus qui eo bello praesint, ut vitae necisque habeant potestatem, deliguntur. In pace nullus est communis magistratus, sed principes regionum atque pagorum inter suos jus dicunt controversiasque minuunt. » *De Bell. Gall.*, lib., VI, c. 21.

frappait la coupable, en la chassant de district en district, et la découvrant jusqu'à la ceinture, elles lui lacéraient les seins, à coups de stylet, jusqu'à ce que la mort s'en suivît (1).

Le mariage était permis, chez les Saxons, entre le fils, et sa belle-mère, et le frère pouvait épouser sa belle-sœur (2).

Les sanctuaires des Saxons étaient protégés par des pénalités, aussi terribles que celles qui frappaient la femme adultère. Une loi des Frisons renferme, à ce sujet, la disposition suivante : « Quiconque fait irruption dans un temple, et y vole des objets consacrés, sera conduit sur le rivage de la mer, et enfoncé dans le sable que doit recouvrir la marée montante... Là, on lui coupera les oreilles, on le mutilera, et il sera finalement immolé, aux dieux dont il aura violé les temples... » (3).

Il est difficile de donner une exacte notion de la religion des Saxons, trop imparfaitement connue. Seule, l'autorité de Bède (4) permet d'avancer, que les Saxons, à leur arrivée en Bretagne, avaient des idoles, des autels, des temples, et des prêtres ; que les temples étaient protégés par des enceintes, et qu'ils étaient profanés, si l'on jetait des lances dans celles-ci ; qu'enfin, les prêtres ne pouvaient porter les armes, et qu'il ne leur était permis de monter que sur une cavale.

On peut retrouver, dans les jours de la semaine, les noms de quelques-unes des divinités saxonnes :

Sunday, ou *Sunnan daey*, — le jour du Soleil.

---

1. Boniface décrit cette coutume, dans sa lettre à Ethelbald, roi de Mercie. *Mag. Bibl. Patrum*, tom. XVI, 55.

2. *Sax. Chron.*; Bede, I, c. 27.

3. Lex Fris, dans Lindenb., I, 508.

4. Bede, lib. II, c. 13 et 9 ; lib. II, c. 6.

Monday, ou *Monnan daey*, — le jour de la Lune.

Tuesday, ou *Tithes daey*, — le jour de Tiw.

Wednesday, ou *Wodnes daey*, — le jour de Woden.

Thursday, ou *Thunres daey*, — le jour de Thunre.

Friday, ou *Frige daey*, — le jour de Friga.

Saturday, ou *Seternes daey*, — le jour de Saturne.

Le soleil, chez les Saxons, était regardé comme une divinité féminine ; la lune était du sexe masculin (1) ; on ne connaît guère du dieu Tiw, que le nom. Woden était l'ancêtre national, à la descendance duquel prétendaient les Saxons, qui la faisaient remonter au iiie siècle. Les autres divinités sont demeurées inconnues. Bède a rapporté les noms de deux déesses saxonnes : Rheda, à qui l'on sacrifiait au mois de mars, et qu'on appelait *Rhed-monath*, pour cette raison ; et Eostre, dont les fêtes étaient célébrées au mois d'avril, et qu'on nommait, par suite, *Eostne-monath* (2).

L'idole adorée dans l'île d'Heiligland, occupée, à l'origine, par les Saxons, avait nom *Fosete*, et devint si célèbre que les lieux mêmes où se célébrait son culte, furent désignés par son nom, sous la forme, *Fosetesland*. Des temples furent élevés à Fosete, et la vénération qui l'entourait, était telle qu'on ne poursuivait point un animal, refugié sur les terres qui lui étaient consacrées, et qu'on ne puisait point d'eau à la source, qui coulait près des temples de ce dieu. Au viiie siècle, Willebrord, anglo-saxon converti au christianisme, et devenu missionnaire chez les Frisons, tenta de détruire chez ceux-ci, le culte de Fosete. Il y réussit, en

1. Cette même particularité se retrouve dans les langues du nord : cf. Edda Semundi, p. 14 ; Cott. Ms. Lib. A, III, 63.

2. Bede, *de Temporum Ratione*. Le nom d'Eostne, s'est perpétué dans l'anglais moderne, sous la forme *east*, *easter*, désignant ainsi les fêtes pascales.

dépit d'une résistance violente de Radbod, roi de l'île. Willebrord baptisa trois hommes dans la fontaine du temple, et tua, pour nourrir ses compagnons, un troupeau qui paissait sur le champ sacré, à l'étonnement des barbares, qui croyaient le voir frappé de mort, ou de folie (1).

On apprend dans Tacite (2), que les Angles avaient une déesse, nommée Hertha, Earth (la Terre), dont les fêtes joyeuses s'ouvraient dans la paix. Les Saxons redoutaient un esprit du mal, nommé Faul (3).

Les elfes faisaient partie de leurs superstitions, et il est dit de Judith (4), dans le poème anglo-saxon qui porte ce nom, qu'elle « brillait comme un elfe ». Les Saxons vénéraient encore les pierres, les grottes mystérieuses, et les fontaines qu'ils peuplaient de divinités douces et tutélaires; ils adoraient aussi Héra, génie de l'air, qui venait répandre l'abondance, en été (5).

Les idoles des Saxons semblent avoir été très nombreuses. Grégoire, au viiie siècle, exhorte les barbares à abandonner leurs idoles, d'or, d'argent, de bronze, ou de pierre (6).

Les sacrifices humains furent en vigueur chez les Saxons; ce fait est, déjà, rapporté par Tacite, et Sidoine Apollinaire atteste qu'à leur retour victorieux d'une guerre de pillage, les Saxons immolèrent à leurs dieux, la dixième partie de leurs prisonniers, après les avoir tirés au sort (7). Enfin, Ennodius confirme que les Saxons et les Francs apaisaient

---

1. *Alcuini vita*, S. Willebrord : *Sanct.*, *Hist. Col.*, VI, 130.
2. *De Morib. Germ.*
3. D'autres esprits du mal avaient nom Hama, Flinnus, Siba, Zemebogus. Fabricius., *Hist. Sax.*, 62.
4. Judith, 21.
5. Cf. Wilkins, 83. Linden, *Gloss.*, 1473.
6. *Bib. Mag. Pat.*, XVI, 104. Cf. Albinus. *Nov. Sax. Hist.*, 70.
7. Tacit., *de Mor. Germ.* : Sid. Appoll. ép VI, lib. 8.

leurs divinités, par l'effusion du sang humain (1). Mais il est difficile d'établir, si ces sacrifices étaient occasionnels, ou périodiques.

L'idole la plus renommée des Saxons, fut Irminsula. Elle se dressait à Eresberg, sur une colonne de marbre. Le dieu tenait de la main droite, une rose rouge, et de la gauche, présentait une balance. Le cimier du casque était formé d'une figure de coq ; sur sa poitrine, un ours était gravé, et sur un bouclier, pendant à ses épaules, était figuré un lion dans un champ semé de fleurs (2).

Selon Rolwinck, chroniqueur du xve siècle, les prêtres d'Irminsula, avaient des attributions politiques et judiciaires, d'ailleurs incertaines. Aux jours de combat, ils sortaient l'idole, qu'ils promenaient sur le champ de bataille. A l'issue du conflit armé, les Saxons immolaient à l'effigie du dieu, et les captifs, et les lâches de leur propre armée. Meibomius ajoute à ces détails qu'à de certains jours solennels, les guerriers saxons s'avançaient en armes vers la statue du dieu, et qu'ils dansaient autour d'elle, en agitant des cestes d'airain, pour lui demander aide, et victoire (3).

En 772, cet objet de la superstition saxonne, fut détruit par Charlemagne. Pendant trois jours, une partie de l'armée impériale, procéda à la démolition du temple, tandis que l'autre, demeurait sous les armes. Les soldats de Charlemagne se partagèrent les dépouilles du temple, dont une partie fut attribuée à des œuvres de piété (4).

1. Ennodius *in Mag. Bib. Pol.*, XV. Cf. Herv. Saga, 97 ; Kristni Saga, 93.

2. Meibomius. *Rerum Germ. Hist.*, c. II, 6 ; III, 8. Irminsula était encore appelé Irminsulus, Irmindsul, Erminsul, Hermansaul, Hormensul, Hermesuel. Hermensul et Adurmensul.

3. Meib.. c. III, 10 ; V, 11.

4. Meibom, 18, 19, 31. Cf. Bed., I. 25. Edda, *Hist. Prim.*, 283 ; *Hist. Sext.*, 292 ; *Hist. Duod.*, 305 ; *Hist. Tert..* 288 ; *Hist. Quint.*, 290.

Mais la conception religieuse des Saxons, parut prendre, parfois, un caractère plus élevé. La notion abstraite de la divinité, n'échappa point à ces êtres primitifs, et le mot God, pris dans la double acception de *bien* et de *dieu*, sortit de leurs premières méditations, sur la nature divine. Ces derniers détails indiquent assez que les Saxons étaient prêts à subir l'influence nouvelle du christianisme, après avoir adoré les dieux sanglants de la victoire et de la mort.

CHAPITRE III

L'histoire de Bretagne, depuis la mort de Maxime, en 388, jusqu'au
départ des Romains ; — depuis le départ des Romains, jusqu'à l'invasion des Saxons. — L'arrivée d'Hengist en Bretagne ; — ses guerres
avec les Bretons, et son établissement définitif dans le Kent. — La
venue d'Ella, dans le Sussex, en 477 : il y fonde un royaume. —
L'invasion de Cerdic, en 495 ; le royaume de Wessex. — Les batailles
de ses successeurs avec les Bretons — 552-571. — Les traditions
anciennes sur les batailles des Saxons et des Bretons ; l'histoire d'Arthur. — L'établissement des Saxons dans l'Anglia du Sud, dans la
Mercie, et dans l'Essex ; — Arrivée d'Ida dans le Northumberland. —
Les royaumes de Bernicia et de Deira. — L'Octarchie anglo-saxonne,
jusqu'au début du viie siècle.

A la fin du ive siècle, se produisit l'invasion de l'Angleterre par les Saxons, mais la période qui précède ce fait
historique, est toute incertaine, et l'on ne possède sur elle,
que quelques extraits de Gildas, de Bède, et de Nennius qui
ne présentent qu'un intérêt et qu'une certitude relatifs.

Tandis que Gratien, en 333, gouvernait l'empire d'Occident,
et Théodose, celui d'Orient, les légions de Bretagne, toujours
prêtes à la sédition, se révoltèrent, et de concert avec les
Bretons, choisirent pour empereur, Maxime, de naissance
espagnole, et qui était entré dans les armées romaines. Son
mérite paraît avoir été éminent : il accepta la charge dont
on le revêtait, peut-être malgré lui, et échappa, sans doute,

à la mort, par l'acceptation de la pourpre (1). Maxime, pour confirmer l'usurpation de sa nouvelle dignité, forma un corps d'armée de jeunes Bretons, et passa avec ceux-ci, en Gaule. Un de ses officiers assassina Gratien dans la quinzième année de son règne, et Valentinien admit Maxime à la participation de l'empire. Ce dernier détint la puissance impériale, jusqu'à ce qu'il entrât en conflit avec Théodose, pour lui disputer l'empire du monde antique. Ce fut ainsi que Maxime (2) trouva la mort à Aquilée : les soldats bretons furent décimés, après la mort de leur chef, et en 391, Théodose abandonna l'empire d'occident à Valentinien, qui marcha en Gaule, contre les Francs Il périt, assassiné, au moment où il allait renouer, avec ceux-ci, d'anciennes alliances. Ce fut alors qu'apparut un autre prétendant à l'empire, Eugenius, qui conclut de nouveaux traités avec les Francs et les Alamans, et vint défier Théodose lui-même, avec une forte armée : il mourut devant Aquilée, en 394.

Après la mort de Maxime, le chroniqueur Gildas (3) établit, avec quelque vraisemblance, que la Bretagne fut sensiblement dépeuplée, par suite de l'expédition de l'usurpateur, et livrée, presque sans défense, aux incursions des Pictes et des Scotes, au nord-ouest, et au nord. Cette assertion se retrouve chez d'autres auteurs : Sozomène rapporte que Maxime réunit une armée nombreuse en Gaule, en Bretagne, et en Germanie, pour marcher sur l'Italie. Les Francs

1. Zos. Lib. IV. « Vir omni vitae merito etiam predicandus ». Sulpic., *Dialog.*, II, c. 7.

2. Socrates. 270, 273. Zosim., lib. V.

3. S. XI, p. 4. Gale, XV. Scriptores. Richard de Cirencester., lib. II, c. 1, de Situ Britanniæ (Antiquitates Cello Normannicac). Adoviennensis. *Chron. Aetas Sexta.* 353. *Bib. Mag. Patrum*, V, 7. Bede, *Hist. Eccl.*, lib. I, c. 11.

4. « Collecto ex Britannia et vicinis Gallis, et ex Germanis ac finitimis gentibus numeroso exercitu, in Italiam profectus est ». Sozomen, *Hist, Eccl.* VII, c. 13, éd. Valés.

profitèrent de son absence, pour envahir la Gaule, et les Saxons s'armèrent contre lui, avec succès (1).

Le fait que mentionne encore Gildas, est l'envoi par les Bretons, d'une ambassade à Rome, pour y demander des secours militaires (2), il ajoute avec une certaine vraisemblance, qu'une légion vint par mer, et purgea les côtes britanniques des hordes de pirates qui l'infestaient (3).

Chez les auteurs latins du Bas-Empire, on découvre que trois ans après la chute de Maxime, les deux empires furent gouvernés par Théodose, et celui-ci par un édit, rétablit en Bretagne, le statut qui la régissait, avant l'usurpation (4). Comme conséquence de cette mesure, un vicaire impérial, nommé Chrysanthus, fut envoyé par Théodose en Bretagne : il réunit en lui, tous les pouvoirs civils et militaires (5). Pendant la dernière partie du règne de Théodose, et sous son successeur, les forces militaire de l'empire d'occident furent aux mains de Stilichon, et dans l'histoire de Claudien, les victoires de ce général sur les Pictes et les Scotes, sont narrées avec quelque emphase (6).

1. Cf. Sulpicius Alexander, dans *Grégoire de Tours*, lib. C, c. 9 ; Saint-Ambroise ep. 17 : « Ille statim a Francis, a Saxonum gente in Sicilin Siciae et Petavione ubique denique terrarum victus est. » Mascou., I, 371.

Prosper, dans sa *Chronique* : « incursantes Pictos et Scotos, Maximus strenue superavit ». Déjà les Pictes et les Scotes avaient menacé Maxime. Gibbon, III, 40.

2. Gildas, s. 12.

3. *Ibid.*, s. 12.

4. Gibbon, III, 55 ; Cod. Theod., lib. XV, tit. 14.

5. Socrates, *Hist. Eccl.*, lib. VII, c. 12 ; Gibon, II, 43.

6. Gibbon, III, 116 ; Claudien, *de Laud. Stil.*, lib. II. Dans le poème, *de Bello Getico* :

> « Venit et extremis legio praetenta Britannis,
> Quae Scoto dat fraena truci, ferroque notatas
> Perlegit exangues Picto moriente figuras ».

Tandis que Stilichon combattait, en 400, Alaric sur le continent, et que la légion de Bretagne avait été rappelée pour grossir l'armée du général romain à Pollentia, Gildas (1) rapporte, sans base historique aucune, que la Bretagne envoya une nouvelle ambassade à Rome, pour solliciter des secours avec instance. Ce fait, vraisemblable, sans doute, ne saurait présenter aucun degré de certitude. En 406, les troupes romaines de Bretagne, s'étant révoltées, avaient fait choix pour imperator, d'un soldat obscur, nommé Marcus, puis d'un certain Municeps (?). Ce dernier fut assassiné, après un règne de quatre mois, et la soldatesque bretonne acclama empereur, un certain Constantin, qui paraît avoir été assez digne de son élévation, et dont l'autorité fut reconnue en Gaule, et en Espagne (2). Constantin périt à Arles, vaincu par les troupes d'Honorius (3).

Parmi ces rébellions successives, les provinces occidentales de l'empire romain servaient ainsi, de champs de bataille aux compétiteurs à la dignité impériale, morcelée et incertaine. Les cités de l'Angleterre furent très éprouvées : Honorius tremblait devant les barbares d'Alaric, et Constantin ne pouvait même protéger la Gaule.

Déjà, Honorius avait envoyé aux états bretons, des lettres invitant les indigènes à pourvoir à leur propre sécurité, quand il y eut soudain, en 409, chez les Bretons, comme un magnifique réveil de leur sentiment national. Aux accents héroïques des bardes, ils se souvinrent des gloires ancestrales, et de leur antique indépendance.

Animés du même esprit de liberté, ils secouèrent le joug

---

1. Gildas, s. 14.

2. Cf. Gibbon, III, 171 ; Zosim , lib. VI ; Oros. VII, 40 ; Jornand, c. 32 ; Marcellin., *Com.*, 38.

3. Oros., lib. VII ; Gibbon, III, 259 ; Zosim., lib. VI.

4. Zosim., lib. VI, 384.

romain ; déposèrent les fonctionnaires impériaux, et proclamèrent l'indépendance de l'île. Dans leur impatience de la liberté qu'ils s'étaient promise, ils chassèrent les envahisseurs. de leurs villes. Leur élan même emporta les Armoricains, qui trouvèrent dans leur ardent désir d'indépendance, la force de conquérir définitivement, celle-ci.

En l'année 410, Zosime mentionne la Bretagne, une dernière fois, dans son histoire, pour constater son état d'indépendance, vis-à-vis de Rome. La puissance publique devait être exercée dans l'île, par les cités, ou les districts territoriaux, avec lesquels les empereurs avaient coutume de communiquer directement. Le pouvoir municipal s'étendait donc, à cette date. sur la Bretagne, que les Romains ne devaient plus reconquérir (1).

Sous la domination romaine, la Bretagne, comprenait deux municipes, neuf colonies, dix cités jouissant du *jus italicum*, douze *civitates stipendariae*, et nombre d'autres villes (2). Les Romains avaient l'habitude de diviser les territoires conquis par eux, en districts appelés, *civitates*. En Gaule, pendant le v⁰ siècle, le pays était divisé en cent cinquante *civitates* ; chacune de celles-ci avait sa ville principale, son Sénat, et une étendue de juridiction à compétence réelle et personnelle, déterminée. Dans la dernière période de l'occupation romaine, la Bretagne était divisée en trente-trois *civitates*, dont trente étaient comprises dans l'Angleterre proprement dite, et dans le pays de Galles. Les villes principales étaient les suivantes :

Municipia :	Ptoroton,
Verolamium,	Victoria, } en Ecosse ;
Eboracum.	Theodosia,

1. Cf. Gibbon, III, 262-271 ; 327-432.
2. Richard, *Antiq. Celto-Scand.*, p. 111.
3. Whit., *Hist. Manch.*, II, 330-379.

Coloniae :
Londineium,
Camalodunum,
Rhutupis,
Thermae,
Isca Secunda,
Deva Getica,
Glevum,
Lindum,
Camboricum,

Italico jure donatae :
Durnomagus,
Catarracton,
Cambodunum,
Coccium,
Luguballia,

Corinum,
Sorbiodonum.

Stipendariae :
Venta Silurum,
Venta Belgarum,
Venta Icenorum,
Segontium,
Muridunum,
Ragae,
Cantiopolis,
Durinum,
Isca,
Bremenium,
Vindonum,
Durobrovae.

Dans chacune de ces villes principales, c'étaient des charges et des offices locaux, dont les duumvirs, les sénateurs, les décurions, et les édiles étaient titulaires. Ces *civitates* étaient réparties en cinq provinces, dont deux étaient gouvernées par des personnages consulaires, et trois par des *présides*. Au-dessus de ces magistrats provinciaux était placé le vicaire impérial, dont l'autorité n'était subordonnée qu'à celle d'un préfet du prétoire, avec lequel l'empereur correspondait directement. Tous les administrateurs provinciaux étaient romains : ils ne pouvaient, eux, ou leurs enfants, s'allier aux indigènes ; acquérir en Bretagne de propriété foncière, ou de droits réels (**1**). Le pouvoir des officiers principaux, était exclusivement territorial : d'où l'édit, portant que les duumvirs ne pouvaient exercer leur charge, en dehors des limites de la circonscription qui leur était assignée (**2**).

1. Gibbon, II, 32-39.
2. Cod. Theod., lib. XII, tit. 1.

On peut, dès lors, se représenter l'Angleterre, et le pays de Galles au v° siècle, divisés en trente cités indépendantes, qui lors du départ des Romains, devaient, en fait, se diviser en trente états indépendants. La paix ne pouvait guère être maintenue entre ces trente états, où devaient bientôt se manifester des tendances séparatistes, sans pouvoir régulateur qui les centralisât. La discorde devait fatalement éclater, par les conflits de juridiction, d'intérêts, de personnes, et d'ambitions, et constituer l'état d'anarchie civile, si favorable à l'établissement d'une dictature militaire.

La situation intérieure de la Bretagne commandait nécessairement, l'invasion des Saxons : « Sur le pays, écrit Gildas, c'étaient les rois les plus cruels qui régnaient ! Puis on les tuait, presque sans raison, et des hommes plus féroces qu'eux-mêmes, étaient élus à leur place... » Le chroniqueur traite ces rois de *furciferi*, de *lupi* ; Constantin est appelé, *le lionceau de la lionne* du *Devonshire* ; Vortiper, *le stupide tyran du pays de Galles, et conducteur d'ours* » ; Cuneglas, *le dogue jaune* ; enfin Maglocune, *le dragon de l'île* (1). Saint-Jérôme (2) parle de la Bretagne, « comme d'une province fertile en tyrans », et l'on trouve chez Procope la même assertion (3). On rencontre, dans les chroniques, des rois du Devonshire, de Cornouailles, du Kent, de Glastonbury ; des rois de Deira et de Bernicia, et d'autres, au nord et à l'ouest de l'Angleterre, à l'époque des Saxons (4).

Il y avait donc, en Bretagne, avec ces morcellements de la royauté, et les révolutions intérieures de la Bretagne, un champ ouvert aux invasions des Pictes et des Scotes, bien

1. Gildas, s 19.
2. Jerom., ad Ctes Britannia provincia fertilis tyrannorum, Gibb., III, 277.
3. Procop., *Hist. Vandal*, lib. 1.
4. Gildas, cp. p. 10 ; Nennius 105-107-117.

qu'un tyran breton semble avoir dominé les autres rois de l'île : son nom est rapporté par Gildas : c'est Gurthrigernus, que les triades galloises nomment, Gwrtheyrn (1).

La Bretagne devait attirer les barbares, car loin d'être dans l'état, où l'avaient trouvée les Romains, elle offrait partout les traces de la civilisation antique la plus avancée.

Elle était bien devenue la province romaine, où les maîtres de l'univers avaient marqué leur passage. Et au moment où le barbare saxon allait l'attaquer victorieusement, elle contenait avec ses richesses naturelles et ses édifices publics, vingt-huit cités que Bède qualifie de *mobilissimae*, et des places fortes sans nombre, *innumera*, dit le vénérable historien (2).

Trois vaisseaux saxons, venus de Germanie, abordèrent, en 449, sur les côtes bretonnes : ils portaient deux frères, Hengist et Horsa, dont la tradition faisait remonter l'origine à Woden. Nennius (3) les regarde, comme des exilés fugitifs, et le nombre de leurs compagnons étant trop faible pour entreprendre une conquête par les armes, on peut supposer que leur venue ne fut qu'accidentelle, ou motivée par le seul appât du pillage.

Au dire des chroniqueurs, le nombre des assaillants Saxons, n'excéda guère trois cents guerriers. Et les vaisseaux eux-mêmes, purent être détachés de la flotte saxonne qui sillonnait la mer, pour venir en aide aux Armoricains.

Ces premiers saxons abordèrent à Ebbs-fleet (4), dans l'île de Thanet, près de Richborough. A ce moment même, le roi et les chefs bretons délibéraient sur le meilleur moyen de

1. Gildas, 12.
2. *Hist. Eccl.*, c. 1.
3. Nennius, c. 28.
4. Ypwines fleot, *Sax. Chronicle*, 12. Bede, *Hist. Eccl.*, lib. I, c. 25.

repousser, les Irlandais et les Ecossais. L'assemblée fut d'avis d'appeler, comme auxiliaires (1), les hardis aventuriers saxons. On promettait, à ceux-ci, en retour, des vivres, une solde, et des vêtements. Les premières opérations des Saxons, furent dirigées, comme leurs engagements les y contraignaient, contre les Irlandais et les Pictes. Cette première expédition fut heureuse, mais les assaillants étant en trop grand nombre, contre les défenseurs de la Bretagne, ceux-ci résolurent, de l'avis des rois bretons, de demander des renforts nouveaux à la nation saxonne elle-même (2).

L'ambassade d'Hengist, à cet effet, eut sans doute, pour but, un appel à la jeunesse aventureuse du Jutland, avec la promesse des futures conquêtes, qu'il n'avait pu réaliser une première fois, faute d'une armée suffisante. Et comme le Saxon se ruait à la guerre de pillage, comme à un plaisir, il partit pour la Bretagne, à la suite d'Hengist, sachant seulement qu'il allait combattre et se livrer au pillage, sur une terre inconnue, après avoir déjà dévasté les côtes de la mer, de la Hollande au Danemark.

Les actes qui marquèrent le retour d'Hengist en Bretagne, sont assez peu rapportés, par les anciens chroniqueurs. Ce n'est guère qu'en 449, qu'Hengist fonda dans le Kent, son propre royaume (3). Il s'écoula donc un espace de six années entre ce fait historique, et le retour d'Hengist, en Bretagne. Cet intervalle fut rempli par des guerres avec les Pictes et les Scotes ; par les alliances avec Gwrtheyrn et les Bretons ; enfin, par les hostilités contre ces derniers, par la conquête finale du Kent, et son érection en royaume Saxon. Mais il est difficile de déterminer la durée de ces périodes, et de préciser le contenu de chacune d'elles.

1. Gildas, s. 22.
2. Bede, lib. I, c. 15.
3. Cf. *Chron. Saxon.*

C'était l'assemblée des rois et des chefs de toute la Bretagne, qui avait sollicité l'aide des Saxons que chacun ne tarda point à regretter, devant les desseins plus avoués des barbares. On n'avait d'abord songé qu'à opposer aux attaques des Pictes et des Irlandais, la résistance d'autres barbares, car Pictes et Saxons, apparaissaient également, aux Bretons encore dominés par l'influence romaine, comme des barbares qu'il était possible de réduire, en les opposant les uns aux autres. La pensée politique qui avait inspiré le premier appel aux Saxons, était assez sage, puisque, c'était détourner, en fait, l'invasion des barbares, et donner, temporairement à leurs armées, un autre champ de guerres, de conquêtes, et de pillage. Encore était-il difficile de prévoir que quelques centaines de Saxons, eussent pu commander l'exode successif, en Bretagne, de tous les Angles, de la majeure partie des Saxons du continent, et des Jutes.

Le reproche qui doive être adressé aux chefs bretons, ne saurait être celui d'imprévoyance, mais leur faute véritable fut, devant les intentions plus manifestes des barbares, de ne point s'unir entre eux, pour une suprême résistance. L'influence la plus dissolvante à cet égard, fut exercée par Gwrtheyrn, qui projetait de s'unir entièrement à Hengist, pour l'emporter sur ses rivaux bretons (1). Les exigences d'Hengist augmentaient en Bretagne, avec ses victoires sur les Pictes ; sous prétexte de défendre l'ile de Thanet, il fit venir du continent dix-sept vaisseaux, dont l'un portait sa propre fille, Rowena. Puis, ce fut son fils qui, avec quarante vaisseaux, vint piller les Orcades, et s'établir sur les côtes écossaises (2).

Cependant, une paix apparente régnait, à cette époque,

1. Will., Malm, lib. I, 9.
2. Nenn., c. 36-37 ; *Triades galloises*, c. 38.

entre Hengist, et les Bretons (1) : la tradition (2) rapporte
que Gwrtheyrn fut invité par Hengist à un festin où Rowena,
aux yeux céruléens, tendit une coupe au roi breton, et
l'enivra d'amour. L'alliance du Saxon et de Gwrtheyrn fut
ainsi, plus fortement scellée, et les Bretons ne tardèrent pas
à s'alarmer du succès croissant des armées d'Hengist. Les
barbares refusaient hautement de quitter ces terres, qu'ils
avaient arrachées aux déprédations des Pictes ; n'avaient-ils
pas abandonné leur patrie, pour les dangers et l'appât d'une
guerre lointaine ? Leur établissement, en Angleterre, se fortifiait de leurs victoires, et au lieu d'annoncer leur départ à
la population anxieuse, les Saxons levèrent sur celle-ci, de
nouvelles contributions, en 455 (3). Il y eut à ces exactions
une résistance illusoire, qui motiva, toutefois, une formidable
répression d'Hengist, qui venait de conclure une paix avec
les Pictes. Les Saxons ravagèrent tout le pays (4), rasant les
édifices, tuant les rois et les prêtres ; la population, surprise,
se cachait au fond des monastères, on s'enfuyait dans les
solitudes des montagnes et des forêts.

Mais l'instinct de leur propre défense dicta aux Bretons,
le dessein que leur patriotisme n'avait pu leur faire suivre.
Guortemir, fils de Gwrtheyrn organisa un vigoureux système
de défense, et dans plusieurs rencontres avec Hengist et
Horsa, la victoire fut entre eux, incertaine. Nennius affirme
que par trois fois, Guortemir assiégea et vainquit Hengist et
ses Jutes, qu'il chassa finalement, de l'île de Thanet, et de
l'Angleterre. Il ajoute que, durant cinq années, les Saxons
furent maintenus hors d'Angleterre, jusqu'à la mort de Guor-

1. Ethelw., 833.
2. Nenn., c 36.
3. Bede. *Hist. Eccl.*, lib. I, c. 15.
4. *Ibid.*

temir (1) : Gildas, à son tour, confirme que les envahisseurs quittèrent, soudain, l'Angleterre (2); et Bède mentionne aussi ce fait, dans son histoire (3). Comme le règne d'Hengist, dans le Kent, ne s'ouvrit que six ans après son arrivée en Bretagne, il est difficile de ne pas admettre, pendant cet intervalle, et son absence d'Angleterre, et les succès réels des Bretons (4).

Les Bretons qui se liguaient ainsi contre la tyrannie d'Hengist, étaient commandés par les deux fils de Gwrtheyrn, Guortemir et Categirn. Dans un premier engagement, au *Ford des Aigles*, aujourd'hui, Aylesford, dans le Kent, Horsa trouva la mort, ainsi que Categirn, du côté des Bretons (5). Une troisième bataille fut livrée à Stonar, près de la mer, et les Saxons vaincus, s'enfuirent vers leurs vaisseaux (6).

Guortemir avait commandé, presque seul, le soulèvement britannique contre les Saxons : la légende s'empara de sa renommée, et Nennius le représente, fabuleusement armé d'un arbre déraciné, qu'il brandit comme une massue, et dont il tue Horsa, et ses compagnons (7).

A la mort de Guortemir, Hengist revint en Bretagne, avec des forces nouvelles et considérables, auxquelles les insulaires ne purent résister. Mais sa première victoire passe pour avoir été achetée au prix d'une trahison. Nennius rapporte, — peut-être avec quelque fondement, — qu'il massacra les chefs bretons, dans un banquet, auquel il les avait conviés (8), pour y discuter les conditions d'une paix nouvelle.

1. Nenn., c. 45.
2. Gildas, c. 25.
3. *Hist. Eccl.*, lib. I. c. 16
4. Kempius, *Rer. Frisic*, lib. II, c. 1.
5. Nenn., c. 46; *Saxon. Chronic.*, 13; Ethelw., 834.
6. Nenn., 46-47.
7. *Ibid.*, 45.
8. *Ibid.*, 47-48.

Il avait, dit le chroniqueur, recommandé aux Saxons, de se rendre au festin, avec de courts glaives, sous leurs manteaux, et lorsqu'il s'écria : « *Nimed eure saxes!* », c'est-à-dire : « *Tirez vos glaives!* », ses compagnons massacrèrent tous les chefs présents, à l'exception du traître Gwrtheyrn.

Il est malaisé de discerner la part de vérité que comporte ce récit, en raison des exagérations familières au chroniqueur, mais il faut convenir qu'un pareil meurtre, répond bien à l'astuce et à la perfidie barbares.

La grande bataille qui, au dire des chroniqueurs saxons, assura la prédominance d'Hengist, dans le pays de Kent, fut livrée à Crayford, en 457. Les Bretons démoralisés, abandonnèrent le pays de Kent, et s'enfuirent jusqu'à Londres. Après un espace de huit années, les Bretons attaquèrent de nouveau Hengist, mais ils subirent ainsi, des pertes sensibles, et un échec renouvelé, en 473 (1).

Pendant les douze années qui suivirent la bataille de Wippeds Fleot, Hengist put jouir librement de ses conquêtes. Mais, en 465, un autre aventurier apparut en Bretagne : les Saxons changeaient alors de mœurs, et commençaient à préférer à l'incertitude du pillage, l'établissement définitif sur un sol nouvellement conquis. C'est ainsi que se préparait la conquête méthodique de la Bretagne.

Dans le Kent, Hengist eut pour successeur son fils, Æsc, qui régna vingt-quatre ans (2). Et ce petit royaume n'eut pas d'histoire, jusqu'à l'accession au trône, en 560, d'Ethelbyrhte, qui régna près d'un demi-siècle.

Ella fut le second chef saxon qui, vingt-huit ans après l'arrivée d'Hengist, envahit la Bretagne. Il vint s'établir avec

1. *Sax. Chron.*, XIV ; Flor. Wig., 200, 201.
2. *Sax. Chron.*, XX.

ses trois fils dans le Sussex, dont il chassa aisément les Bretons (1) ; puis il étendit progressivement, ses conquêtes sur la côte. Huit ans après son arrivée, il tenta de pénétrer plus avant, dans l'intérieur de la Bretagne, mais sa marche fut arrêtée sur les rives du fleuve Mercread, par les indigènes. Les Saxons ayant reçu de nouveaux renforts, vinrent assiéger Andredes Ceaster, cité très fortifiée. Les Bretons défendirent la place, avec quelque habileté : profitant du voisinage d'une forêt, un corps de Bretons harcelaient, de là, les Saxons, quand ceux-ci tentaient d'escalader les murs de la citadelle : pour repousser les Bretons, les Saxons devaient donc interrompre leur assaut. Mais cette tactique fut bientôt déjouée par Ella qui divisa son armée en deux corps, l'un pour attaquer la place ; et l'autre, pour couvrir l'attaque (2).

L'opération réussit, et les Saxons se précipitèrent dans la citadelle, et y massacrèrent tous les habitants. C'est ainsi qu'Ella fonda le royaume de Sussex.

Dix-huit ans, après la venue d'Ella, une autre colonie de Saxons vint s'établir en Angleterre, sous la conduite de Cerdic, qui prétendait descendre de Woden (3). Cinq vaisseaux abordèrent sur les côtes de Bretagne, en 495, et les Saxons, commandés par ce nouveau chef, eurent bientôt conquis le Wessex ; d'autres guerriers, tels que Stuf et Wihtgar, devaient tenter encore de conquérir des royaumes, en Angleterre, treize années après ces événements.

Ce fut dans les batailles avec Cerdic, que les Bretons opposèrent aux envahisseurs, une résistance véritablement nationale, qui se poursuivit pendant plusieurs années, avec des succès inégaux. Le royaume de Wessex n'est fondé par Cerdic, que vingt-quatre ans après son arrivée en Bretagne,

1. *Sax. Chronic.*, 14. Flor. Wigorn, 203. Ethelwerd, 834.
2. Henr. Hunt.. 312 ; Bede, *Hist. Eccl.*, lib. II, c. 5.
3. *Sax. Chronic.*, XV ; Flor. Wig., 205.

c'est-à-dire, en 501 (1). Cerdic, en effet, envahissait l'île, quarante-six ans après Hengist, et se trouvait en présence d'une nouvelle génération de Bretons : les chefs qui, les premiers, avaient combattu les Saxons, n'étaient plus ; et les indigènes étaient en possession de toute la Bretagne, à l'exception du Kent et du Sussex. Quand Cerdic les attaquait, les Bretons plus conscients de leurs forces, et plus unis, pouvaient opposer aux Saxons une résistance générale et combinée.

Le seul roi breton, qui soit mentionné, dans la Chronique Saxonne, avant l'établissement du royaume de Wessex, est Natanleod, qui succombe au cours d'une grande bataille, livrée en 508 (2). Avant celle-ci, comme pour une lutte suprême et décisive, Cerdic avait groupé sous ses ordres, toutes les forces saxonnes du Kent et du Sussex ; de son côté, Natanleod avait assemblé la plus grande armée que les Bretons eussent jamais opposée à leurs envahisseurs. Le roi breton semble avoir voulu exercer, au début de la bataille, une vengeance personnelle : il fit porter toute l'attaque des siens, sur l'aile droite de l'armée saxonne, où commandait Cerdic, lui-même, et malgré son acharnement à la poursuite de son ennemi, il fut défait dans cette rencontre, où il perdit cinq mille soldats (3). Cette victoire, tout en fortifiant la situation de Cerdic en Bretagne, ne lui permit pas, cependant, d'y fonder, encore, un royaume.

Les batailles que Cerdic livra, par la suite, aux Bretons, sont peu nombreuses. En 519, avec son fils Cynric, il gagna la bataille de Cerdices-ford, date importante, puisque c'est

---

1. *Sax. Chronic.*, 519 ; Flor. Wig. : « regnare caeperunt », 208 ; Ethelwerd : « in ipso anno facictenus caeperunt regnare », 834 ; Henr. Hunt : « Regnum West-Sexe incipit », 313.

2. *Sax. Chron.*, XVIII ; Flor. Wig., 206 ; Ethelwerd, 834.

3 Henr. Hunt., 312

à partir d'elle, que la Chronique Saxonne ouvre l'ère des rois saxons de l'ouest (1). En 528, on relève un autre conflit armé à Cerdices-leah, mais l'issue n'en est pas mentionnée, et en 530, Cerdic et son fils s'emparent de l'île de Wight, après un grand massacre. Cerdic meurt, en 534, et si l'on examine les détails de sa vie de conquêtes, on peut lui appliquer ainsi qu'à Hengist, cette conclusion, qu'il ne fit guère que se fortifier dans ses premières positions, que sa postérité seule devait étendre.

En 552, son fils Cynric défit les Bretons à Searobyrig, et quatre ans après cette bataille, à Beranbirig (2). Dans cette dernière rencontre, les Bretons réunirent tous leurs efforts, pour l'emporter sur les Saxons, et rivalisèrent de discipline, et de méthode. Ils se divisèrent en neuf corps : trois placés au front de bataille ; trois, au centre ; trois à l'arrière, pour servir de réserve ; leurs archers et leur cavalerie étaient rangés en bataille, à la manière romaine. Les Saxons suivirent leurs mouvements, et adoptant une tactique contraire, se précipitèrent en un seul corps formidable, sur les lignes bretonnes qu'ils rompirent (3).

Ce fut Cealwin, troisième roi du Wessex, qui monté sur le trône en 560, remporta sur les Bretons, les succès les plus décisifs. Son frère défit les Bretons à Bedford, et leur enleva quatre villes, Lygeanburgh, Aegelesburh, Benningtun et Egonesham (4). Six ans après Cealwin lui-même, remportait une grande victoire à Deorham, sur trois rois bretons qui périrent dans la bataille : Conmail, Condidan et Farinmail. Ce fut là, le commencement de la division des forces bretonnes, et trois grandes cités, Gloucester, Cirencester et

1. *Sax. Chronic.*, XVIII, Henr. Hunt., 313.
2. *Sax. Chronic.*, XX, Flor. Wig., 219.
3. Henr. Hunt, 314.
4. *Chron. Sax.*, XXII: Flor. Wig., 223 ; Ethelw., 835.

Bath, se soumettent au vainqueur. Cependant, après un intervalle de sept années, les Bretons, en 584, prirent encore les
armes, à Fethanleagh : un fils de Cealwin succomba dans la
lutte, et les Saxons se retirèrent, momentanément, en désordre. Mais leur roi les rallia, et vainquit les Bretons, sans
pouvoir, néanmoins, se porter plus avant.

Tel est le résumé des batailles livrées par les Saxons, et
qui contribuèrent à l'établissement du royaume de Wessex,
qui ne devait comprendre Gloucester, Cirencester et Bath,
que quatre-vingt-deux ans, après l'arrivée de Cerdic, en
Bretagne.

La première conquête de Cerdic, fut celle du Hampshire.
Son fils y ajouta celles du Wiltshire, de l'Oxfordshire et du
Buckinghamshire, et son petit-fils s'emparait du Gloucestershire, et d'une partie du Somersetshire. Mais, en dépit de
cet accroissement territorial, le nouvel Etat saxon se trouvait toujours resserré, à l'ouest, par les royaumes bretons de
Cornouailles, de Devonshire, et d'une partie du Somersetshire ; au nord-ouest, par les Gallois, et enfin, par les Etats
bretons du nord, s'étendant du Gloucestershire à l'Ecosse.
Au sud, et vers la mer, il pouvait s'appuyer sur les
royaumes saxons de Sussex et de Kent. Mais si la nation des
Angles, n'avait pas envahi la Bretagne, à la mort de Cerdic,
pour s'étendre au sud et au centre du pays, les possessions
des Saxons seraient demeurées précaires et restreintes (1).

1.   *Généalogies Saxonnes dans les diverses Sources*

I — CHRONIQUE SAXONNE

Woden	Ingin
Wecta	Esa
Witta	Eoppa
Wihtgils	IDA, 19.
HENGIST ; Horsa, 13.	
	Woden

Ce furent les Angles seuls, venus du Sleswig, qui firent définitivement de la Bretagne, l'Angleterre.

Quelques-unes des batailles, mentionnées par les anciens

Geata	Wœgdœg
Godwulf	Sigear
Finn	Swœfdœg
Frithowulf	Sigegeat
Freotholaf	Sœbald
WODEN, 19.	Sœfugl
	Westerfalcna
Woden	Wilgis
Bœldœg	Uscfrea
Brand	Yffa
Freothogar	ELLA, 20.
Freawine	
Wig	Woden
Giwis	Wihtlœg
Esla·	Wœrmund
Elesa	Offa
CERDIC, 15. 20.	Angeltheow
	Eomor
Woden	Icel
Bœldœg	Cnebba
Brand	Cynewold
Beonoc	Cryda
Aloc	Wybba
Angenwit	PENDA, 28.

HENRY DE HUNTINGDON.

Kent.	Fin
Jeta	Fredulf
Filii Dei	Fredelaf
Flocwald	WODEN
Fin	Beldet
Fredulf	Brand
Frealof	Beonoc
WODEN	Aloc
Vecta	Angenwit
Wicta	Ingiuni
Widgils	Esc

chroniqueurs gallois, sont celles que Cerdic livra aux Bretons. Le combat le plus fameux est celui de Llongborth,

HENGIST et HORSA, 311.	Eope
	IDA, 314.
Essex.	
Saxnat	*Northumbria.*
Andesc	Fredealaf
Gesac	WODEN
Spoewe	Wepdeg
Segcwlf	Siegegeat
Biedcan	Seabald
Offa	Sefugel
Erchenwin, 1er roi, 313.	Westrefalena
	Witgils
Northumberland.	Uscfrea
Heata	Iffa
Godwlf	ELLA, 314.

ETHELWERD

WOTHEN	WOTHEN
Withar	Wither
Wicta	Wicta
Wyrhtelsi, 833.	Wihtgils, 836.

SIMÉON DE DURHAM

Strefius	Hadra
Bedweg	Stermon
Guala	Heremod
Sceaf	Brond
Sceldius	Fridegar
Beowi	Frewin
Tecti	Wig
Geti	Giwi
Godwlf	Esli
Finn	Elesi
Frelaf	CERDU, 1.
Fridewold	
WODEN, 1.	WODEN
	Beldeg
Beoda	Brond
Godewlf	Benoc
Fenn	Aloth.

en 530. Arthur commandait les forces bretonnes, avec Geraint ab Erbin, prince de Devonshire, qu'il avait su gagner à la cause de la résistance. Llywarch Hen, dans une élégie (1), dépeint les phases successives de la bataille : ce sont d'abord, les cris indistincts qu'il note, et l'obscurité qui investit l'armée, après le premier choc ; puis l'âpreté de la lutte, les bruits des glaives, le sang qui couvre la plaine,... et les corbeaux s'abattant, sur le champ de bataille silencieux, que la mort seule emplit.

Le vaillant Geraint est massacré, « en frappant ses ennemis», dit le barde, qui ne peut, en dépit de la subtilité de sa langue poétique, dissimuler l'étendue de la défaite bretonne.

Llyrwarch parle encore d'une autre bataille sur le Llawen (2), où Arthur apparaît à la tête de l'armée bretonne. Gwen, le fils bien-aimé du poète, est engagé dans la rencontre, qui a lieu au fort de Morlas. Le barde dépeint son fils, veillant anxieusement, à la veille du combat, le bouclier à l'épaule. Il compare son ardeur à la guerre, à l'attaque furieuse de l'aigle, et il pleure sa perte, comme celle du plus brave de ses enfants. « Comme il était mon fils, écrit-il, il ne recula pas !... » Sur l'issue elle-même de la bataille, on sait seulement qu'Arthur n'ordonna pas la retraite. Et des autres conflits armés qui éclatèrent, avant que le Wessex ne fût colonisé par les Saxons, on n'a d'autres détails que ceux qui touchent à la bataille de Bath.

Nennius fait de celle-ci, la douzième bataille d'Arthur, et Gildas avance que jusqu'à elle, les victoires successives des deux adversaires étaient demeurées incertaines. La défaite des Bretons paraît avoir été sanglante (3).

1. *Eleg.*, 3-7-9 ; *Sax. Chron.*, 17 ; Fl. Wig., 206.
2. *Eleg. sur le vieil âge*, 131-135.
3. Gildas, s. 26 ; Nennius, s. 23 ; Matt. West, 186.

Arthur fut donc le chef breton qui résista le plus longtemps, aux progrès de Cerdic. Sa renommée est devenue
légendaire, et la fable, et l'histoire l'ont exaltée, quoique son
existence même (1) ait été longtemps discutée. Les chroniqueurs ont répété, à l'envi, que toute l'humaine perfection
était réalisée dans Arthur ; qu'il avait exterminé des géants
et des monstres ; qu'il soumit des nations dont il ignorait
l'existence, et qu'enfin, il avait fait le voyage de Jérusalem,
pour y découvrir la croix du Calvaire (2). Mais en dépouil-
lant la vie d'Arthur de ces conjectures, on parvient à établir, à un degré de certitude très relatif, les faits suivants :

Arthur est généralement regardé, comme ayant été le fils
du roi Uther, et le chef de quelque état, sur les côtes
orientales de la Bretagne. Dans les *Vies des Saints Gallois* (3), on lui fait rencontrer, dans le Glamorganshire, un
prince inconnu, fuyant devant ses ennemis : Arthur songe à
lui enlever son épouse, mais ses compagnons d'armes, Cei
et Bedguir, lui conseillent de ne point perpétrer cette injustice, et d'aider, au contraire, le prince à regagner ses états.
Par ailleurs, un chef breton, ayant tué quelques-uns de ses
guerriers, Arthur le poursuit, ayant soif de vengeance. A la
requête de saint Cadoc, Arthur soumet ses griefs aux chefs

1. Genebrard, dans sa *Chron.*, lib. III, rapporte ces mots de Bède :
« Arcturum magnum nunquan extitisse ». *Id.* Sigebert au xiie siècle :
« nullam de eo mentionem invenimus... » Pist. *Rer. Germ* , I, 504.

2. Joseph d'Exeter, dans l'*Antiocheis* (Usher, 159), après avoir fait
entre Arthur (*flos regum*), et Alexandre, César et Hercule, une compa-
raison au désavantage de ceux-ci, conclut en ces termes :

    « Sed nec pinetum coryli, nec sidera solem
    Aequant ; annales Latios, Graiosque revolve ;
    Prisca parem nescit, æqualem postera nullum
    Exhibitura dies. Reges supereminet omnes
    Solus ; præteritis melior, *majorque futuris*. »

3. Vita S. Cadoci, Cott. Mss., *Vesp.*, A. 14.

et aux prélats de Bretagne, qui lui accordent une compensation. On voit ensuite Arthur pillant un monastère, dans le pays de Galles, et justifiant la réputation de cruauté, que Nennius lui fait, dès l'enfance (1).

Caradoc de Llancarvan établit que Melva, roi du Somersetshire, enleva à Glastonbury, la femme d'Arthur. Ce dernier rassembla ses féaux de Cornouailles et du Devonshire, pour courir sus au ravisseur. Le clergé s'interposa dans ce conflit, et persuada à Melva, de rendre la princesse à la liberté. Arthur la reçut, et les deux princes récompensèrent généreusement les moines de leurs bons offices (2). D'autre part, Arthur soutint une guerre contre les Bretons, dans le nord de l'Angleterre, et il tua leur roi, Huel, se réjouissant fort de cette victoire, parce qu'il avait exterminé, dit Caradoc, son ennemi le plus puissant (3).

Il est difficile de faire sur ces premières données, un héros national d'Arthur qui, fauteur de guerres civiles, contribua autant aux progrès des Saxons, que s'il eût été leur propre allié. Et s'il livra, en fait, les douze batailles qui lui sont attribuées par Nennius, un grand nombre d'entre elles durent être dirigées contre les Bretons eux-mêmes (4); et s'il attaqua les Saxons, après les avoir indirectement favorisés, il ne fit qu'imiter l'exemple de plusieurs rois bretons, que n'avaient point rendus fameux, leurs exploits dans les guerres civiles (5).

La bataille de Badon Hills, ou de Bath, est considérée comme le premier titre de gloire d'Arthur; et toutefois, il convient d'observer que la victoire ne fit qu'arrêter les pro-

1. Nenn., c. 52.
2. Carad. Vit. Gild., Mss. Kings', lib.
3. *Ibid*.
4. Nenn., c. 62. 63.
5. Cf. Cott. Mrs. Vesp., A. 14; Trioedd., VII.

grès de Cerdic, et n'eut aucune conséquence effective et
favorable, pour les Bretons. On ne rapporte point qu'Arthur
ait poursuivi son ennemi ; qu'il ait envahi le Hampshire, ou
que la situation de Cerdic ait été compromise. Le Saxon, au
contraire, marchait sur le pays de Galles, et sur la Mercie :
la bataille de Bath, ne fit qu'arrêter, momentanément, les
progrès de l'armée saxonne. Arthur, servi par le sort, se
contenta de repousser l'ennemi : il n'eut ni les moyens, ni
l'initiative de la poursuite (1). Il laissa même Cerdic, jouir
en paix, de ses positions dans le Wessex, et après bien des
conflits, il abandonna aux Saxons, les comtés de Southampton et de Somerset (2).

Les bardes gallois n'ont chanté Arthur qu'avec un enthousiasme modéré. Sa gloire n'est guère exaltée par Llywarch,
son conseiller, qui jamais ne le dépeint, auréolé par la
légende (Trioedd. 116, 74). Le barde dans la bataille de
Llongborth, où commandait Arthur, n'a été frappé que du
courage de Geraint, et le poème, dans son ensemble, a bien
l'accent de la vérité. Llywarch parle d'Arthur avec respect,
sinon avec admiration, tandis que la gloire de Geraint est
exaltée, par tout le poème, où le héros est qualifié,
« gloire de la Bretagne, — destructeur de l'ennemi, — fils
renommé d'Erbin, — rude guerrier de Dyvnaint » (Llywarch, 3-7).

Après sa mort même, Arthur apparaît avec les mêmes
traits, dans l'*Afallenau* de Myrddin, et dans Taliesin (3),
car jamais, aux yeux des chroniqueurs exacts, et des bardes,
il ne fut le libérateur du territoire breton : bien plus, les

1. Bede, *Hist. Eccl.*, c. XVI.

2 « ... in quibusdam chronicis legitur, quod tandem Arthurus extae-
diatus, post 26 annum adventus Cerdici fidelitate sibi jurata dedit, et
Hamptershiram et Somersetan ». Langhorn, *Chron. Ber. Angl.*, 70.

3. Afall., I, W.-A., 153 ; Trioedd, 29, 83, 51.

progrès des Saxons se poursuivirent, alors qu'il commandait. Arthur périt sans gloire, dans une guerre civile, contre Medrawd, son neveu, dont il avait surpris l'adultère, avec Gwenhyfar, sa femme. La rencontre eut lieu à Camlan, et les deux antagonistes succombèrent : Arthur, mortellement blessé, fut emporté du champ de bataille, et conduit de la côte de Cornouailles, dans le Somersetshire, où il expira, en 542 (1).

La mort d'Arthur fut bientôt entourée des mystères de la légende, et fut longtemps cachée au peuple, qui croyait que le guerrier avait été enlevé du monde, dans quelque retraite de la magie, d'où il devait sortir, pour conduire les Cymry à la victoire. Cette croyance subsista bien parmi le peuple, et il y a lieu de croire avec Mathieu de Westminster (2), qu'il voulut qu'on cachât sa mort, pour dérouter l'ennemi, et pour empêcher la destruction de sa propre armée.

L'histoire a peu de détails, sur la famille d'Arthur. Il eut deux fils, dit la tradition : Noë, et Llechau, dont la valeur est célébrée, chez les anciens auteurs. Sa sœur Anna épousa Llew, frère d'Urien, et fils de Cynvarch ; Medrawd fut son fils (3). Le mariage d'Anna unit, ainsi, les rois des Bretons du Nord, à la race d'Arthur.

En l'année 1189, on chercha à découvrir les restes d'Arthur, dans le cimetière de l'abbaye de Glastonbury. Giraldus Cambrensis (4), a laissé de ces faits, une relation que recommande plutôt son caractère émouvant, que sa valeur historique.

Henri II, en visitant par deux fois le pays de Galles, apprit

---

1. Cf Le Poème de Jeffry, Mss. Cott., lib. *Vesp.*, E. 4 ; Giraldus, *Spec. Eccles.*, dist. II, c. 9.

2. 192.

3. Mss. *Vesp.*, A, 14, 57. Trioedd., X, III.

4. Girald., *Instit. Princi*, dans *Lel.*, 47, et Usher., *Antiqu.*, 117.

d'un barde breton très âgé, qu'Arthur avait été inhumé, à une grande profondeur du sol, afin que sa sépulture ne fût point profanée, par les Saxons. Les moines creusèrent, sur les conseils du barde, la terre qui se trouvait entre deux piliers, au milieu du cimetière abbatial. Ce fut d'abord l'inscription suivante, qu'on trouva sur une croix : « Hic jacet sepultus inclytus Rex Arthurus in insula Avallonia... » et seize pieds plus bas, la pioche heurta un cercueil de chêne, contenant des ossements démesurés. Le chroniqueur dit qu'il prit le chef d'Arthur, entre ses mains : le crâne portait les marques de dix blessures. En creusant plus avant on découvrit, encore, les ossements de l'une des femmes d'Arthur, dont les cheveux blonds restèrent, aux mains d'un moine qui les avait saisis.

Ces restes furent transportés en grande pompe, dans l'église-cathédrale de Glastonbury, et enfouis dans une châsse magnifique, qu'on plaça sous le maître-autel. En visitant Glastonbury avec sa reine, Edouard Ier fit ouvrir cette châsse, pour contempler les reliques d'Arthur : il médita longtemps devant elles, et les remit pieusement, dans leur enveloppe de soie...

.   .   .   .

Au cours des luttes de Cerdic et de son fils, avec Arthur, et les autres rois bretons, qui résistaient aux envahisseurs dans le Hampshire, des Angles, partis du Sleswig, vinrent s'établir sur les côtes orientales de la Bretagne, en 527 (1). Sans former, au début, de royaume, ces Saxons nouveaux, se joignirent aux armées de Cerdic, pour combattre les Bretons.

Mais un corps de Saxons s'établit, en 530, dans l'Essex, et y fonda un petit royaume, protégé, au sud, par les Jutes du

1. Henr. Hunting, 343 ; Matt. Westm., 188.

Kent, et au nord, par les Saxons de l'Anglia orientale. Ce petit Etat s'étendit jusqu'au Middlesex, et comprit dans son étendue, Londres, qui devait devenir la métropole des Jutes, des Saxons et des Angles.

Alors que les Bretons résistaient aux Saxons, et conservaient leur territoire jusqu'à l'Avon, à l'ouest, et au nord, jusqu'au Firth de Forth, — une invasion nouvelle et formidable, se produisit, en 547. A cette époque, Ida conduisit dans la région, entre la Tweed et le Firth de Forth, une flotte de quarante vaisseaux, portant des combattants angles, et douze de ses fils (1). Ida, qui prétendait descendre de Woden, comme Hengist, Cerdic et Ella, fut reconnu pour roi, par tous les chefs de l'armée.

Les régions de la Bretagne, entre l'Humber et la Clyde, étaient occupées par les indigènes, et divisées en de nombreux Etats. La partie la plus proche de l'Humber, était appelée Deifyr, par les Bretons, et ce nom devint, après la conquête saxonne, Deira. Au nord du Deifyr, s'étendait la province de Bryneich, dont l'appellation, prit la forme latine de Bernicia. Ces deux Etats se trouvaient, alors, sous la domination de trois chefs, Gall, Dyvedel et Ysgwnell.

Entre l'Humber et la Clyde, existait encore un Etat, dénommé Reged, que gouvernait le roi Urien. Dans les régions plus proches de la Clyde, on trouvait trois autres rois, Rhyderc, le Généreux, Gwallog, fils de Lleenog, et Morgant (2). Ces faits prouvent, que la majeure partie du territoire britannique était morcelée en petits Etats, qui rarement eurent conscience de l'unité nationale, qu'il eût été nécessaire de réaliser, pour repousser les Saxons.

Le chef breton de cette époque, le plus fameux après

---

1. « In provincia Berniciorum », Flor. Wig., 218 : Nenn., s. 114.
2. Cf. Nenn. ; *Les Triades* ; Cotton, Mss., *Vesp.*, A. 14.

Arthur, semble avoir été Urien, roi de Regel, et fils de Cynvarc, l'ancien. Le barde Taliesin, l'appelle, avec quelque hyperbole, *la tête du peuple ; le bouclier des guerriers ; le plus généreux des hommes ; le tonnerre des Cymry*. Il va, comparant ses attaques à la fureur des vagues, et note sa présence dans bien des combats, parmi lesquels il ne dépeint que les batailles d'Argoed Lhvyfain, et de Gwenystrad (1). Ida fut l'adversaire acharné d'Urien, qui dut momentanément, lui reprendre la province de Bernicia (2).

Le barde rapporte, qu'un samedi, les envahisseurs, sous la conduite d'Ida, vinrent assiéger, en hâte, avec quatre armées, Goddeu et Reged, sièges du gouvernement d'Urien. Les Saxons s'étendaient d'Argoed à Arfynnydd, et demandèrent des otages aux Bretons, avec leur soumission. Owen, fils d'Urien, et son compagnon, Cenau, repoussèrent ces propositions. Et Urien exalta leur courage, comme l'écrit Taliesin :

« Elevons (s'écria le roi), nos étendards au-dessus des montagnes :
   Levons nos lances sur la tête des guerriers :
   Ruons-nous sur l'armée du Destructeur :
   Et massacrons-le avec ses compagnons !... »

Un autre combat fut livré, à Gwenystrad, entre Urien et Ida. Les Bretons se groupèrent autour d'Urien, « le roi de victoire ». Taliesin, parle de ce dernier, en ces termes (3) :

« Quel est ce bruit ? La terre tremble-t-elle ?
   Ou, est-ce le mugissement du flot ?
   Si des soupirs se font entendre sur la montagne,
   N'est-ce pas Urien qui est vainqueur ?...
   Il n'est point de refuge, échappant à son atteinte...
   Sa colère est la mort !... »

1. Yspeil Taliesin, 57 ; Canu Urien Reged, 55.
2. Trioedd, 56 ; Llywarch Hen, *Welsh. Arch.*, 164.
3. Can. Urien, p. 56.

Urien fut encore célébré, par son compagnon d'armes, le barde Llywarch Hen, qui a composé sur lui, une élégie. Après avoir résisté bravement aux Saxons, il fut mêlé aux guerres civiles qui désolaient sa patrie, et périt, assassiné, à Holy-Island, par un émissaire de Morgant, l'un des chefs des Bretons du Nord (1).

Owen, l'un des fils d'Urien fut encore renommé, pour sa courageuse résistance aux Angles d'Ida, en 547. Taliesin loue sa valeur : il poursuivait l'ennemi, dit-il, *comme le loup fond sur un troupeau !* (2). Dans sa *Chanson des Vents*, le barde rappelle la défense des champs cultivés et des troupeaux, par Owen, dans sa province : il mentionne les batailles livrées par le même chef à Aclud, et en d'autres lieux (3) :

1. Nenn., Gen., 117 ; Trioedd, 38 ; Marwnad, Lly. Hen.. W. A, 103-107 :

> « Siffle, mon bon javelot !
> Le tumulte de la bataille éclate,
> Apre et soudain, comme le rire de la mer,
> Et d'Urien de Reged, l'intrépide, l'indompté !

> Urien était un aigle pour ses ennemis, mais brave et généreux ;
> Dans les durs combats, sûr de la victoire,
> Il marchait, toujours, en conquérant !

> Voici que mon Seigneur est mort !
> Et depuis sa virile jeunesse,
> Aucun homme ne voulut encourir son ressentiment !
> Et il a massacré bien des chefs !

> Je ne porte qu'une tête, à mon côté !
> Et ce chef, est celui d'Urien :
> De son sein éclatant le corbeau, maintenant, se repaît !
> O mon cœur, n'est-tu pas brisé ? »

2. Tal. W. A., 1, 59.
3. Can y Gwynt, 38, 39.

« Il y avait de la joie, ce jour-là, pour les corbeaux, s'écrie-t-il, quand les hommes poussèrent les clameurs des batailles, et le bouclier d'Owen ne reculait jamais ! » Et le barde prétend qu'Ida (1) périt de la main d'Owen.

Dans la très ancienne poésie anglaise, la bataille la plus fameuse entre Bretons et Saxons, fut celle de Cattraeth. Elle forme le sujet du Gododin d'Aneurin, poème qui valut à son auteur, parmi les bardes gallois, le titre de roi (2). Ce dernier vivait dans le nord de la Bretagne, au vi^e siècle, et fut tué d'un coup de hache, au cours d'une querelle, par un certain Eiddyn.

Cette bataille mit aux prises les Bretons du Nord, commandés par Mynyddawr d'Eiddyn, et les Saxons d'Ida, ou de son successeur. L'issue du combat fut fatale aux Bretons, et de trois cent soixante d'entre eùx, portant des torques d'or, — signe de leur noblesse, — trois combattants, seulement, s'échappèrent (3). Ce désastre semble imputable à l'état d'ivresse, dans lequel se trouvaient les Bretons, avant la bataille. Celle-ci eut lieu à Cattraeth, et les peuples de Deira et de Bernicia, y prirent part (4).

Les progrès des Angles, dans le Nord, furent longs et

1. Flor. Wig., 248 ; Nenn., s. 116 ; Henr. Hunt. : « juvenem nobilissimum », 344.

2. Trioedd., 47, *Welsh. Arch.*, II, 65.

3. « . . A la pointe du glaive, trois guerriers, seulement, échappèrent :

> Les deux chiens de guerre, Aeron et Cynon Dayarawd,
> Et moi-même, qui perdais mon sang... »
>
> *Godod.*, 4.

Les torques d'or étaient généralement portées en Bretagne. Cf. Gibson, *Add. to Camden*, 658 ; Xiphilin., *Epit. Dionis*, 169, éd. 1591 ; Tit.-Liv., lib. XXXVI, c. 40.

4. « Parmi les hommes de Dewyr et Bryneich, — les formidables ! vingt-mille périrent en une heure... », *God.*, 2. Cf. Trioedd , 79 ; *Welsh. Arch.*, II, 69.

difficiles, car, dans ces régions, les Bretons résistèrent avec plus d'énergie, que par ailleurs. Avec Urien et son fils, trois rois des Angles, Ryderthen, Guallawc et Morcant luttèrent, avec des fortunes diverses (1), contre les fils d'Ida. La mort de ce dernier, en 559, produisit des divisions, parmi ses alliés. Son fils, Adda, lui succéda ; mais un autre chef saxon, nommé Ella, attaqua, en cherchant fortune, le royaume breton de Deifyr, et y fonda l'Etat angle de Deira, sur lequel il régna, pendant trente ans. Mais l'entière conquête de cette région fut longue, car ce ne fut que sous le règne du fils d'Ella, que Certic, le roi breton, fut chassé d'Elmet, partie importante du Yorkshire (2).

On trouve donc établie en Bretagne, l'an 560, une octarchie, composée des royaumes de Kent, de Sussex, de Wessex, d'Essex, de l'Anglia du Sud, de Bernicia et de Deira, auxquels s'ajoutait, après un espace de trente-six ans, le très puissant royaume de Mercie, en 586 (3).

Quand on considère les lents progrès de la conquête saxonne, et les occupations précaires des envahisseurs, on s'étonne de l'échec des armées bretonnes, et de l'inanité de leur résistance. Mais il faut chercher la véritable cause des victoires saxonnes, dans les divisions incessantes, qui naissaient entre les chefs bretons ; dans leur rivalité, sans émulation, qui empêchaient, tour à tour de réaliser, et l'unité du commandement, et celle de la résistance.

On peut ainsi tracer, à l'époque, le tableau de l'occupation saxonne, en Angleterre, d'après Bède (4).

<hr>

1. Nenn., *Geneal.*, 117 ; Trioedd., 38, W. A., II, 9.
2. Flor. Wig., 221 ; Nenn., *Geneal* , 117.
3. Gale Script.. III, 229 ; Henr. Hunt., 315 ; Leland, Collectanea, II, 56, lib. I, 258 : « Tota insula diversis regibus divisa, subjacuit ».
4. Lib. III, c. 7.

Les Jutes possédaient le Kent, l'île de Wight, et cette partie de la côte du Hampshire, qui lui fait face.

Les Saxons étaient ainsi établis en Bretagne : ceux du Sud, occupaient le Sussex, l'Essex, le Middlesex, et la partie sud de l'Hertfordshire.

Les Saxons de l'ouest peuplaient Surrey, Berks, Wilts, Dorset, Somerset, Devon, et cette partie de Cornouailles, que les Bretons ne purent conserver.

Les Angles étaient divisés, en :

1° Angles du Sud, dans le Norfolk, Suffolk, Cambridge, l'île d'Ely, et une partie du Bedfordshire.

Angles du Milieu, dans le Leicestershire, qui appartenait à la Mercie.

2° Merciens, qui se subdivisaient, eux-mêmes, en Merciens du Sud, dans les comtés de Lincoln, Northampton, Rutland, Huntingdon, les parties nord du Bedforshire et de l'Hertfordshire, — Bucks, Oxfordshire, Gloucestershire, Warwickshire, Worcestershire, Herefordshire, Staffordshire, Shropshire ; — et en Merciens du Nord, dans les comtés de Chester, Derby, et Nottingham.

3° Northumbriens qui se subdivisaient, en Deiri, dans le Lancaster, York, Westmoreland, Cumberland, Duram ; — en Berniciens, dans le Northumberland, et le sud de l'Ecosse (1).

Les Anglo-Saxons, dans leurs conquêtes successives de la Bretagne, épargnèrent les populations indigènes : n'avaient-ils pas besoin d'agriculteurs et d'artisans, indispensables aux envahisseurs eux-mêmes ? Par contre, pour s'affranchir du joug saxon, de nombreux Bretons émigrèrent, dans l'Armorique, dans le pays de Galles, ou de Cornouailles. Là,

1. Cf. Usher, Primord., c. 12 ; Whit., *Hist. Manch.*, lib II, c. 4.

les bardes qui les avaient accompagnés, leur chantaient l'espoir des revanches prochaines. Ils s'exaltaient aux prédictions de Taliesin, et Myrddin, en ses vers enflammés, leur promettait un chef, et la victoire, au son d'un cor joyeux (1).

Longtemps après la mort d'Arthur, les Bretons, demeurés en Angleterre, luttèrent encore contre l'établissement du royaume de Wessex, notamment, à Bedford, contre le frère de Cealwin, et les Anglo-Saxons, à l'issue de cette guerre malheureuse aux Bretons, s'emparèrent, en se retirant sur le Wessex, des districts de Lygeanburh, d'Aylesbury, de Bensington et d'Ensham (2). Six années après cet événement, les Bretons, de nouveau, tentèrent de résister aux Saxons, et une grande bataille fut livrée à Derham, dans les Gloucestershire, avec le concours, semble-t-il, de plusieurs rois du pays de Galles : car trois souverains bretons, Conmail, Condidan, et Farinmail, périrent dans cette guerre. Les Saxons, pour prix de leur victoire, s'emparèrent des places si importantes, de Gloucester, Cirencester, et Bath (3).

Sept ans après, Cealwin reprit les hostilités contre les Bretons, sur les bords de la Saverne (4). Une rencontre sanglante eut lieu à Frithern. Le frère du roi saxon de l'ouest, fut tué, et son armée recula, un moment, devant les forces bretonnes. Mais Cealwin, ralliant bientôt les siens, s'assura par sa victoire, plusieurs villes, qui s'ajoutèrent à ses possessions du Wessex. Après un nouvel intervalle de sept ans, les Bretons semblent avoir remporté à Wanborough, une

---

1. Taliesin, 94 ; Myrdins Afallenau, 153. *Welsch. Arch*, I, 156-159. Bède rapporte l'émigration des Angles : « ab eo tempore usque hodie, manet desertus », lib. I, c 15; Nenn. : « ita ut insulas de quibus venerant absque habitatore relinquerunt », c. 37.

2. *Sax. Chron.*, 22 ; Flor. Wig., 222; Ethelw., 834.

3. *Sax. Chron.*, 22 ; Flor. Wig , 223 ; Ethelw., 835.

4. Flor. Wig , 224 ; Henr. Hunt., 345.

importante victoire, mais dont les conséquences furent incertaines (1).

Aussitôt que les rois anglo-saxons eurent réduit, définitivement, les Bretons à l'impuissance, et assuré contre eux leurs conquêtes, — conscients de leur force, et devant les besoins de leurs populations croissantes, ils se prirent à tourner contre eux-mêmes, leurs propres armes. C'est alors que s'ouvrit une ère de guerres entre Saxons, qui devaient durer jusqu'à l'avènement d'Egbert.

Les avantages des Saxons de l'Ouest, et des Saxons du Sud, avaient détourné du Kent, les hostilités des Bretons, — aussi l'occasion parut-elle favorable à Ethelbert, quatrième successeur d'Hengist, pour attaquer Cealwin, roi du Wessex, en 568. Ces hostilités furent inopportunes, d'autant plus que Cealwin, avait déjà fait preuve, dans plusieurs guerres, de qualités stratégiques éminentes, et que jamais le Kent n'avait atteint l'étendue territoriale du Wessex. Cealwin défit totalement Ethelbert à Wimbledon, et ce fut là, la première bataille entre rois saxons (2).

Cealwin, doué de moyens supérieurs à ceux d'Ethelbert, s'empara à la mort du roi Cissa, de l'Etat de Sussex, et l'annexant aux possessions saxonnes de l'ouest, il changea l'octarchie saxonne, en une heptarchie temporaire.

Redouté pour sa puissance, Cealwin exerça sur les autres monarques saxons, une sorte de dictature militaire (3), jusqu'au jour où son neveu Ceolric, allié aux Cymry et aux Scotes, l'eût défait à Wodnesburg, dans la trente-troisième année de son règne. L'usurpateur ne régna que cinq ans,

---

1. *Sax. Chron.*, 22 ; Henr. Hunt.. 315 ; Ethelw., 835.
2. *Sax. Chron.*, 21 ; Flor. Wig , 222 ; Will. Malm., 12.
3. Cf. Bede, lib. II, c. 5 ; Matt. West , 197 : « magnificatum est nomen ejus vehementer... » *Sax. Chron.*, 22 ; Flor. Wig., 225 ; Ethelw., 835.

après la mort de Cealwin, et Ceolwulf montait sur le trône du Wessex.

Le renversement de Cealwin avait donné quelque trêve au pays de Kent. En ce dernier royaume, Ethelbert fortifia sa domination, et parvint à jouir, en fait, de cette hégémonie sur toute l'Angleterre, sous le nom saxon de Bretwalda (1), ou de roi de la Bretagne, titre qui s'était maintenu à travers les âges, et qui tirait son origine, de l'ancienne coutume saxonne, de nommer pour la guerre, un chef qui commandât à tous les autres.

Tandis que Ceolwulf gouvernait le Wessex, en 603, Ethelfrith, petit-fils d'Ida, régnait en Bernicia, et c'est contre lui qu'Aidan, le Breton, marcha à la tête d'une forte armée. Les Angles le rencontrèrent à Degsastan, en une furieuse bataille, où périrent un frère d'Ethelfrith, et tous ses compagnons. Les Bretons subirent, encore, une défaite meurtrière, et n'attaquèrent plus les Angles, avant le siècle de Bède (2).

Les Bretons du Susssx n'eurent pas plus de succès, dans leur entreprise contre Ceolwulf (3), et en 607, ou 612, Ethelfrith renouvela ses attaques, contre les Cymry : il gagna Chester, où il trouva, avec l'armée des Gallois, commandée par Brocmail, roi de Powys, douze cents moines de Bangor, qui priaient pour la victoire des armées bretonnes : « S'ils prient contre nous, s'écria le roi saxon, c'est qu'ils nous combattent !... » Et il fit commencer par eux, le massacre : l'ennemi en fut démoralisé, et Brocmail s'enfuit, en déroute,

1. Bede, lib. II, c. 5 ; Will. Malm, 10 : « omnes nationes Anglorum praeter Northanhimbros continuis victoriis domitas sub jugum traxit. » Henr. Hunt., 314. Bède donne le titre de bretwalda, à Ella; de Sussex ; à Cealwin, de Wessex ; à Ethelbert, de Kent ; à Redwald, de l'Anglia orientale : enfin, à Edwin, Oswald, et Oswy de Northumbria.

2. Bede, lib. I, c. 34; Sax. Chron., 24.

3. Henr. Hunt., 316; Sax. Chron., 25.

du champ de bataille (1). La victoire d'Ethelfrith fut décisive : l'antique monastère de Bangor tomba entre ses mains,
et il ajouta le Cheshire à la Bernicia.

Mais l'excessive ambition de Ccolwulf, devait assurer aux
Bretons, un avantage passager. Le roi saxon, parti du
Wessex, s'avança contre eux, en franchissant la Saverne, et
pénétra dans la province de Glamorgan. La population
effrayée, eut recours à Tewdric, son ancien roi, qui avait
abdiqué, en faveur de son fils, Mowrick, et qui vivait, en
prières, dans les solitudes. Il consentit à commander les
Bretons, et rejeta l'armée saxonne, au delà de la Saverne,
mais il fut blessé mortellement, dans cet engagement, et
dès lors, les Bretons ne connurent plus que les défaites.

Cynegils, en 614, les assaillit, avec les Saxons de l'ouest.
Les princes de Cornouailles ne lui opposèrent, même point,
de résistance : ils s'enfuirent, à la vue des haches, brandies
par les Saxons, rangés en bataille, et perdirent deux mille
hommes, dans leur retraite (2).

1. *Sax. Chron.*, 25 ; Flor. Wig., 603 ; Bede, lib. II, c. 2 ; Taliesin, 66.
2. Henr. Hunt., 316 ; *Sax. Chron.*, 25

LIVRE II

CHAPITRE PREMIER

La papauté, préoccupée de la conversion des nations
gothiques au christianisme, avait, jusqu'à Grégoire, négligé
la Grande-Bretagne, que ses envahisseurs saxons, avaient
comme définitivement, séparée de l'ancien monde.

Ce n'est qu'en 592, à son avènement au pontificat, que
Grégoire voulut envoyer en Bretagne, le moine, Augustin,
avec quelques missionnaires. Mais ces religieux, effrayés de
s'aventurer, chez ces féroces Saxons, dont ils ignoraient et
la langue, et les mœurs, s'en revinrent à Rome, où Grégoire réussit à les fortifier, dans leur première résolution.
Vaincue par ses instances, la mission repartit pour l'Angleterre, recommandée par le pontife, à l'archevêque d'Arles,
aux prélats, et aux rois francs : le pape entreprit même, d'in-

téresser la reine Brunechilde à la mission, dont les membres étaient au nombre de quarante (1).

Les circonstances amenèrent dans le Kent, les envoyés de Grégoire, en 596. Ethelbert, déjà malheureux dans son entreprise sur le Wessex, avait été ensuite harcelé par d'autres rois saxons (2), et c'était avec beaucoup de peine, qu'il avait pu conserver son propre royaume. L'adversité l'avait rendu réfléchi, et plus sage : il s'apprêtait à épouser Bertha, princesse franque. Celle-ci avait été élevée dans la foi chrétienne, et elle avait stipulé qu'après son mariage, elle resterait libre de pratiquer sa religion. Augustin et ses compagnons accompagnèrent la princesse dans le Kent, avec des interprètes, que le roi des Francs leur avait donnés.

Augustin envoya l'un de ceux-ci vers Ethelbert, pour lui annoncer qu'il venait de Rome, pour lui apporter les joies de l'éternel royaume (3). Le roi se montra assez favorable à la mission, et laissa Augustin et ses compagnons, prêcher leur doctrine, en liberté. Les conversions se multiplièrent, et le roi lui-même, reçut le baptême des mains d'Augustin (4). Le pape qui ne se désintéressait pas de la propagande de la foi, en Angleterre, envoya le pallium à Augustin, avec une lettre d'instructions, sur la hiérarchie à donner à l'Eglise d'Angleterre. L'envoyé de Grégoire apportait, également, au roi, les Ecritures, et des manuscrits (5). C'est alors que le roi, en 597, promulgua les premières lois saxonnes, écrites, sous l'influence de ces Romains qui lui donnaient du droit, les premières notions qu'il eût jamais reçues (6).

1. Bede, lib. I, c. 23, 59.
2. Will. Malm., X.
3. Bede, lib. I, c. 25 ; Henr. Hunt., 321.
4. Bede, c. 26-29.
5. *Ibid.*, lib. I, c. 33.
6. *Ibid*, lib. I, c. 29.

Sept ans après la première arrivée d'Augustin en Bretagne, deux prêtres venus de Rome, Mellitus et Justus, reçurent de ses mains, la consécration épiscopale, et furent envoyés par lui, dans le royaume d'Essex : Sabert, le fils de la sœur d'Ethelbert, y régnait. Il reçut favorablement la religion nouvelle, et il commença d'ériger, à Londres, la cathédrale de Saint-Paul (1).

Augustin ne vécut point assez longtemps pour voir se réaliser l'œuvre entière, qu'il avait entreprise. Il mourut en 604, l'année de sa mission dans l'Essex. Ethelbert lui survécut onze ans. Le fils du roi, Eadbald, restaura le paganisme saxon dans le Kent, et les trois fils de Sabert l'imitèrent, dans l'Essex. Mais cette persécution, grâce aux efforts de Laurence, successeur d'Augustin, fut de courte durée : les évêques furent rappelés, et les anciens rites saxons furent abolis, à jamais, dans le Kent et l'Essex (2).

Laurence ne survécut que deux années, à l'achèvement de son œuvre, laissant son titre primatial à Mellitus, qui le transmit, en mourant, au bout de cinq ans, à Justus (3), son compagnon, venu de Rome, pour partager avec lui, les dangers de l'apostolat.

. . . .

Au VIe siècle, les armées de l'Anglia du Sud, firent sur le continent, une curieuse expédition que Procope a rapportée, et qui met en relief les goûts aventureux des Saxons.

Les Varni s'étaient établis, entre le Rhin et la mer du Nord. Leur roi demanda pour son fils, en mariage, une princesse de l'Anglia, qui lui fut promise. A son lit de mort, il songea qu'une alliance avec les Francs, ses voisins, serait plus profitable à son peuple, que l'amitié des Angles, séparés

1. Bède, lib II, c. 3.
2 *Ibid*, lib II, c. 5.
3. *Ibid*, lib. II, c. 7-8.

7

des Varni, par la mer. Le prince Radiger, cédant à la nécessité politique, épousa la veuve de son père, sa belle-mère, parce qu'elle était sœur de Theodebert, le roi franc. Mais la princesse d'Anglia voulut tirer vengeance de cet affront, et une flotte importante partit d'Angleterre, pour aborder sur le Rhin. Les Varni furent défaits, et Radiger s'enfuit. Les Angles, poussés par la princesse, qui demandait qu'on amenât Radiger vivant, à ses pieds, — entreprirent une seconde expédition, au cours de laquelle, le prince fut fait prisonnier, dans une forêt. Il entra, en captif, sous la tente de la princesse, pour l'entendre se prononcer sur son sort. La beauté conquérante fut alors vaincue, et Radiger n'eut d'autre châtiment que d'épouser la princesse, et de répudier la sœur de Theodebert (1).

En 617, le roi des Angles du Northumberland, — Ethelfrith, mécontent d'avoir hérité de la Bernicia, envahit la Deira, sur laquelle régnait, âgé de trois ans seulement, Edwin, fils d'Ella. Il chassa de ses États, l'enfant roi, qui dut chercher un refuge, dans le pays de Galles (2). La haine d'Ethelfrith l'y poursuivit, et il dut, en grandissant, errer en secret, par toute l'Angleterre. Quand il eut atteint l'Anglia du Sud, il se présenta à la cour de Redwald, lui révélant sa véritable condition, et sollicita son appui. Le roi l'accueillit avec bonté, refusa de le livrer aux envoyés d'Ethelfrith, et soutint une guerre, à cet effet.

Redwald, sans laisser à Ethelfrith le temps de rassembler ses troupes, l'attaquait sur la rive orientale de l'Idel, dans le Nottinghamshire (3). Les Angles subirent une première défaite, mais Ethelfrith perdit la victoire et la vie, en se ruant avec impétuosité, dans les rangs des Angles, où il fut

1. Procop. *Goth.*, *Hist.*, lib. IV : Gibbon, III, c. 38.
2. Flor. Wig., 233
3. Bede, lib. II, c. 12.

séparé de ses compagnons, et mis en pièces (1). Redwald rétablit Edwin, sur le trône de Bernicia et de Deira : de la sorte, l'exarchie fut maintenue en Bretagne ; les fils de l'usurpateur (2) s'enfuirent en Ecosse, et Redwald prit le titre de bretwalda, qu'avaient porté Ella, Cealwin, et Ethelbert. A sa sa mort, Edwin fut investi de cette dignité.

En 623, les trois frères qui gouvernaient l'Essex, périrent dans un conflit avec les Saxons de l'ouest (3). Redwald eut Eorpwald, pour successeur, dans l'Anglia orientale. Redwald, au cours d'une visite à Ethelbert, dans le Kent (4), s'était converti à la foi chrétienne ; mais de retour en son propre pays, sa femme, et les prêtres de l'Anglia, le détournèrent de ses nouvelles croyances, qu'il tenta d'associer à l'idolâtrie saxonne. Il fit élever un autel au Christ, dans le temple même, où l'on sacrifiait à Odin. Cette union des deux cultes, ne fit qu'attirer l'attention des Angles, sur la religion chrétienne, à laquelle ils se convertirent, bientôt.

Les vicissitudes de la vie d'Edwin, devaient le préparer, malgré l'orgueil de sa mentalité guerrière, à subir assez aisément l'influence chrétienne. Il demanda en mariage, Tata Edilberga, fille d'Ethelbert de Kent : la princesse était convertie au christianisme, et Edwin s'engagea à respecter sa foi, et à examiner celle-ci, dans son Conseil, pour la rejeter, ou l'adopter. Paulin, l'un des missionnaires envoyés par Grégoire, pour assister Augustin, accompagnait la princesse, comme aumônier, et comme évêque.

En 625, Paulin entreprit de convertir le roi lui-même, à la foi chrétienne (5). Ce dernier, par le dévouement de l'un de

1. Henr. Hunt., lib. II, 316 ; *Sax. Chron*, 27.
2. Bede, lib. II, c. 5.
3. Flor. Wig., 231.
4. Bede, lib. II, c. 15.
5. Bede, lib. II, c 15-9.

ses thanes, Lilla, venait d'échapper au stylet d'un assassin, qu'avait armé contre lui, Cwichelm, roi païen du Wessex. Edwin promit alors, comme Clovis, de recevoir la foi nouvelle, si le ciel donnait à ses armées la victoire, dans sa guerre avec Cwichelm. Comme gage de son sermet, il fit baptiser la jeune princesse Eanfleda, et douze officiers de sa maison, qui y consentirent (1).

Edwin assembla ses forces, et marcha contre Cwichelm : son expédition fut victorieuse dans la Northumbria, mais à son retour, il ajourna, encore, sa conversion, et demeurait en proie à l'incertitude. Il reçut alors des lettres du pape Boniface, l'adjurant d'abandonner de vaines idoles, et lui disant qu'il portait en lui-même, l'esprit de vie, qui devait survivre à l'anéantissement de son corps : « Apprends à connaître, concluait-il, celui qui t'a créé ; qui t'a insufflé l'esprit de vie, et qui a envoyé son Fils, pour te racheter du péché, et de toutes les puissances du mal, et pour te récompenser, avec toutes les richesses de son univers céleste (2)... »

Cédant aux instances répétées de Paulin, le roi consentit à faire examiner, par sa witena-gemot, les bases et les principes de la foi chrétienne. Coifi, grand-prêtre des idoles, sans doute préalablement converti par Paulin, fut le premier à les condamner, en raison de leur cruauté, et de leur impuissance. Un vieillard du Conseil, eut sur la foi nouvelle, une affabulation gracieuse : « La vie présente de l'homme, dit-il, en substance, ressemble à une scène de nos fêtes de l'hiver. Tandis qu'avec tes thegns et tes caldormen, ô roi, tu es assis à l'entour du foyer, souvent une hirondelle entre par quelque porte, un instant entr'ouverte, alors que la tourmente de neige gronde, furieusement, au dehors. Mais l'oiseau,

1 Bede, lib. II, c. 9 ; Flor. Wig , 232 ; *Sax. Chron* , 27-28.
2 Bede, lib. II, c. 10.

bientôt oublieux du passé, s'envole encore dans la tempête. Quand il était parmi nous, il ne sentait pas la rage de l'hiver, et il jouissait d'un bonheur passager ! Maintenant l'hiver la ressaisi, et voici qu'il a disparu de nos yeux !... Telle est la vie de l'homme, au cours de laquelle nous connaissons à peine, le présent, alors que notre destinée nous précède, et nous échappe. Et si cette doctrine nouvelle, nous apprend et l'avenir, et l'espoir, nous devons l'adopter... » (1).

Les autres conseillers royaux partagèrent cet avis, et se déclarèrent prêts à embrasser la foi chrétienne. Coifi lui-même profana, le premier, le temple des idoles, contre lequel il jeta une lance, et bientôt après ces faits, Edwin et sa noblesse reçurent le baptême, dans la onzième année du règne du souverain, en **628**. En **632**, Edwin persuada à Eorpwald, de l'Anglia orientale, de suivre son exemple. Sigebert, frère et successeur d'Eorpwald, ne se contenta pas de propager la foi, dans l'Anglia orientale, mais encore, il en étudia les fondements, et mérita le surnom de « très docte », que lui attribue la chronique (2).

Edwin était, alors, le plus fortuné des rois Saxons : il avait rangé sous sa domination, la plus grande partie du pays de Galles, et il était le premier des Angles qui eût tenu en échec, tous les royaumes anglo-saxons, à l'exception de Kent (3). La paix et la sécurité régnaient dans ses états, et c'était à l'époque, un aphorisme, que de dire, « qu'une femme avec son enfant nouveau-né, les pouvait traverser, sans ressentir de crainte, ou essuyer d'outrage... » (4).

Pendant dix-sept ans, Edwin régna, dans la victoire et le bonheur, mais le christianisme n'avait pas tempéré chez lui,

<hr>

1 Bede. lib. II, c. 12 ; lib III, c. 13.
2. « Doctissimus », Flor. Wig , 233, 234.
3. Flor Wig., 233 ; *Sax. Chron.*, 27 ; Bede. II, c 9, 16.
4. Bede, lib. IV, c. 5.

l'orgueil et l'ambition du Saxon, et cinq ans après sa conversion, son règne finit misérablement.

On ne sait quelle autre raison que l'ambition, détermina Edwin à entreprendre une guerre contre le roi Cadwallon, souverain des pays gallois du Nord, et fils du roi qui l'avait accueilli, et sauvé, dans sa première jeunesse. Edwin défit le roi gallois, près de Morpeth, en 628, et non content de l'avoir vaincu, il le poursuivit dans le pays de Galles, et le chassa en Irlande. Edwin se montra dans cette guerre, si implacable que les Triades bretonnes le qualifient de *fléau* (1).

Or, en 633, Cadwallon parvint à gagner à sa cause, le roi Penda, de Mercie, qui embrassa le parti du vaincu, avec tout l'emportement de la jeunesse. Les rois alliés se rencontrèrent, avec Edwin, à Hatfield Chase, dans le Yorkshire, le 12 octobre. L'issue du combat, dont les phases n'ont point été rapportées par la Chronique, fut fatale à Edwin, qui trouva la mort sur le champ de bataille, et dans la défaite, dans sa quarante-huitième année (2).

Les vainqueurs ravagèrent, sans merci, la province de Northumbria, et Penda y persécuta les chrétiens. La veuve d'Edwin dut fuir avec Paulin, dans le Kent, auprès d'un parent.

A la mort d'Edwin reparurent les anciennes divisions de la province de Northumbria, et l'heptarchie fut restaurée. Osric, petit-fils d'Ella, eut le trône de Deira, et Eanfrid, fils d'Ethelfrith, celui de Bernicia. Tous deux rétablirent le paganisme dans leurs états, bien qu'Osric eût été baptisé.

Cependant, Cadwallon continuait la guerre, et pendant une année, il désola la province de Northumburia. Frappé

1. Jeff , lib. XII, c. 2, 3 ; Trioedd, 34 ; Matt. West., 224.
2. Bede, lib II, c. 20: *Sax. Chron.*, 29.

des victoires du roi gallois, Eanfrid voulut lui demander la paix, et vint au camp de son ennemi, avec une simple escorte de douze soldats : Cadwallon le fit traîtreusement assassiner (1), en 633.

Fort de sa renommée, et de ses victoires, dans quarante grandes batailles, et dans soixante escarmouches (2), Cadwallon méprisa Oswald, frère et successeur d'Eanfrid, qui ralliant les forces de la Bernicia, voulut devenir le libérateur de sa patrie. Plein de confiance en la noblesse, et en la justice de sa cause, il attendit avec calme, sur les bords de la Denise, que le sort des armes en eût décidé : Cadwallon, et la fleur de son armée furent exterminés. De ce jour, les Cymry perdirent leur suprême espoir, de revoir jamais leur ancienne patrie.

Vers cette époque, le royaume de Mercie, parvint à dominer l'octarchie saxonne, et à atteindre un développement considérable, sous le règne de Penda (627-634). En Mercie, des aventuriers angles s'étaient successivement établis, dans les districts intérieurs, qui devaient composer, par la suite, ce royaume. En 586, l'un d'eux, Crida, prit la dignité royale, mais comme Nennius parle de Penda, comme ayant séparé, le premier, la Mercie du royaume des Angles du Nord, Crida, paraît avoir été, sous la suzeraineté de fait, du royaume de Deira, qui formait sa frontière, au nord (3). En 627, Penda petit-fils de Crida, monta sur le trône, à l'âge de cinquante ans, et il devait régner trente ans, sur la Mercie. Ses talents militaires, devaient contribuer à faire jouer à la Mercie, en Bretagne, le rôle prépondérant qui n'avait jamais

1. Bede, lib. III, c. 1-2.
2. Llywarch Hen., 111.
3. « Penda primus separavit regnum Merciorum a regno Nordorum ». Nenn., 117 Cf. Gale, *Script.*, III, 229 ; Henr. Hunt., 315 ; Lel. *Collect.*, II, 56 ; Bede, lib. II, c. 14.

été le sien. Un an après son couronnement, il livra bataille à Cynegils, et à son fils, Cwichelm, dans le Wessex, à Cirencester. Le combat demeura incertain, pendant une journée entière, et le lendemain, au matin, la guerre était terminée par un traité. Cinq ans après, à l'âge de soixante ans, Penda se joignit à Cadwallon, et défit Edwin de Northumbria, dans la bataille, où ce prince trouva la mort (1).

Au cours de ces événements, Oswald, en Northumbria, contribuait puissamment à la diffusion du christianisme, dans cette province, et dans le Wessex, où Gynegils se convertit quand Penda, toujours animé du même esprit de conquête, envahit la Northumbria. Cette expédition fut fatale à Oswald, qui tomba sur le champ de bataille, à Oswestry, dans le Shropshire, dans la trente-huitième année de son âge, et la neuvième de son règne. La dernière pensée d'Oswald, chrétien, fut de prier, au dire de Bède, pour ses ennemis mêmes.

Le vainqueur, dans sa férocité, exposa la tête et les membres d'Oswald, au bout de piques, et ravageant toute la Northumbria, vint mettre le siège devant la cité royale de Bebbanburh, et résolut de la détruire par les flammes. Il rasa tous les villages qui l'environnaient, et amoncelant autour de la place toute une forêt d'arbres, il en fit un vaste bûcher, auquel il fit mettre le feu. Mais la flamme, par des vents contraires, se retourna contre les assiégeants, qui par prudence, ou par terreur, furent contraints de lever le siège, en 642. Après leur départ, les Northumbriens élurent roi, Oswy, frère d Oswald, leur souverain (3).

La nouvelle entreprise de Penda fut dirigée contre le

1 Henr Hunt , 316 ; *Sax. Chron.*, 29 : Flor. Wig , 233 ; Matth. West , 217.

2. Bede. lib. II. c. 12 ; lib. III, c. 6-7.

3. *Ibid.*, lib. III, c. 16.

Wessex. Son roi, Cenwalh, fils de Cynegils, avait offensé le
roi de Mercie, en répudiant sa sœur : Cenwalh fut chassé
de ses états, et ne put regagner sa couronne du Wessex,
qu'après un exil de trois années (1).

Un an après la mort d'Oswald, le roi de Mercie tentait la
fortune des armes, contre l'Anglia orientale, dont le roi
Sigebert, pacifique et chrétien, avait abdiqué la couronne,
au profit d'un parent, Ecgric, qui régnait, déjà, dans une
partie de l'Anglia orientale. Avant son avènement, Sigebert,
fils de Redwald, avait séjourné en France, où il avait reçu
le baptême, et s'était livré, avec ardeur, à l'étude ; après son
abdication en faveur d'Ecgric, il avait fondé des écoles, et
était entré dans un monastère, après avoir reçu la tonsure,
en 643. Lors de l'invasion de Penda, les Angles, se méfiant
des talents militaires de son successeur, contraignirent Sigebert à sortir de son monastère, et à se mettre à la tête de
leurs armées. Fidèle à ses vœux, le roi-moine ne voulut point
avoir pendant l'action, d'armes séculières entre les mains,
et il se contentait de diriger les siens, au moyen d'une simple
baguette de coudrier.

Mais le génie militaire de Penda devait l'emporter sur ses
efforts : l'armée fut mise en déroute, et les princes de l'Anglia
orientale, périrent dans cette bataille (2).

L'ambition de Penda demeurait inassouvie : en 654 (3), il
marcha dans l'Anglia orientale, contre Anna, successeur de
Sigebert et d'Ecgric, qu'il tua : son crime était d'avoir donné
l'hospitalité à Cenwahl.

Dans la Bernicie, les faits suivants se passaient : Oswy
ayant pris le gouvernement de la Bernicia, à la mort d'Oswald, plaça sur le trône de Deira, Oswin, fils d'Osric, et

1. Bède. lib. III, c. 7 ; Flor. Wig.. 237 ; *Sax. Chron.*, 32.
2. Bède, lib. III. c. 18.
3. *Ibid.*, lib. III, c. 7-18 ; Flor. Wig., 240 ; *Sax. Chronic.*, 23.

parent d'Edwin. Oswald devint bientôt jaloux, de la puissance et de la popularité de celui qu'il avait élevé à la royauté, et il le fit assassiner, en 634, avec son fidèle compagnon, Tondhere, qui le défendit jusqu'à la mort (1).

En dépit de ce crime, Oswy était destiné à affranchir l'octarchie anglo-saxonne, du joug de Penda. Après qu'il eut longtemps cherché à faire la paix avec le roi de Mercie, Oswy fut attaqué par Penda, alors âgé de quatre-vingts ans, et qui voulait encore courir les chances d'une bataille, et ajouter le nom d'Oswy, à celui des cinq rois qu'il avait déjà vaincus, et tués. Penda se rua sur les armées, que commandaient Oswy et son fils Alfred (2). Mais aussitôt, il se produisit dans les rangs de l'armée mercienne, une défection qui favorisa singulièrement, le succès des armes d'Oswy : Oidiwald, fils d'Oswald, se détacha, soudain, des forces de Penda, et attendit à quelque distance de l'action, le résultat de celle-ci. Sans doute cet événement démoralisa-t-il les troupes de Penda : celui-ci périt, avec trente de ses thanes, dans les plaines du Yorkshire, alors qu'une inondation détruisait, par ailleurs, la plus grande partie de son armée, en 655.

Par la mort d'Oswin, l'hexarchie avait été rétablie ; par la mort de Penda, apparaissait une pentarchie, car le royaume de Mercie, affaibli sans retour, par la dernière défaite de son roi, devait tomber au pouvoir d'Oswy, qui conquit, presque aussitôt, une partie de l'Écosse.

Penda, durant sa vie, avait désigné pour son successeur, Peada, qui avait visité Oswy en Northumbria, et demandé sa fille, Alchfleda, en mariage. Mais la conversion du Saxon au christianisme, était la condition même, dont dépendait son union.

1. Bede, lib III, c. 4 ; Dugd. Mon., I, 333.
2. Bede, lib. III, c. 24 : *Sax. Chron.*, 33 ; Camden, Gib., 714.

Peada se prêta volontiers à l'enseignement des missionnaires, et sur les instances de son beau-frère, Alfred, qui avait épousé la princesse mercienne, Cyneburga, il reçut le baptême, avec sa cour, et choisit quatre prêtres, pour la conversion de son peuple (1). Et chaque jour, des Saxons de toutes les classes, embrassaient la foi nouvelle.

Penda, lui-même, ne paraît pas avoir été hostile à ses enseignements. Il admit qu'on prêchat, dans ses états, la doctrine chrétienne, estimant ceux de ses sujets qui en suivaient, rigoureusement, les préceptes (2). A la mort de Penda, la Mercie entière fut convertie au christianisme. Oswy régna sur elle, trois ans après sa victoire, et il donna à son gendre, Peada, la souveraineté de la Mercie du Sud. Au cours de l'été qui suivit la mort de son père, Peada fut assassiné pendant les fêtes de Pâques, à l'instigation de la reine, son épouse, dit la tradition (3). Peut-être tomba-t-il victime du fanatisme païen, toujours redoutable, en Mercie. Avant de mourir, Peada avait fondé le monastère de Peterborough, dont son frère acheva l'érection.

Les chefs de la Mercie ne s'étaient soumis qu'à regret, au roi de Northumbria. Ils cachèrent parmi eux, un autre enfant de Penda, Wulfhere, jusqu'à ce que l'occasion s'offrit pour lui, de faire valoir ses droits à la couronne. Après la mort de Peada, trois thanes placèrent Wulfhere à leur tête, appelèrent les Merciens aux armes, et s'insurgèrent contre l'autorité d'Oswy : ils firent du jeune prince, leur roi, et affranchirent leur pays du joug de l'étranger (4).

1. Bede, lib. III, c. 21.
2. *Ibid.*, lib. III, c. 21-24.
3. *Sax. Chron.*, 33 ; Will. Malm., 27. Cf. *Chronique Normande Rimée.* Ed. Sparke, 243 :

> « Alfred la reine engine taunt doluersment
> Ke ele sun barun tuat par graunt traisement. »

4. Bede, lib. III, c. 24.

En 659, s'affirma la puissance du Wessex, dont le roi, Cenwalch, défit les Bretons, qui avaient cru le vaincre facilement, après que Penda lui eût fait essuyer un échec (1). Pen, dans le Somersetshire, fut le lieu du combat : les Bretons, d'abord impétueux dans l'attaque, furent ensuite repoussés, jusqu'à Pedridan, avec des pertes considérables (2). Enhardi par cette victoire, Cenwalch voulut se venger, sur la Mercie, et sur Wulfere, de la défaite que Penda lui avait infligée. Mais les Merciens l'emportèrent, et une partie du Wessex fut rangée sous la domination du roi de Mercie (3).

Le Sussex avait profité de l'exil de Cenwalch, pour s'émanciper de la tutelle du Wessex. En 645, Penda avait chassé Cenwalch, du Wessex, et en 648, Edilwach commence à régner sur le Sussex. Il fit à Wulfhere, sa soumission, et rechercha son amitié : en 661, il reçut de lui, pour prix de la fidélité de son alliance, l'île de Wight, et le Meanwara, district du Hampshire : l'ensemble de ces concessions provenaient du démembrement du Wessex. Le Sussex, à cette période, comprenait, environ, sept mille familles, restées idolâtres. Mais sur les conseils de Wulfhere, Edilwald se fit baptiser, par l'évêque Wilfrid, et en 688, ce petit royaume fut gagné au christianisme (4).

L'Essex se soumit également, à Wulfhere (5), qui devint, alors, le plus puissant des rois anglo-saxons, bien qu'il n'ait

1. « . . . et facta est super progeniem Bruti plaga insanabilis in die illa ».. Henr. Hunt., lib. II, 317.

2. « Et persecuti sunt eos usque ad locum qui Pedrydan nuncupatur... » Ethelw., 836.

3. Matt. West., 216 : *Sax. Chron.*, 39 ; Flor. Wig., 214 ; Will. Malm., 27 ; Bede, lib. IV, c. 13 ; lib. III, c. 7

4. Bede, lib. III, c. 22 ; lib. IV, c. 13 ; *Sax. Chron.*, 39 ; Matt. West., 224 ; Flor. Wig., 237-238.

5. Bede, lib. III, c. 30.

pas porté le titre de Bretwalda, Oswald est cité par Bède, comme étant le septième des rois, qui jouèrent dans l'octarchie anglo-saxonne (1), un rôle prépondérant.

Il mourut en 670. L'action la plus glorieuse de son règne, fut d'affranchir les Anglo-Saxons, des entreprises conquérantes de Penda, et de soumettre les Pictes et les Scotes. Son fils naturel, Alfred, qui était à ses côtés, sur le champ de bataille de Winwid, fut écarté de sa succession, et son plus jeune fils, Ecgfrid, fut mis à la tête des royaumes unis de Northumbria (2).

A la mort de Cenwalch, sa veuve, Saxburga, prit le sceptre du Wessex. Elle s'occupa avec assiduité, des questions militaires, favorisa les enrôlements dans son armée, et ordonna de nouvelles levées. Mais elle ne régna qu'un an, les orgueilleux Saxons du Wessex, ne voulant point être gouvernés par une femme ; et pendant dix ans, les nobles présidèrent à l'administration du royaume (3).

Au cours de la première partie de cette période, jusqu'en 674, le pouvoir semble avoir été aux mains d'Aescuin, fils de Cenfusus, qui prétendait descendre de Cerdic (4). Ce noble dirigea une forte armée contre Wulfhere, roi de Mercie, et un combat, à l'issue incertaine, s'ensuivit, à Bedwin. Henry de Huntingdon porte sur ces faits, le jugement suivant : « ... Ainsi, ces deux rois, par vanité et par pompe, poussaient dans la tombe, tant de milliers de leurs frères, quand ils ne devaient pas survivre, eux-mêmes, à la bataille

---

1. Bède, lib. II, c. 5 ; *Sax. Chron.*, 7.

2. Flor. Wig., 237. Bede, lib. III, c. 14 ; Matt. West., 224 : Will Malm., 20, 21.

3. *Sax. Chron.* « ... indignantibus regni magnatibus expulsa est a regno, nolentibus sub sexu foemineo militare ». Matt. West., 236.

4. Bede, lib. III, c. 12 ; *Sax. Chron.*, 41, 44 ; Gale, *Script.*, III, 311.

qu'ils se livraient » (1). Quelques mois après, Wulfhere mourait, en effet, de maladie, et Aescuin le suivait, en 676, dans la tombe.

Kentwin est généralement désigné, comme ayant été le successeur d'Aescuin. C'est alors qu'Ethelred, fils survivant de Penda, succédait à la couronne de Mercie, et ravageait le Kent (2).

Ecgfrid qui régnait en Northumbria, avait repoussé avec succès, en 674, une redoutable invasion des Pictes (3). Leur général, Bernhaeth, succomba dans la lutte, et en 679, Ecgfrid envahit la Mercie, bien qu'Ethelred eût épousé sa sœur. Au cours d'une première bataille, Aelfuin, frère d'Ecgfrid avait péri, quand l'archevêque, Théodore, s'interposa entre les combattants. Une compensation de droit commun, fut donnée pour la mort d'Aelfuin, et l'effusion de sang fut, de part et d'autre, ainsi arrêtée.

Une peste éclatait par toute l'Angleterre, en 664, et s'étendait des régions du Sud, à celles du Nord, pour se répandre jusqu'en Irlande. Le fléau atteignit le pays de Galles, dont les indigènes émigrèrent dans la Bretagne française, sous la conduite de Cadwaladyr, fils de Cadwallon. Ce dernier reçut l'hospitalité d'un roi breton, et renonçant, soudain, à sa dignité royale dans le pays de Galles, il résolut d'aller se fixer à Rome (4).

Après le départ de Cadwaladyr, Alain, roi de Bretagne, envoya son fils Ivor, et son neveu Inyr, avec une flotte puissante, pour reconquérir la couronne que Cadwaladyr avait abandonnée, ou perdue. Les débuts de l'expédition d'Ivor

1. Henr. Hunt., 318 ; *Sax. Chron.*, 45.
2. *Sax. Chron.*, 44 ; Ethelw., 837.
3. Bede, lib. IV, c. 21-27 ; Will. Malm., 20, 28 ; Jeffry, *Brit. Hist.*, lib. XVII, c. 17, 18.
4. Bede, lib. III, c. 27.

furent heureux : il défit les Saxons, et s'empara de la Cornouailles, du Devonshire, et du Somersetshire. Mais, en 691, Kentwin (1), à la tête des forces saxonnes, l'obligea à repasser la mer.

L'impatient Ecgfrid tourna bientôt ses armes, contre l'Irlande, en 684. Souvent, les populations de cette dernière nation, s'étaient unies aux forces bretonnes, dans leur lutte pour l'indépendance (2), mais ces souvenirs ne les protégèrent point des entreprises de la cupidité. Leur patrie fut ravagée par Beorht, chef northumbrien ; les territoires de Bregh furent pillés ; les monastères et les églises, rasés. Mais les Irlandais défendirent chèrement leur indépendance, et les Angles durent faire retraite, devant leur effort soutenu et victorieux... L'Irlande était, alors, un centre de culture et de piété. Des hommes de tous rangs sociaux, venaient y chercher un asile, et passaient des tumultes du siècle, à la paix des monastères, où les attendaient l'hospitalité et l'étude (3).

L'année suivante, Ecgfrid fit encore chez les Pictes, une invasion qui fut repoussée, à Drummechtan, avec le dernier acharnement, puisqu'Ecgfrid y fut massacré, avec son armée (4). Son corps fut inhumé dans l'île d'Icolmkill.

Ce désastre affaiblit singulièrement, la puissance de la Northumbria. Les Irlandais et les Écossais s'affranchirent, aussitôt, de sa dépendance, et quelques-uns des princes gallois, les imitèrent. En proie à des déchirements intérieurs, toujours renaissants, le royaume de Northumbria devait être bientôt et définitivement, éclipsé par ceux de

---

1. *Sax. Chron.*, 45.
2. Bede, lib. IV. c. 26 : Will. Malm . 20 : « genus hominum innocens, genuina simplicitate. nil unquam mali moliens... ».
3. Bede, lib. III, c. 27.
4. *Ibid.*, lib. IV, c. 26 ; Sun. Dun., 5.

Wessex et de Mercie, qu'avaient fortifiés, et les talents militaires et politiques, de leurs chefs, et leurs conquêtes successives, et bien assurées (1).

. . . .

A la mort d'Oswy, Alfred, son fils naturel, avait été exclu de la succession de son père, par la witena-gemot de Northumbria, au profit de son plus jeune frère, Ecgfrid, qui avait été élu roi. Cet acte qui l'éloignait du trône, pour de nombreuses années, devait influer de la façon la plus heureuse, sur le développement de facultés intellectuelles très vives, qui allaient parvenir, sans effort, à leur plein épanouissement, dans les solitudes de l'Irlande, si propices à la méditation, et à l'étude.

Alfred de Northumbria qu'Eddius qualifie de *très sage*, avait reçu l'enseignement du célèbre Wilfrid (2). Sous le règne de son père, Oswy, il avait gouverné, en heureux politique, la province de Deira, et il avait notablement contribué à la défaite de Penda. Il s'était alors lié d'amitié avec Peada, dont il avait épousé la sœur, et il avait, par la suite, contribué au développement du christianisme, dans le royaume de Mercie (3).

Il se soumit, sans murmurer, à la décision des nobles, et se retira, en Irlande, pour goûter les charmes de la vie presque contemplative, qu'il avait librement choisie. Les lettres et la piété, occupaient noblement ses loisirs, et pendant cinquante années paisibles, il coula des jours d'une tranquille philosophie, qui semblait plutôt celle d'un humaniste latin, que d'un Saxon, naguère encore païen, et tout imprégné du rude esprit barbare. La douceur de l'enseigne-

1. Bede, lib. IV, c. 26 ; *Sax. Chron.*, 49 ; Henr. Hunt, 337.
2. Bede, lib. III, c. 25 ; Eddius. *Vit. Wilf.*, c. 43.
3. Bede, lib. III, c. 21-23 ; Eddius, c 7-10.

ment évangélique l'avait, déjà, pénétré, et son saint biogra-
phe vante son amour de la sagesse, son goût de la retraite, et
la pleine possession qu'il avait de lui-même (1).

Il avait oublié le monde, quand sa patrie vint à songer à
lui, après la mort d'Ecgfrid. Fait rare dans l'histoire anglo-
saxonne, l'avènement d'Alfred au trône, ne fut pas déterminé
par un crime. Il apporta, dans l'exercice de la souveraineté,
la même simplicité de mœurs, avec un égal mépris des
ambitions humaines, qui avaient perdu tant de rois fameux
de sa patrie (2). Il prit le pouvoir sans joie, et n'en goûta pas
l'ivresse. Il encouragea les lettres. et accepta l'hommage des
voyages asiatiques d'Arculfe, en Grèce, en Syrie, et en
Egypte, qui avaient été rédigés par Adamnan (3).

L'amour d'Alfred pour les lettres, se répandit au delà des
limites de son royaume, et le célèbre Aldhelm, vint disserter
devant lui, sur les sujets suivants (4) : « le nombre sept ;
l'anthologie des Ecritures ; la philosophie universelle ; la
nature des choses inanimées ; la prosodie, et ses règles... »

Bien qu'il fût redevable au clergé de son éducation première, Alfred ne transigea jamais sur les droits de sa couronne, dans les conflits qu'il eut avec l'évêque Wilfrid, au
sujet de privilèges ecclésiastiques incertains, et mal définis.

---

1. Bede, Vita S. Cudbercti, c. 24 ; *Hist.*, lib. V, c. 12... « In insulis
Scotorum ob studium literarum exulabat... ipse ob amorem sapientiae
spontaneum passus exilium.. Viro undecumque doctissimo... » Will.
Malm., 21 : « ... In Hyberniam seu vi, seu indignatione secesserat, ihi
et ab odio germani tutus, et magno otio literis imbutus, omni philoso-
phia composuerat animum . » Alcuin. De Pont. 718 : ... « Qui sacris
fuerat studiis imbutus ab annis aetatis primae, valido sermone sophista
acer et ingenio idem. rex simul atque magister... »
2. Will. Malm , 21 : « Per decem et novem annos summa pace et gau-
dio provinciae praefuit : nihil unquam praeter in persecutione magni
Wilfridi quod livor edax digne carpere posset admittens ».
3. Bede, lib. V, c. 15.
4. Malmsb. Pontif., 342.

8

Ce différend demeure assez obscur, mais encore fut-il assez grave pour déterminer le départ de Wilfrid, du royaume d'Alfred.

Le pape Jean VII, tenta d'intervenir dans le différend, par une lettre, écrite à Alfred, en termes impérieux. Wilfrid retiré à la cour de Mercie, fit porter, par un abbé, le message papal, au roi Alfred (1). Ce dernier reçut le prêtre avec déférence, et sa suprème réponse est toujours marquée, de la même fermeté d'accent et de volonté (2) :

« Mes vénérables frères, écrivait il, je suis prêt à vous accorder, personnellement et individuellement, tout ce dont vous aurez besoin .., et cela, comme preuve de mon respect pour vous... Mais, jamais, je ne changerai rien, à ce qu'ont décidé, dans leur sagesse, et mes royaux prédécesseurs, et l'archevêque, venu de Rome, et l'assemblée de tous les évêques de la Bretagne, — et cela, tant que durera ma vie, et quoique vous m'apportiez des lettres, émanées du siège apostolique, ou d'ailleurs... »

L'attitude d'Alfred demeura immuable, et ce roi eut un règne de dix-neuf ans, heureux pour son peuple, et pour lui-même.

Après sa mort, un certain Eadwulf prit, momentanément, le sceptre, et fut bientôt chassé de Northumbria (3), par Osred, fils d'Alfred, qui monta sur le trône. Après une nouvelle vacance, la couronne de Northumbria fut dévolue, en **731**, à Ceolwulf, à qui Bède dédia son *Histoire Ecclésiastique*.

Dans l'année de la chute d'Ecgfrid, Ceadwalla, descendant de Cerdic, par Cealwin et Cutha, avait prétendu au trône de

1. Eddius., c. 81.
2. *Ibid.*, c. 64.
3. *Ibid.*, c. 57.

Wessex (1). Doué d'un réel génie militaire, il fit embrasser sa cause, à toute la jeunesse du Wessex, et attaqua le roi du Sussex qu'il défit et tua, ravageant tout son royaume. Ceadwalla s'emparait également de l'île de Wight, où il se rendit fameux par ses cruautés, en 684 (2).

Pendant deux années, Ceadwalla, et son frère Mollo, pillèrent le Kent (3), déjà harcelé par les armées du Sussex ; toutes les villes étaient successivement dévastées par eux, jusqu'au jour où les indigènes exaspérés de tant d'exactions, se levèrent en masse, et attaquèrent, soudain, les envahisseurs de leur patrie. Mollo, avec douze soldats, fut surpris dans une chaumière : la populace la réduisit en cendres (4). Mais les habitants du Kent furent châtiés cruellement de la revanche qu'ils avaient prise, par une incursion nouvelle du frère de Mollo, qui régnait en 686, sur le Wessex (5).

La mentalité saxonne, s'étant pénétrée de l'esprit du christianisme, devait se plier à l'austérité de ses sacrifices. Ne voit-on pas la veuve d'Edwin, prendre le voile ; Oswy, faisant entrer, dans un couvent, sa fille Elfleda (6) ? Plusieurs des rois anglo-saxons eux-mêmes, dont les ascendants montraient tant d'ambitieuse âpreté à la conquête des trônes, vont renonçant au leur, par esprit d'humilité, et ayant, aussi, conscience des vanités de la gloire humaine. En 688, Ceadwalla fait le pèlerinage de Rome, reçoit le baptême des mains du pape, et meurt, avant trente ans, sept jours après avoir reçu ce sacrement (7). Quelques années plus tard (8), en 709, deux autres

---

1. *Sax. Chron.*, 45.
2. Will Malm., 14 ; Bede. lib. IV, c. 15 ; Flor. Wig., 255.
3. Henr. Hunt., lib. IV, 335.
4. Will. Malm., II ; *Sax. Chron.*, 46 ; Henr. Hunt., 336
5. *Sax. Chron.*, 46 ; Henr. Hunt., 336.
6. Bede, lib. III, c. 29.
7. *Ibid.*, lib. V, c. 7 ; *Sax. Chron.*, 46.
8. Bede, lib. V, c. 19.

rois anglo-saxons, Cenred de Mercia, et Offa d'Essex, à l'imi-
tation de Ceadwalla, abandonnent leur couronne, et se font
tonsurer, à Rome (1). Et c'est dans la ville des papes, qu'Ini
de Wessex devait aussi reposer.

Ini succédait à Ceadwalla, dans le Wessex, en 688. Il était
fils de Cenred, neveu de Cynegils, et son père vivait encore,
au moment de son avènement au trône. La renommée d'Ini
fut celle d'un législateur avisé, et d'un politique très prudent.

Les Saxons de l'Ouest ne croyaient pas avoir suffisamment
vengé le meurtre de Mollo, et en 694, ils dévastèrent le Kent.
Mais Whitred, de la ligne d'Ethelbert, étant devenu roi de
ce pays, les Saxons cessèrent leurs cruelles hostilités,
moyennant la compensation, pour le meurtre de Mollo, de
trente mille sous d'or (2). En 697, la noblesse de Mercie,
dans une manifestation de férocité barbare, massacra Ostrida,
femme d'Ethelred, du vivant même de celui-ci (3). On ignora,
toujours, la cause de ce meurtre, bien que Langhorn (4) ait
prétendu que la noblesse mercienne s'était vengé sur Ostrida,
de sa sœur qui avait assassiné Peada ; — assertion peu probable, puisque ce fait avait eu lieu, depuis quarante ans,
déjà.

Le règne d'Ini, en 710, continuait d'être prospère. Il fit la
guerre à Geraint, roi breton de Cornouailles, et remporta sur
celui-ci, une victoire complète. Il fut également heureux,
dans une bataille livrée, près de Wodnesbury, à Ceolred,
qui avait succédé à son cousin, Cenred, en Mercie (5).

1. *Sax. Chron.*, 47 ; Bede, lib. V, c. 7.
2. *Sax. Chron.*, 47, 48 ; Henr. Hunt., 337 ; Will. Malm., 14 ; Flor.
Wig., 260.
3. Bede, lib. V ; *Sax. Chron.*, 49 ; Flor. Wig., 260 ; Matt.
West., 250.
4. *Chron. Reg. Angl.*, 256.
5. *Sax. Chron.*, 50 ; Henr. Hunt., 337-338 ; Flor. Wig., 264.

Ceolred, roi de Mercie, eut pour successeur, en **716**, Ethelbald, qui garda la couronne, pendant quarante et un ans. Dans cette même année, Osred de Northumbria, fils aîné d'Alfred, périt, assassiné, près du lac de Windermere, par ses thanes en révolte (1), — dont l'un, Cenred, fils de Cuthwin, lui succéda Mais dans l'espace de deux années, il fut déchu de la royauté, par suite d'une révolution intérieure, et il fut remplacé sur le trône, par Osric, autre fils d'Alfred (2).

L'année 718 fut marquée par la mor d'Inigils, frère d'Ini, qui fut l'ancêtre des rois (3), Egbert et Alfred. A la même époque, Ini, à la requête d'Aldhelm, réédifia l abbaye de Glastoubury, qui subsista, dans sa magnificence, jusqu'à l'invasion danoise. Le règne d'Ini fut souvent troublé, par les insurrections des prétendants à la couronne.

Mais le roi, prenant l'offensive, défit et massacra Cynewulf-Ætheling. L'année suivante, un autre rebelle, Ealdbryht, fut assiégé, par la reine elle-même dans Taunton, place forte, bâtie par Ini. Ealdbryht en fut chassé, et se retira dans le Sussex, où la vengeance d'Ini le poursuivait, car trois ans après, il mourait de la main même du roi de Wessex (4).

Après un règne prospère de trente-sept ans, le roi Ini, imitant la coutume qui s'était répanduc chez les rois anglo-saxons, abandonna la dignité royale. La reine l'avait exhorté, depuis longtemps, à fuir le monde (5), aussi abdiqua-t-il, pour entreprendre le pèlerinage de Rome : il ne devait pas

<hr>

1. Will. Malm., 21 ; Henr. Hunt.. 338 ; Bede. lib. V, c. 24 ; *Sax. Chron*, 51.

2. Bede, lib. V. c. 22 ; Flor. Wig., 266 ; Simeon Dunel, 7.

3 *Sax. Chron.*,51.

4. *Ibid*, 52 ; Henr. Hunt., 338 ; Flor. Wig., 268.

5 Will. Malm., 15.

revoir la terre de sa patrie (1). Dans la Ville Eternelle, il fonda une école saxonne, avec une chapelle, et un cimetière. Afin de pourvoir aux besoins de cette fondation, chaque famille du Wessex, portant le nom de *Romescot*, était imposée d'un penny (2). Ini ne cessait de se mortifier, et de s'humilier, et mourut presque en odeur de sainteté, vêtu de haillons, et menant, avec la reine, sa femme, une existence précaire (3).

Les mutations des monarchies anglo-saxonnes, avaient été généralement de l'heptarchie, à l'hexarchie. A la mort d'Ini, la Bretagne était rangée sous une hexarchie, car le Wessex avait absorbé le Sussex : Deira et Bernicia, avaient été fondues dans la Northumbria. Cette dernière province, toujours agitée, était alors gouvernée par Osric, qui laissa le royaume à Ceolwulf, frère de Cenred même, qu'il avait fait tuer (4). En Mercie, régnait Ethelbald, descendant de Wybba (5). Dans l'Essex, assujetti à la Mercie, c'était Suebricht qui gouvernait seul, depuis que son frère Offa était parti à Rome (6). Dans le Kent, Eadbert était monté sur le trône de Wihtred, qui a laissé presque un code de ses lois (7). Dans l'Anglia orientale, en 747, Aldulf avait eu pour successeur, Selred ; à la mort de celui-ci, Alphuald, pour quelque temps, vint à hériter de son sceptre (8).

1. Bede, lib. V, c. 7 ; *Sax. Chron.*, 52 ; Flor. Wig., 269 ; Matt. West., 265.

2. Matt. West., 265.

3. Dug. Monast., I, 14, 32 ; Will. Malm. Pont., 313.

4. Flor. Wig., 269 ; Will. Malm., 21 ; Bede, lib. V.

5. *Sax. Chron.*, 54-59 ; Bede, lib. V, c. 24.

6. Will. Malm., 35 ; Flor. Wig., 273 ; Sim. Dunelm., 100.

7. Bede, lib. V, c. 23 ; *Sax. Chron.*, 56.

8. Au synode d'Hatfield, en 680, Adulph était présent, dans la dix-septième année de son règne. Bede, lib. IV, c. 17 ; Mss. Cott., Nero. A., 15 ; Sim. Dun., 103.

Aethelheard, parent d'Ini, et descendant de Cerdic, obtint, en 728, la couronne des Etats saxons de l'ouest (1). Oswald, dont l'ascendance remontait également au fondateur du Wessex, s'opposa d'abord aux prétentions d'Aethelred, mais se rendant un compte exact de la supériorité de celui-ci, il abandonna la lutte (2). Le roi du Wessex envahit le Devonshire, et étendait ses conquêtes jusqu'en Cornouailles, quand les Bretons, sous la conduite de Rodri Malwynac, l'arrêtèrent à Heilyn, en Cornouailles. A Garth Maelawch, au nord du pays de Galles, et à Pencoet, dans le Glamorganshire, les Cymry l'emportèrent encore sur Aethelred, auquel succéda son cousin, Cuthred (3).

Le roi de Mercie, durant cette période, était Ethelbald, de nature guerrière et entreprenante, — qui avait succédé au roi, dont les persécutions l'avaient longtemps obligé à la retraite. Le pieux Guthlac l'avait élevé, et Ethelbald, reconnaissant, avait fait édifier, sur la tombe de celui-ci, le monastère de Croyland (4). Les talents militaires du roi de Mercie, lui donnèrent une situation de fait, prédominante, sur les autres royaumes anglo-saxons. En 737, il envahit et conquit la province de Northumbria (5). Puis, le pays de Galles attira son ambition, et afin d'annexer aux territoires merciens, l'agréable province entre la Saverne et la Wye, il envahit celle-ci, avec une très puissante armée. Au pied du Carno,

1. *Sax. Chron.*, 52; Flor. Wig., 269 ; Matt. West., 266 ; Will. Malm., 312 : « Eodem anno quo idem rex Romam personaliter adiit, privilegium apostolico signaculo corroboratum in redeundo Glastoniam apportavit. Et postea, iterum cum Ethelburga regina sua, instinctu ejusdem, Romam abiit. »

2. Henr. Hunt., 338; Flor. Wig., 269; *Sax. Chron.*, 53 ; Bede, lib. V c. 7.

3. *Sax. Chron.*, 55.

4. Ingulf., 2-4

5. Henr. Hunt.; lib. IV, 339, 340 ; *Sax. Chron.*, 54.

montagne du Monmouthshire, les Bretons arrêtèrent sa marche, dans une bataille sanglante, et firent repasser la Wye à son armée, en lui infligeant de grandes pertes. Mais s'alliant ensuite à Cuthred, successeur d'Aethelheard, dans le Wessex, il dirigea une autre armée contre les Bretons. Les forces saxonnes manifestèrent leur supériorité, par une éclatante victoire, à Ddefawdan, en 743 : les vainqueurs se contentèrent de piller la province, sans chercher à l'occuper (1).

L'alliance entre Ethelbald et Cuthred, devait être de courte durée. Cuthred voulait s'émanciper de la tutelle de la Mercie, qui pour garder sa suzeraineté sur le Wessex, y fomentait constamment, la guerre civile. A cette époque, le fils même de Cuthred avait tenté de détrôner celui-ci, en 748, mais il avait péri, dans cette lutte parricide (2); et le royaume en demeurait profondément troublé, présentant un état favorable aux entreprises d'Ethelbald. Cuthred, toutefois, prévint ses desseins, et voulut assurer l'indépendance du Wessex, ou périr dans la lutte. Les armées se rencontrèrent à Burford, dans l'Oxfordshire. Ethelbald avait rassemblé sous ses bannières, les forces du Kent, de l'Anglia orientale, et de l'Essex, unies à ses armées de Mercie (3). Edelhun, premier lieutenant de Cuthred, s'avança hors de la ligne de bataille, et vint percer d'un coup de lance, le dragon d'or, qui ornait l'orgueilleux gonfanon des Merciens : animés par son exemple, les Saxons de l'ouest poussèrent leur cri de guerre, et s'élancèrent dans la mêlée. L'ardeur des combattants était égale, de part et d'autre : chacun luttait pour l'indépendance, ou pour la mort ; les Merciens, mûs par l'ambition effrénée de leur roi, et les hommes du Wessex, cherchant dans un effort

1. Flor Wig., 272, *Sax. Chron*, 55 ; Matt. West, 271 ; Brut y Tywysogion., 472.
2. *Sax. Chron.*, 55 ; Henr. Hunt., 341 ; Flor. Wig. 273.
3. *Sax. Chron.*, 56.

désespéré, une vengeance longtemps attendue. Au cours du combat, Edelhun et Ethelbald furent mis en présence : ils se frappèrent, alors, de grands coups, mais le roi de Mercie, bientôt conscient de son infériorité, n'hésita pas à donner, lui-même, à son armée, le signal de la fuite ; mais ses sujets gardèrent de cette déroute honteuse, un vif ressentiment, qui fut cause, deux ans plus tard, de la mort d'Ethelbald.

Cette victoire de Cuthred avait affranchi le Wessex du joug mercien, et posé la base de la prédominance prochaine de ce royaume : enhardi par ses succès, Cuthred envahit le pays de Galles, en 753, et sortit vainqueur, de cette expédition (1).

L'année 754 fut marquée par la mort de Cuthred, qui laissait le Wessex, dans la voie des progrès que ce royaume devait poursuivre, jusqu'à son entier développement, sous le règne d'Egbert. Sigebyrht succédait au roi Cuthred, mais son règne très court, ne fut remarquable que par des tyrannies et des exactions. Il fit mettre à mort, sans jugement, le très noble Cumbra, qui lui présentait les doléances du peuple, et il continuait de faire sentir à celui-ci, tout le poids de ses injustices. Une assemblée des nobles et du peuple, déposa, enfin, Sigebyrht, à l'unanimité, et Cynewulf, enfant de race royale, fut élu au trône, à la place du tyran. Abandonné de tous, le roi déposé s'en fut chercher un asile, dans la forêt d'Anderida : un porcher de Cumbra, sa victime, découvrit son asile, et le tua sur-le-champ (2).

Le règne glorieux d'Ethelbald, après la défaite de ses armées, par le Wessex, s'acheva misérablement. Dans une insurrection, à Segge wold, il fut assassiné par le peuple

1. *Sax. Chron.*, 56.
2. *Ibid*, 56 ; Flor. Wig., 273 ; Henr. Hunt., 341, 342 ; Will. Malm , 15.

que conduisait, Bernred, et qui n'avait pu oublier, la lâcheté de la fuite de son roi, devant l'ennemi. Après une vaine compétition de Bernred au trône, celui-ci fut donné, grâce à l'intervention des nobles de Mercie, en 755, au jeune prince Offa, qui descendait d'Eoppa, frère de Penda (1).

Dans la Northumbria, en 737, Ceolwulf, le protecteur de Bède, était monté sur le trône de cette province ; mais la royauté était à ce point périlleuse et incertaine, qu'il abandonna volontairement la couronne, et rechercha la paix du monastère (2). Eadbert lui succéda. Son royaume, dont il dégarnit les frontières, pour marcher contre les Pictes, souffrit de l'invasion d'Ethelbald de Mercie. Mais il répara les désastres de cette guerre, et régna pendant vingt-et-un ans. C'est alors qu'il embrassa la vie religieuse, étant ainsi le huitième roi anglo-saxon, qui se fût retiré du monde (3). Toutefois, son abdication fit renaître dans la province, un état d'anarchie, et de guerres civiles, au cours desquelles Osulf, fils d'Eadbert, périt, assassiné par Moll Edelwod, qui s'empara du trône de Northumbria. Celui-ci, au cours d'un règne de trois ans, eut à réprimer des séditions, à Edwinescliffe, et eut pour successeur, Alred, de la race d'Ida. Après quelques années, Ida fut détrôné, et Ethelred, fils de Moll, fut choisi à sa place (4). En 779 (5), il fut, à son tour, chassé de son royaume, qu'Alfwold usurpa, pour être tué, en 788, par un de ses partisans, Sigan, après avoir eu son règne troublé par de nombreuses dissensions civiles. Osred, fils d'Alred,

1. Matt. West., 274 ; Henr. Hunt., 341 ; Flor. Wig., 274 ; Ethelw., 839 ; Will. Malm., 28 ; *Sax. Chron.*, 56-59.

2. Henr. Hunt., 340 : « Ipse horribilibus curis necis, et proditionis, et multimodae calamitatis, intus cruciebatur. et animo et corpore decoquebatur. » Bede, lib. V.

3. Henr. Hunt, 340-342 ; *Sax. Chron.*, 54-59 ; Sim Dun., 11.

4. Henr. Hunt., 342 : *Sax. Chron.*, 60-61 ; Matt. West., 276-278.

5. Henr. Hunt., 343 ; *Sax. Chron.*, 62.

fut alors élu roi, et l'année suivante, trahi et chassé du
royaume, il dut céder encore celui-ci, à Ethelred, fils de
Moll, qui se chargea de crimes inutiles : l'année de sa restauration, il laissa Eardulf, sanglant. à la porte d'un monastère ; et l'année suivante, il fit venir d'York, les enfants d'Al-
wold, Elf et Elwin, pour les massacrer. Osred, qui avait été
déposé, tenta de recouvrer sa couronne, mais son armée
l'abandonna, et tombé aux mains d'Ethelred, il fut massacré
par lui. Bientôt, il répudiait sa première femme, pour épouser
une fille d'Offa, croyant ce mariage utile à sa politique. Dans
la quatrième année de son règne, ses sujets se levèrent
contre lui, le tuèrent, et lui donnèrent pour successeur,
Osbald. Après un règne de vingt-sept jours, Osbald fut
déposé, et chercha dans le cloitre, un refuge (1). Eardulf,
guéri de ses blessures, avait demandé asile à Charlemagne,
et s'était rendu à Rome.

L'Empereur d'Occident, et le légat du pape, l'assistèrent
dans la conquête nouvelle de son royaume, et il fut couronné
roi, en 794. Quatre ans n'étaient point écoulés, que ceux qui
avaient assassiné Ethelred, se révoltèrent contre Eardulf, et
tentèrent de le massacrer, sous la conduite de Wada. Mais le
roi se défendit avec valeur, et mit les rebelles en fuite, en
792 (2).

Offa avait obtenu par la violence, le trône de Mercie : il y
montra d'éminentes qualités, bien que les détails de son
règne aient été enveloppés par les chroniqueurs, de quelque
mystère. Quelques-unes de ses attaques, en 774, furent
dirigées contre les Northumbriens, et les Hestingi. Il envahit
le Kent, et une bataille acharnée fut livrée à Otford, qui se
termina par le triomphe d'Offa : le Kent fut, alors, sou-

1. Henr. Hunt., 343, *Sax. Chron.*, 64 ; Sim. Dun., 12.
2. Will. Malm., 26 ; Henr. Hunt., 343 : « Gens Anglorum naturaliter
dura est et superba, et ideo bellis intestinis incessanter attrita ».

mis à la Mercie. Après quoi, il voulut se mesurer au roi de Wessex, Cynewulf, qu'il défit à Bensington, et qu'il dépouilla de ses possessions (1). Offa avait épousé la reine Drida, ou Cynedrida ; il fonda l'abbaye de Saint-Albin, en 777, et celle de Bath. En dépit de son àpreté à la conquête, Offa se montrait libéral de terres et d'argent : il fit don de biens-fonds, au diocèse de Canterbury, et à d'autres bénéficiaires, toutes largesses, excédant le montant de son domaine et de sa fortune privés (2).

Offa se distingua des autres rois Anglo-Saxons, en nouant avec les pays du continent, des relations extérieures. Il entretint une correspondance avec Charlemagne, et dans une lettre, l'Empereur se réjouit des progrès du christianisme en Angleterre. Par ailleurs, Charlemagne lui promet d'assurer la sécurité des routes aux pèlerins saxons, avec la concession répétée de franchises commerciales. De plus, il envoie à Offa, une ambassade, pour le saluer en termes d'amitié et qui lui présente les dons de l'empereur franc : un ceinturon, un sabre de Hongrie, et deux manteaux de soie (3). Toutefois, quelques nuages vinrent assombrir, de part et d'autre, ces heureuses dispositions : Offa interrompit, quelque temps, ses relations avec le Pape et l'Empereur, mais celles-ci devaient être bientôt, et définitivement renouées.

Les premières guerres d'Offa contre les Bretons, lui furent défavorables. Une armée de Cymry avait même envahi la Mercie : aussi Offa réunit-il une importante armée anglo-saxonne, et marcha sur le pays de Galles. Les Bretons, incapables de lui résister dans une bataille rangée, quittèrent les régions entre la Saverne et la Wye, pour se retrancher sur leurs montagnes. Leurs positions, dans ces forteresses

1. Matt. West., 275 ; Henr. Hunt , 343 : *Sax. Chron.*, 61.
2. Matt. West., 284-288.
3. Will. Malm., 32 ; Du Chesne. Script., Fr. II, 620.

naturelles, devenaient inexpugnables, et ils pouvaient, de là, harceler l'ennemi, avec une impunité relative. Comme l'armée d'Offa commençait à souffrir de ces escarmouches, le roi prit le parti d'annexer les régions orientales du pays de Galles, jusqu'à la Wye. — à la Mercie ; — il les pourvut de garnisons saxonnes, et les sépara des états bretons, par un large retranchement, s'étendant de l estuaire de la Dee, à l'embouchure de la Wye (1), sur un espace de cent milles, et qui fut longtemps célèbre, sous le nom de *Claudh Offa*, ou retranchement d'Offa. Il continua, d'ailleurs, à servir de frontière à l'Angleterre et au pays de Galles (2).

Le meurtre d'Ethelbert fut commis, par Offa, à la fin de son règne, et devait en ternir la gloire.

Ethelbert était alors en possession de la couronne de l'Anglia orientale. Fiancé à la princesse Etheldritha, fille du roi de Mercie, il fut invité par celui-ci, à des fêtes, qui devaient précéder cette union. Mais Offa, devant l'ambitieuse pensée d'annexer l'Anglia orientale à la Mercie, n'hésita pas à perpétrer le meurtre de son hôte, que ses compagnons, terrifiés, abandonnèrent à son sort (3). Aussitôt, Offa envahit les possessions de l'Anglia orientale, qu'il ajouta à ses conquêtes.

Mais une fatalité semble s'être attachée sur la race d'Offa, après l'assassinat d'Ethelbert. Le roi lui-même, ne survit que deux ans, à son crime ; sa fille aimante et désespérée, s'enfuit dans les solitudes de Croyland ; la reine, instigatrice du meurtre, périt misérablement ; ses gendres meurent pauvres et méprisés, et Ecgrid, son fils et son succes

1. Asser, de Gestis Elfredi, 10 ; Sim. Dunelm., 148.
2 Gibsons' Camden, 587.
3. Ethelw, 840 ; Henr. Hunt., 344 ; *Sax. Chron.*, 65 ; Flor. Wig., 281 ; Will. Malm., 287 ; Bromton, 749 ; Higden, 251 ; Rad. Dicet, 446 ; Asseri Annal., 154 ; Matt. West., 283.

seur, ne règne que cent quarante et un jours : la race même d'Offa, disparaît avec lui (1) (777).

Pendant le règne d'Offa, la couronne du Wessex avait appartenu, depuis 755, à Cynewulf qui s'était rencontré, dans une bataille malheureuse, à Bensington, avec le roi de Mercie (2). Il trouva la mort, en 784, en voulant expulser de ses états, Cyneheard, frère de Sigebyrht qui avait été déposé. Cyneheard voulut prévenir cette mesure, et guettant le moment où le roi se rendait à Merton, dans le Surrey, chez une maîtresse ; il pénétra dans la maison avec huit de ses compagnons et y surprit le roi, qui se défendit courageusement, blessant même, Cyneheard : mais il succomba sous le nombre. Les thanes qui lui étaient demeurés fidèles, après son assassinat, repoussèrent les offres des meurtriers, et forçant le palais de Cyneheard, à coups de hache, ils frappèrent à mort, l'usurpateur et le meurtrier (3).

Ces événements amenèrent l'accession de Brihtric, au trône de Wessex. Il était de la race de Cerdic, et épousa Eadburga, fille d'Offa (4). L'année de son avènement (784), fut celle du premier débarquement des Danois sur les côtes d'Angleterre, selon les chroniqueurs anglo-saxons. Le *portgerefa*, ou veilleur du port, vit une troupe d'étrangers, montés sur trois vaisseaux, et fut aussitôt tué à coups de flèches. Ces invasions furent simultanément répétées, sur plusieurs points de l'île, à la même époque (5).

Selon Asser, la femme de Brihtric, ou Beorhtric, paraît avoir eu toutes les mœurs tyranniques d'Offa, son père.

---

1. Ingulf, 7 ; Bromton, 752-754 ; Henr. Hunt, 344.
2. Flor. Wig., 274 ; *Sax. Chron.*, 57.
3. Matt. West., 280 ; *Sax. Chron.*, 59-63 ; Flor. Wig., 278 ; Henr. Hunt., 343.
4. *Sax. Chron.*, 63.
5. *Ibid.*, 64 ; Flor. Wig., 280.

Eadburga fit périr par le fer, ou par le poison, les thanes du roi, qui avaient encouru sa disgrâce, et jusqu'à Brihtric, lui-même (1).

Chassée du Wessex, à l'avènement d'Egbert, la reine, emportant de riches trésors, se réfugia en France, et se présenta à Charlemagne. « Choisis, Eadburga, lui dit l'empereur, entre mon fils, et moi ! »... « Je choisis ton fils, répondit-elle, par ce qu'il est moins âgé ». Le monarque blessé, lui retorqua que si elle l'avait choisi, il l'eût abandonnée à son fils ; mais qu'avec sa réponse elle n'appartiendrait qu'à un cloître. Ses débordements mêmes l'en firent encore chasser, et en 787, au dire d'Asser, on la voyait mendiant, dans Pavie, sur les chemins, presque aveugle, et conduite par un enfant (2).

Egbert, le plus remarquable des rois anglo-saxons avant Alfred, était fils d'Alcmund, ou Ethelmund, arrière petit-fils d'Inigils, frère d'Ini (3). Quand Brihtric devint roi du Wessex, la popularité méritée d'Egbert lui porta ombrage, et il résolut de le faire périr. Se sentant menacé, Egbert s'enfuit auprès d'Offa, mais les émissaires de Brihtric le poursuivant jusqu'en cet asile, Egbert s'embarqua pour la France, où il se présenta à Charlemagne, en 787. L'empereur se dirigeait alors vers Naples, sous la menace d'un soulèvement de l'empire d'Orient ; il défit les Huns et les Hongrois, et ému des troubles sans cesse renaissants, de la monarchie saxonne, il entreprit contre ses rois une expédition, où trente mille Saxons périrent, et l'Angleterre fut momentanément pacifiée.

1. Asser, 10 : « quod a domino meo Aelfredo Angul-saxonum rege veredico, etiam saepe mihi referente audivi... » *Chron. Twsksb. Mss. Cott. Cleop.*, c. 3.

2. Asser., 12 ; *Chron. Pet.*, 10.

3. Walling ford, Gale, III, 531 ; Lel. III, 55 ; Will. Malm., II, c. 1.

A son retour, en 795. l'Empereur se rendit à Aix-la-Chapelle. et depuis cette époque jusqu'en 800, Egbert ne paraît pas l'avoir quitté, et dut sans doute prendre part aux campagnes diverses de Charlemagne. Comme il demeurait le seul descendant de Cerdic, son avènement au trône fut accueilli avec joie dans le Wessex, où il se rendit, en 800 (1).

L'Angleterre était alors sous la domination nominale d'une hexarchie, réduite, en fait, à une triarchie. Le Kent, l'Essex et l'Anglia orientale dépendaient de la Mercie ; la Northumbria, déchirée par les guerres civiles, ne pouvait plus songer à d'autres conquêtes ; le Wessex s'était incorporé le Sussex, et la puissance féodale y avait été presque annihilée, par une autorité royale, très centralisée. Egbert (2), montait sur le trône, en des circonstances favorables ; et il avait acquis à la cour de l'empereur d'Occident, ces principes d'une conduite politique plus raffinée. qui toujours, avaient fait défaut aux rois, ses prédécesseurs.

D'autre part, pendant les dix neuf premières années du règne d'Egbert, Kenwulf gouverna la Mercie, avec justice et modération, après avoir soumis le Kent (3).

Ce fut contre les Bretons de l'ouest, qu'Egbert, en 813, débuta dans la voie des conquêtes. Il pénétra avec succès, en Cornouailles, et dans le Devonshire, et cette campagne ressembla plutôt à une promenade militaire, qu'à une véritable guerre (4).

Egbert, à la mort de Kenwulf, en 819, allait pouvoir réaliser de plus hautes ambitions. Le Wessex et la Mercie allaient bientôt lutter pour la suprématie, en Angleterre, car leur développement, et leur égale prospérité, ne pou-

---

1. Will. Malm., lib. I, c. 2.
2. *Ibid.*, lib. II, c. 1.
3. Ingulf., *Hist.*, 6 « rex justissimus », *Chron. Pet.*, 10.
4. *Sax. Chron.*, 69 ; Flor. Wig., 285 ; Will. Malm., 36 ; Ethelw , 840 ; Ingulf., 7.

vaient ainsi poursuivre leurs progrès, avec le maintien d'une paix, que des rivalités ne cessaient de compromettre.

Kenwulf laissait, en mourant, un fils Kinelin, âgé de sept ans, et qui devait demeurer, jusqu'à vingt ans, sous la tutelle de ses sœurs. L'aînée de celles-ci, Windreda, désireuse de s'emparer du trône, associa son époux à son criminel projet, et fit tuer Kinelin, dans les bois où celui-ci était allé chasser. Mais ce meurtre fut sans profit, pour ceux qui l'avaient préparé. Ceolwulf, seul, monta sur le trône, dont il fut bientôt chassé, par Beornwulf (1).

Ces divisions ne furent pas sans affaiblir la Mercie : Beornwulf ne fut point le chef de la nation elle-même, mais celui d'un parti, dont la hardiesse et la violence l'avaient placé sur le trône. Il se hâta, sans souci de rétablir l'ordre et la légalité à l'intérieur du royaume, de se jeter, à l'aventure, dans une guerre inconsidérée avec Egbert, et de lier, ainsi, les destinées de la Mercie à son propre sort (2).

En 823, après une paix continue de vingt-trois ans, Egbert en appelait aux armes, à Wilton. Ses talents militaires l'emportèrent sur la supériorité numérique des Merciens ; après une furieuse bataille, chèrement disputée de part et d'autre, les forces de Beornwulf s'enfuirent en déroute (3).

Egbert voulut profiter de tous les avantages de la victoire, comprenant qu'il y avait pour lui, l'occasion d'abaisser, à jamais, la puissance de la Mercie. Aussi avec l'aide de son fils Ethelwulf, et de l'évêque guerrier Ealstàn, attaqua-t-il le Kent et le l'Essex, qu'il soumit et qu'il réunit à la couronne de Wessex. Avec une science politique, incon-

---

1. Ingulf, 7 : « A Bernulpho quodam fatuoso et divitiis ac potentia pollenti, in nulloque lineam regalem contigente expulsus est... » ; Flor. Wig , 286.

2. *Sax. Chron.*, 70 ; Flor. Wig., 287.

3. Henr. Hunt , 344.

nue des Saxons jusqu'à lui, il s'abstint d'envahir la Mercie, se contentant de fomenter contre Beornwulf, la révolte de l'Anglia orientale, rebelle au joug de la Mercie (1). Il engageait, ainsi, son rival dans une nouvelle guerre incertaine, dont il devait sortir, affaibli.

En 825, Beornwulf tenta de châtier les Angles : mais son incapacité militaire éclata bientôt, et il succomba dans la lutte. Ludeca lui succéda, sans plus de succès, à la tête de l'armée, et finalement, Wiglaf, prince du Worcestershire, montait sur le trône de Mercie.

La puissance militaire de ce dernier pays, avait été fort affaiblie par les guerres inconsidérées de Beornwulf et de Ludeca. Egbert jugea le moment opportun, pour porter à la Mercie, un dernier coup : Wiglaf fut attaqué, avant qu'il eût pu rassembler ses forces : il s'enfuit, et s'alla cacher au fond du monastère de Croyland (2).

Grâce à l'entremise de l'abbé de Croyland, Wiglaf put faire sa soumission à Egbert, et conserver son trône, en acceptant la suzeraineté du Wessex, et en payant tribut.

Dans une charte de Croyland, six ans après ces événements, on retrouve les termes suivants, employés par Wiglaf : « J'ai demandé la confirmation de ceci, à mon seigneur, Egbert, roi de Wessex, et à son fils... ». « En présence de mes seigneurs, Egbert et Athelwulf... (3) ». Le paiement du tribut au Wessex, est attesté par Ingulf (4)....

----

1. Ingulf, 7 ; *Chron. Petr.*, 12.

2. Ingulf, 7 : « Regno vehementer oppresso, totam militiam ejus. quae quondam plurima extiterat, et victoriosissima, sua imprudentia perdiderat ».

3. Ingulf, 9 : « Per dominum meum Egbertum regem Westsaxoniae et Aéthelwlphum filium ejus illud obtinui confirmari... » *Ibid.*, 10 : « In praesentia dominorum meorum Egberti regis West Saxoniae et Athelwlphi filii ejus. »

4. Ing., 8 : « Promissa tributi annualis pensione... »

La soumission de l'Anglia orientale, fut la conséquence de l'abaissement de la Mercie (827).

Egbert devait encore comprendre la Northumbria, dans ses conquêtes : en 806, Eardulf avait été chassé de cette province, qui était demeurée longtemps sans roi, et gouvernée par une aristocratie. Le règne d'Alfwold, d'une durée de deux ans, mit fin à cet état de choses, et Eanred ceignait la couronne de Northumbria. Ce fut contre lui, qu'Egbert ouvrit de nouvelles hostilités, après sa conquête de la Mercie : doué de sagesse, le prince de Northumbria ne voulut point s'engager dans une guerre avec le roi redoutable du Wessex : aussi, se rencontra-t-il avec Egbert victorieux, à Dore, et s'empressa-t-il de lui faire sa soumission (1).

L'octarchie anglo-saxonne, ainsi réduite à l'impuissance, Egbert résolut, en 828, de s'emparer du pays de Galles. Avec une armée nombreuse, il soumit facilement, les régions du Nord, et pénétra dans le Denbigshire. Il fit de son fils Ethelwulf, le roi du Kent (2).

Les seuls ennemis qui tinrent en échec, le génie militaire d'Egbert furent les Danois, qui sous la conduite du *roi-de-mer* célèbre, Ragnar Lodbrog, ravagèrent, en 832, l'île de Sheppey, et défirent l'année suivante, Egbert, à Charmouth, dans le Dorsetshire (3). Ce désastre amena, sans doute, la réunion, de la confédération des rois tributaires du Wessex, qui se tint à Londres, en vue d'affronter le péril danois (4). Les rois vaincus semblent avoir été d'un grand loyalisme envers leur vainqueur : les Danois vaincus à Hengston-Hill,

1. Sim. Dunelm. de Gestis Reg. Angl., 117 ; de Dunel Eccl., 13 ; *Sax. Chron.*, 71 ; Flor. Wig , 282 ; Ethelw., 841.

2. *Chron. Sax.*, 72.

3. *Ibid.*

4 Ingulf., 10 « Ubi omnes congregati fuimus pro concilio capiendo contra Danicos piratas littora Angliae assidue infestantes.... »

en Cornouailles, s'allièrent vainement aux Bretons, contre Egbert qui défit leurs forces coalisées.

Après un règne d'une prospérité continue, Egbert mourut glorieux et âgé, en 836. Il avait rangé sous sa domination, toutes les monarchies anglo-saxonnes, et s'il n'était point, roi couronné et élu d'Angleterre, du moins était-il parvenu, à réaliser, en fait, son unité, qui se traduisait en un effort commun et spontané de tous les rois Saxons, pour résister aux entreprises des nouveaux envahisseurs de la Grande-Bretagne (1).

---

1.   *Tableau généalogique de l'Octarchie Anglo-Saxonne*

KENT

449	Hengist	512	Octa
448	Esca, ou Aeric	542	Eormenric
560	Aethelbyrht	725	Eadberht
616	Eadbald	748	Aethelbyrht
640	Ercenberht	760	Edbert Pren
664	Ecbyrht		Cuthred
673	Lother		Baldred
685	Edric	784	Ealhmund
694	Wihtred	794	Eadbryht

SUSSEX

477	Ella
	Scissa

WESSEX

495	Cerdic	676	Centwine
		685	Ceadwalla
534	Cynric	688	Ina
560	Cealwin	728	Aethelheard
591	Ceol, or Ceolric	741	Cuthred
597	Ceolwulf	754	Sigebert
611	Cynegils	755	Cynewulf
643	Cenwalh	784	Brihric
672	Sexburh	800	ECGBRIGHT ou Egbert
674	Aescwine		

Northumbria

Bernicia.	Deira.
547 Ida	560 Aella
560 Adda	
557 Clappa	590 Edwin, chassé par Ethelric
572 Heodwulf	
573 Freodwulf	
580 Theodric	
588 Aethelric	
593 Aetelhfrith	
617 Eadwin	
634 Eanfrith	634 Osric
634 Oswald	644 Oswin
642 Oswiu	
670 Ecverth ou Ecgferth	
685 Aldfreth ou Alfred	
705 Osred	
716 Conred	
Osric	
731 Ceolwulf	
738 Edberht	
757 Osulf	
659 Moll Aethelwold	
765 Alhred	
774 Aethelred	
778 Alfwold	
789 Osred	
790 Aethelred	
Osbald	
795 Eardwulf	
Osbert	Ella

Mercia

586 Creoda ou Crida	794 Egverth.
Pibba	794 Cenwulf ou Kenulf
020 Penda	Kenelm
655 Peada	819 Ceolwulf
656 Wulfhere	821 Beornwulf
675 Aethelred	Ludican
704 Cenred	828 Wiglaf
709 Ceolred	Beornwulf
716 Aethelbald	Buthred

755 Beornred   Ceolwulf.
755 Offa.

Anglia Orientale

Uffa	Aldulf
Titilus	Beorna
Redwald	Edelred
Eorpwald	Egelbrict
Sigebert	Edmund
Egric	Guthric
Anna	Eohric
Edelhere	EADMUND.
Alfwold	

Essex

Eswyn	Sebbi et Sighere
Sledda	Offa
Sabert	Selred
Sexred and Seward	Swictred
Sigbert Parvus	Sigeric
Sigebert	Sigered
Suithelin	Guthrum.

CHAPITRE II

La Norvège, la Suède, et le Danemark, au viiie siècle. — Les Rois-de-Mer
et les Vikingr. — Ragnar Lodbrog — Le règne d'Ethelwulf. —
L'Invasion des Normands. — La naissance d'Alfred le Grand ; — ses
voyages. — La déposition d'Ethelwulf — Les règnes d'Ethelbald et
d'Ethelbert ; — l'éducation d'Alfred — L'avènement d'Ethelred ; la
revanche des Normands sur Ella ; — la mort d'Ethelred. — Le règne
d'Alfred depuis son avénement, jusqu'à sa retraite. — La restauration
d'Alfred ; — sa lutte contre Hastings ; — sa mort.

Bien que les seconds envahisseurs de la Grande-Bretagne,
aient été toujours qualifiés de Danois, il n'en demeure pas
moins vrai, qu'ils appartenaient, aussi, pour la plupart, à la
Suède, à la Norvège, au Jutland, et à la Zélande. Parmi
ces peuples, les Suédois furent de bonne heure, les plus
civilisés, et renoncèrent à la piraterie. Les Norvégiens conti-
nuèrent leurs incursions, jusqu'à la conquête normande de
l'Angleterre, et les Danois, sous Sweyn, Cnut, et ses descendants, obtinrent le gouvernement de la Bretagne.

Tous ces pays du Nord, avaient leur territoire divisé entre
une foule de petits souverains, — les *rois-de-mer*, guerroyant
entre eux, et se livrant à la piraterie la plus effrénée.
La Norvège, avec ses montagnes, et son climat glacé,
était presque inculte, et peuplée d'une race sauvage, qui
chassée par la nécessité d'un sol ingrat, allait s'emparer

au loin, sur des flottes invincibles, des richesses que leur
refusait l'âpre nature de leur patrie Un navigateur que le
roi Alfred aimait à consulter, décrivait. ainsi, cette région,
qu'il appelle Northmanna land : « Tous les pâturages, sont
vers la mer... Au sud s'étendent des marais sauvages, et des
landes inhabitées... Les terres arables vont en se rétrécissant
vers le nord... » (1).

La Norvège, au viiie siècle, était divisée en de nombreux
Etats, appelés *fylki*, qu'une Saga de l'Islande désigne
comme une circonscription, une province, pouvant fournir
douze vaisseaux, pour les expéditions maritimes. Parfois,
chaque fylki avait un roi indépendant ; parfois, plusieurs
d'entre elles étaient rangées sous une même domination (2).
Le pays entier, selon Stephanius (3), comprenait trente-trois
fylki, sans compter le district de Trondheim, qui était composé de huit d'entre elles. Le nombre de ces fylki, variait
avec les compétitions des chefs, et les fortunes diverses des
guerres qu'ils se livraient. L'Hervarar Saga mentionne qu'à
un moment, il y avait jusqu'à douze royaumes, en Norvège (4) Au ixe siècle, ceux-ci étaient très nombreux, et
avec Harald Harfragre, en 862, l'histoire des rois des fylki,
s'éclaire des données plus précises, que l'on trouve dans
l'œuvre de Snorre Sturleson (5). Harald se promit de soumettre ces Etats divers, comme Gormo l'avait fait pour le
Danemark, et Eric, pour la Suède Il réduisit, en effet, à
l'impuissance, les rois qui gouvernaient les huit fylki de

1. Adam. Brem., *Hist. Eccl.*, lib. IV, c. 96, Ed Lindenbrog. Franç.
1630.
2. Olaf Tryggva Saga, c. 41.
3. 118.
4. C. XVIII, 221.
5. Haralld. Saga. Snorre Sturleson naquit à Hvam, en 1178. En 1213,
il devint grand-juge d'Islande. Poète et historien, il fut tué à Reickholt,
dans sa soixante-treizième année.

Trondheim. La lutte prit fin, avec la prédominance d'une seule monarchie (1).

Bornée par les Alpes de Norvège, la Suède était déjà renommée pour sa fertilité, et l'extension de ses relations commerciales (2). Sa population nombreuse et guerrière, se distinguait par ses mœurs hospitalières. Le nom suédois s'appliquait, alors, au seul territoire, environnant Upsal, et avant le ixe siècle, ces régions comprenaient dix-neuf royaumes, ou *Herads Konungr ;* le roi d'Upsal, ayant imposé sa domination à toute la Suède, prit le titre de *Thiod Kongr*, et les autres rois étaient dénommés, *Skatt Kongar*, c'est-à-dire, rois tributaires (3). Le père du roi Ingialld, avait transformé en terres arables, nombre de forêts de la Suède ; il avait ouvert de nouvelles routes, et singulièrement développé l'agriculture. Mais ce ne fut pas avant le ixe siècle que le royaume de Vermaland, que les provinces de Jamtia et d'Helsingia, s'étendirent, au nord de la Suède (4). La Suède fut longtemps attaquée par les pirates du Danemark et de la Baltique, mais au viiie siècle, le royaume d'Upsal fut conquis par Ivar Vidfame, roi de Scanie, et ne fit, dès lors, que fortifier sa nouvelle prépondérance .

Les possessions des Danois se composaient alors, de la péninsule du Jutland, et d'îles diverses : parmi ces dernières, l'île de Fionie était renommée, pour sa place forte d'Odinsee, où Odin se rendit en Danemark, après son émigration fameuse du Tanaïs (5). La Zélande se distinguait encore des autres îles, par son étendue, et par son antique métropole, Lethra

---

1. Haralld. Saga, c. 8.

2 - Adam. Brem.. 68 : « Ibi multi essent negotiatores divites et abundantia totius boui atque pecunia thesausorum multa ».

3. Ynglinga Saga, c. 40.

4. Snorre. Saga Hakonar Goda, c. 14.

5. Snorre, 9; Adam. Brem., 64.

dont le souverain avait toujours gardé l'hégémonie du Danemark. Tous ces territoires avaient des rives fertiles, et un sol ingrat, à l'intérieur des terres. Les Danois occupaient, également, la Scanie, sur le continent scandinave : c'était, là, la plus riche de leurs provinces : elle fut le berceau d'Ivar, qui détruisit la dynastie des Ynglingi, à Upsal, et qui occupa une partie de l'Angleterre (1). Wulfstan, navigateur, avec lequel le roi Alfred s'entretenait souvent, des contrées de la Baltique, mentionne, comme appartenant, à cette époque, au Danemark, les îles de Langoland, Leland, Falster, et Sconey (2).

Dans les temps reculés, le Danemark fut longtemps possédé par des rois nombreux, selon la Knytingla Saga, qui énumère, cinq souverains, ou konga-ryki, à Sleswig, Ripen, Arhusan, Wiburg et Hording (3). Déjà, avant le viiie siècle, les ambitions de ces rois, en avaient diminué le nombre. Deux souverains régnaient en Jutland ; la Fionie, Seeland, et la Scanie, avaient chacune, un roi (4). Ce nombre diminua même, et à la date de leur première attaque contre l'Angleterre, la royauté danoise était divisée en deux souverainetés, sur le Jutland, et sur les îles. Bientôt après, une seule monarchie, celle de Gormo Grandaevus, vers la fin du ixe siècle, s'établit en Danemark, et en gouverna toutes les possessions (5).

Les rois de Danemark furent connus dans la suite, par leurs rapports avec la monarchie franque. Pendant le règne de Charlemagne, Godfrid était roi dans le Jutland, et avait

1. Torfaeus., *Reg. Dan.*, 83, 86, 87 : Knytingla Saga. Wormius, *Mon. Dan. App.*, 35 ; Snorre. 53, 54.
2. Alfred. Oros., 25.
3. Worm., *App.*, 35, 36. 34.
4. Anon. Roskild., *Chron. Langb.*, I, 374.
5. Torfaeus., *Hist. Norv*, I, 410 ; Harald. Saga, c. 3.

soumis les Frisons et les Obotrites, et une partie des Slaves :
il menaça même Charlemagne d'une guerre. Son cousin
Hemming lui succéda, qui fit la paix avec l'empereur franc.
Et à la mort d'Hemming, la souveraineté danoise fut disputée
entre Sigefrid et Ring, et onze mille hommes périrent dans
ce conflit (1).

A côté de ces rois du Nord, établis sur les territoires de
leurs Etats, existait la terrible souveraineté des rois-de-mer,
qui sans terres et sans palais, avec la puissance de leurs
seules flottes, désolaient toutes les côtes de la mer du Nord.
Leurs équipes victorieuses se grossissaient de tous les aventuriers qu'attirait l'appât d'un long pillage (2). Parmi les
rois de mer, Haki et Hagbard furent les plus fameux. Ils
attaquèrent le roi d'Upsal, et Haki le défit, et lui succéda (3).

C'était une coutume, dans les familles royales du Nord,
alors que l'aîné héritait de la royauté continentale, d'envoyer
les cadets, chercher et la richesse, et la couronne, sur mer.
On leur fournissait même le premier équipement de leur
flotte, et ces rois sans couronne, allaient, affirmant leur
puissance sur l'océan (4).

Ces rois de mer devaient être fort nombreux, puisque Saxo
Grammaticus rapporte que certain roi danois, parvint à en
exterminer soixante-dix (5). Ces rois-de-mer appelés aussi,
herkongr, n'étaient, en fait, que des pirates, acquérant toute

1. Hervarar Saga, 142.
2. « Multi enim reges hinc fuere maritimi (Sae-Konungar) qui maxi-
mis quidem copiis, sed nulli praeerant regioni ». Snorro, Yngl. Saga,
c. 34. « Multi insuper qui nec ditiones nec subditos habebant sed pira-
tica tantum et latrociniis opes quaerebant (Wilk-Kungar et Naak-Kun-
gar), reges maritimi dicebantur ». Verelius, *Hist. Suio-Gott*, 6.
3. Yngling. Sag., c. 25.
4. Olaf Trygg. Sag., *Antiq, Dan.*, 446 ; Saga af Olafi, Hinom Helga,
c. 4, *Mon. Dan.*
5. Lib. VII, 142.

richesse et toute propriété, par la force. La hardiesse de
leurs entreprises, et le succès de celles-ci, les justifiaient aux
yeux de tous, et personne n'était réputé brave et noble, qui
ne revînt, l'hiver, avec des vaisseaux lourds de butin (1). Et
un ancien auteur a pu dire des hommes du Nord, ses contemporains, « qu'ils cherchaient sur les vaisseaux, leur subsistance, et qu'ils *habitaient* la mer... » (2).

Les rois du continent eux-mêmes, s'adonnatent à la piraterie, ordinairement, pendant l'été, aux dépens des provinces
voisines, et ces pillages divers ne contribuaient qu'à augmenter la misère générale des populations (3). Le premier
nom de ces pirates, fut celui de *Vikingr*, ou roi des baies :
c'était, en effet, dans les baies qu'ils s'embusquaient, pour
exercer aisément leur piraterie (4), car les navires marchands suivaient en ces temps, les côtes, pour plus de
sûreté...

Tel était, au viiiᵉ siècle, l'état confus et troublé de ces pays
du Nord. De ces rois-de-mer, Ragnar Lodbrog, vint attaquer
la Bretagne, avec une flotte trop lourdement chargée, et qui
échoua sur les côtes anglaises. Ella, roi de Deira, marcha
contre le Vikring, qui fut fait prisonnier, et qui périt misérablement, au fond d'un cachot (5).

Il allait appartenir à Alfred le Grand, fils d'Ethelwulf, et
petit-fils d'Egbert, de lutter victorieusement contre les ten-

---

1. Wormius, *Mon. Dan.*, 269 : « Mos erat magnorum virorum
regum vel comitum, aequalium nostrorum, ut piraticae incumberent,
opes ac gloriam sibi acquirentes... Cf. Ynglinga Saga, c. 51.

2. Nigellus (826) dans un poème sur le baptême d'Harald :

> « Ipse quidem populus late permotus habetur,
> Lintre dapes quaerit, incolitatque mare. »

Langb., I, 400.

3. Verel., *Got. et Rol.*, 75 ; Yngl. Saga, c. 26.

4. Worm., *Monum Dan.*, 269 ; Yngl. Saga, c. 41 ; c. 11.

5. *Langb*, II, 277 ; *Matt. West.*, 314-316.

tatives de conquête de l'Europe, par les éléments scandinaves.

La mort d'Egbert, en 836, avait arrêté, un moment, l'extension du royaume saxon de l'ouest, car son sceptre était tombé aux mains débiles de son fils, Ethelwulf. Celui-ci était moine, au temps de son avènement. Elevé pendant les premières années de sa vie, par Helmstan, évêque de Winchester, il avait partagé, au début, les dangers et les fatigues de la vie militaire d'Egbert. En 823, il avait marché contre Alstan, dans le Kent, après la défaite de la Mercie, et son père l'avait établi roi de ce pays (1). Mais éloigné, par ses dispositions naturelles, timides et calmes, de la vie ambitieuse, il revint à son premier éducateur, qui le recommanda à Swithin, prieur du monastère de Winchester, qui l'instruisit en théologie, et lui conféra les ordres mineurs du sous-diaconat (2).

Les douceurs de la vie calme qu'Ethelwulf ambitionnait, ne lui furent pas refusées par Egbert, auquel il était né un premier héritier du trône. Mais celui-ci étant mort avant son père, Ethelwulf resta le seul descendant de Cerdic, l'ancêtre des princes saxons de l'ouest. L'avènement du fils d'Egbert fut ardemment souhaité par le peuple, et les dispenses nécessaires pour relever Ethelwulf de ses vœux, étant venues de Rome, celui-ci put, enfin, monter sur le trône du Wessex.

Sans capacités politiques prononcées (3), Ethelwulf eut la fortune d'avoir à ses côtés, un ministre énergique et avisé, Alstan, évêque de Sherborne, qui avait longtemps joui de la confiance d'Egbert lui-même. Ce fut lui qui régna, en fait, sur le Wessex, pendant cinquante ans, s'efforçant d'accou-

1. On lit dans une charte d'Egbert, de 823, cette mention d'Ethelwulf : « quem regem constituimus in Cantia ». Thorpe, *Reg. Roff.*, 22.
2. Rudborne. *Hist Mag. Winton*, lib. III. c. 1. Anglia Sacra, vol. 1 ; Malm. Pontiff, 242.
3. Will. Malm., 247.

tumer le roi aux devoirs de sa charge ; de maintenir la paix à l'intérieur du royaume, et de fortifier sa puissance militaire.

Ethelwulf avait épousé Osberga, fille d'Oslac, qui descendait de ce chef, qui au temps de Cerdic, avait obtenu le gouvernement de l'île de Wight (1). La reine, après avoir donné trois fils (2) à Ethelwulf, mit au monde celui qui devait être Alfred le Grand, à Wantage, dans le Berkshire. Répudiée par son époux, quand Alfred eut six ans, elle le confia à Swithin, l'éducateur de son père. Ce dernier entretint en lui les sentiments de piété qui furent toujours si fervents, chez Alfred.

En ces années, les succès des Normands en France, ayant augmenté leur ambition, chacune de leurs nouvelles attaques contre l'Angleterre, devenait plus formidable que la précédente. En 851, pour la première fois, ils tentèrent d'hiverner dans l'île de Thanet (3), et au printemps de l'année 852, avec trois cent cinquante vaisseaux, ils s'avancèrent sur la Tamise, pillèrent Canterbury et Londres, et pénétrèrent dans la Mercie.

Ce dernier pays avait été gouverné par Withlaf, jusqu'en 838. Son père Bertulf lui succéda ; il régnait sur la Mercie, quand les Normands pénétrèrent dans ses Etats ; il tenta de les repousser, mais fut défait par eux (4).

Les Normands, après cette victoire, se retournèrent vers le sud, et envahirent Surrey. Les Saxons de l'Ouest, sous la conduite d'Ethelwulf et de son fils Ethalbald, se rencontrèrent avec les Normands, à Aclea, — ou champ des chênes, où après une lutte acharnée, les Anglais triomphèrent des

1. Asser, *de rebus gestis Alfredi*, 4. éd. Ox., 1722.
2. *Ibid.*, 3.
3. *Sax. Chron.*, 74 ; Asser., 5.
4. Ingulf, 11 ; *Sax. Chron.*, 74 ; Flor. Wig., 275.

Normands qui avaient été défaits, auparavant, à Wenbury, par un earl de Devonshire ; Aethelstan, roi feudataire du Kent, et Ealhere, avaient remporté, à Sandwich, un succès analogue, et ils avaient pris et incendié neuf vaisseaux des Normands (1).

La dynastie des rois merciens allait bientôt toucher à sa fin. En 852, Beortulf eut pour successeur Burrhed, dernier roi de Mercie, qui l'année suivante, sollicita l'aide d'Ethelwulf, contre les Bretons du pays de Galles (2). Burrhed avait déjà livré une bataille, au cours de laquelle Merfyn Frych, le roi breton, avait succombé : Roderic lui avait succédé, qui obtint dans l'histoire galloise, le surnom de *Mawr*, ou grand. Il subit l'invasion victorieuse des forces coalisées d'Ethelwulf et de Burrhed, qui pénétrèrent jusqu'à Anglesey (4). Ethelwulf donna sa fille, Ethelswitha, en mariage au roi de Mercie (5), et les épousailles furent célébrées à la résidence royale de Chippenham.

En 853, les vikingr, apparurent encore, dans l'île de Thanet : Ealhere, avec les armées du Kent, et Hudda, avec celles de Surrey, et après bien des vicissitudes, les pirates remportèrent une importante victoire (6).

Quand Alfred eut cinq ans, le roi, son père, bien qu'ayant

1. Asser., 6. Voltaire a confondu cette invasion, avec celle qui fut dirigée contre Ethelred, à un siècle de distance. « On prétend, écrit-il, qu'en 852, ils remontèrent la Tamise avec trois cents voiles. Les Anglais ne se défendirent pas mieux que les Francs... Un roi nommé Ethelbert suivit le malheureux exemple de Charles le Chauve... » *Essai sur les mœurs*. Cf. *Sax. Chron.*, 74 ; Henr. Hunt., 345 ; Flor. Wig., 291 ; Ethelw., 841 ; Will. Malm., 37.

2. Asser., 6.

3. *Wynne's History*, 27.

4. Asser., 7 ; Wynne, 27 ; *Sax. Chron.*, 75.

5. Asser., 7 ; Matt. West., 305.

6. Asser., 7.

trois fils plus âgés, résolut déjà. de faire du plus jeune, son successeur. Il l'envoya. en effet, à Rome, avec une suite nombreuse, et à la requête d'Ethelwulf, la tradition rapporte que le pape lui donna même l'onction royale (1).

La préférence (2) du roi pour Alfred semble avoir été marquée, et justifia même, au dire de Mathieu de Westminster, les rébellions intérieures qui se produisirent, sous le règne d'Ethelwulf. Ce dernier, se rendant à Rome, en 855, y conduisit Alfred, pour la seconde fois, et reçut au cours de son voyage, l'hospitalité de Bertinus et de Grimald, avec qui Alfred se lia d'une amitié, qui devait durer pendant tout son règne (3).

Avant de partir pour Rome, le roi affranchit les biens ecclésiastiques. de toutes charges, tant réelles que personnelles, grevant les biens-fonds, sous le régime de la loi anglo-saxonne (4). Comme le pèlerinage de Rome se faisait par terre, à cette époque, Ethelwulf traversa la France, où le roi Charles, le reçut avec distinction. Le roi des Saxons de l'ouest, apportait au pape, de magnifiques présents : c'étaient, disent les chroniqueurs, une couronne d'or pur, deux vaisselles, un glaive, des images d'or ; quatre plats saxons d'argent, et de riches tissus qu'Anastase énumère avec complaisance. ainsi que deux colonnes votives d'or et d'argent, pour le clergé et le peuple romains (5).

1. Flor. Wig.. 296 ; Sim Dun , 139 ; Matt. West , 307.
2. « Cum communi et ingenti patris sui et matris amore supra omnes fratres suos ». Asser., 15 ; Matt West , 307 ; Sinn Dun., 141 ; Flor. Wig., 297. « Filium suum Aelfredum, iterum in eandem viam *secum ducens eoquod illum plus ceteris filiis diligebat.* » Asser., 8.
3. Vita Grimbaldi. Lell. Coll., I, 18.
4. Will. Malm., 41 ; Matt. West., 306.
5. Anast., *Biblio. de vitis Pontif.*, I, 403. Ed. Rome, 1718 ; Asser., 9.

Ethelwulf demeura pendant un an à Rome, et y réédifia l'école saxonne qu'Ini avait fondée. Pendant son séjour, il obtint du pape que les pèlerins anglais, ne fussent plus désormais chargés de fer, dans les pénitences publiques (1).

En revenant par la France, il s'éprit au mois de juillet 856, et en dépit de sa vieillesse, de Judith, fille de Charles, et Hincmar célébra cette union tardive, au mois d'octobre de la même année. Judith couronnée, était admise à partager effectivement la dignité royale, et devait être la véritable éducatrice du roi Alfred.

Ethelwulf, à son retour en Angleterre, l'an 856, se trouva en présence d'une révolution accomplie, dans le Wessex, par l'évêque Alstan, qui avait conspiré avec l'earl de Somerset, et les grands du royaume, pour assurer à Ethelbald, l'aîné des princes légitimes, la succession au trône, et pour en écarter Alfred (2). Le prétexte donné au peuple, et accepté par lui, fut l'élévation d'une femme et d'une étrangère, au trône, qu'avaient souillé, naguère, les vices et les crimes d'Eadburga (3). De plus, la visite d'Ethelwulf à Rome, avait été impopulaire ; car avant de l'entreprendre, deux rois du Wessex, Ceadwalla et Ini, avaient abdiqué au préalable, la dignité royale, et ce séjour prolongé dans la Ville, semblait avoir revêtu à nouveau, Ethelwulf, aux yeux de ce peuple guerrier, du caractère ecclésiastique qu'il avait dépouillé, en montant sur le trône.

Les conjurés s'assemblèrent en armes, dans la forêt de Selwood, et mirent leur plan à exécution. Quand Ethelwulf revint, en 856, il se trouva en présence d'une révolution

1. Anast., 317 ; Rudborne, 202 : *Annales Bertiniani*, 72 ; Asser., 8.
2. Matt. West., 308. Rudborne, 201. « Quod filii insurrexerunt contra patrem propter invidiam quod frater minimus, Alfredus, ante omnes iniunctus erat in regem jussione paterna. »
3. Asser., 10, 11.

accomplie, qu'il ne pouvait songer à combattre, et qu'il accepta. Les nobles assemblés de tout le Wessex, ne voulurent point le détrôner entièrement : il fut décidé qu'Ethelbald posséderait la partie la plus avantageuse des états saxons, celle de l'ouest (1), et qu'Ethelwulf se contenterait des districts du sud, sur lesquels Ethelstan avait seulement régné. Le roi, par indifférence sénile, ou devant les forces conjurées de ses adversaires, se résigna à cette solution, et au fait accompli pendant sa trop longue absence.

Ethelbald ne régna que peu d'années sur le Wessex : le vieux roi ne survécut que deux ans à l'acte qui l'avait dépouillé, et Ethelbald mourait, trois ans après son père (856-860).

Ethelwulf, par son testament, léguait ses possessions territoriales à ses trois fils : Ethelbald, lui-même, n'était pas oublié, dans ces libéralités, et il semble que ce soit une dernière pensée chrétienne, qui ait inspiré au roi spolié, une telle magnanimité (2).

Peu après le décès d'Ethelwulf, Ethelbald épousa sa veuve, Judith, au mépris des préceptes du droit canon. Il paraît l'avoir répudiée, sur les instances de Swithin, et le reste de sa vie, selon les chroniqueurs, fut rempli par des pratiques de justice et de piété. Il mourut en 860 (3).

Quelque temps après la mort d'Ethelbald, Judith vendit ses possessions en Angleterre, et retournant vers son père, elle vécut à Senlis, en souveraine. Ce fut là que la vit Baudouin de Flandres qui l'épousa, et auquel le roi de France reconnut la possession des territoires entre la Sambre et la

---

1. Asser., 9 : « ... occidentalis pars Saxoniae semper orientali principalior est... » ; Epist. Lupi., *Bib. May. Pat.*, III, 623.
2. Asser., 13.
3. Asser., 23 ; Matt. West., 310 ; Redborne, 204.

mer, fortifiant, ainsi, son royaume même contre les invasions normandes (1).

A la mort d'Ethelbald, vers 860, le royaume de Wessex échut à Ethelbert, son frère, qui avait précédemment régné dans le Kent, le Surrey et le Sussex. Sous son règne, la paix de l'Angleterre fut encore troublée par une invasion nouvelle des Normands, qui apparurent, soudain, près de Winchester et ravagèrent tout le pays environnant. Ils furent néanmoins, poursuivis et défaits, par les earls d'Hampshire et de Berkshire. En 864, après une incursion en France, ils revinrent hiverner dans l'île de Thanet, et dévastèrent toute la région du Kent (2). Ethelbert mourait prématurément, en 866, après un règne honorable de six ans, et fut enterré dans Shireburn. Il laissait des enfants que leur âge écarta du trône, auquel fut appelé son frère, Ethelred.

Les débuts de la vie d'Alfred, avaient été marqués par ses voyages à Rome, et ç'avait dû être pour le jeune Saxon, un sujet d'étonnement sans cesse renouvelé, que ces spectacles si nouveaux, que ces mœurs, si différentes de celles de sa patrie. Les monuments de l'art antique durent parler à son imagination naissante, et sans doute, devant leurs vestiges, se prit-il à méditer sur le néant de la gloire humaine... Dans sa huitième année, son séjour à la cour de France, lui avait révélé cette urbanité franque, alors unique dans l'ancien monde.

De sa huitième à sa douzième année, il ne paraît guère, selon les données de la tradition, qu'avoir voyagé en Irlande, pour y visiter une certaine Modwenna (3), réputée pour sa science, et pour sa sainteté. Mais il n'y a qu'incertitude sur

1. *Annales Bertin*, VII, 77 ; Meyer, *Annales Flandriae*, 13.
2. Asser., 14 ; *Chron. Theod Kiow*, dans *Langb.*, I, 554.
3. *Hist. aurea Johan. Tinmuth*. Mss., Bibl. Bodl., I, 197.

cette période de la vie du futur roi, qui déjà, s'était attaché à la poésie anglo-saxonne, dans sa rudesse primitive, et dans sa naïveté. Il aimait à l'entendre réciter (1), et peut-être rêvait-il, déjà, de jouissances intellectuelles, plus vives et plus hautes.

La reine Judith lui avait enseigné la lecture, à l'âge de douze ans, et ce fut là, l'origine de sa culture singulière, et de son application future à l'étude. Mais ces études rudimentaires ne firent que donner au jeune Alfred, la claire conscience de son ignorance, et il rêvait de la révélation des monuments de la langue latine, après avoir contemplé les vestiges de la ville impériale.

Le goût de l'étude ne l'avait pas détourné des exercices du corps : il chassait jusqu'en Cornouailles (2), bien que souvent débilité par les accès d'une fièvre intermittente, dont il souffrait, depuis l'enfance.

Maintes fois, il se détournait de son chemin pour visiter les lieux saints ; pour distribuer des aumônes, et pour faire ses dévotions. Il s'agenouillait, en silence, sur la tombe de quelque ermite, restait perdu, longtemps, dans sa méditation, et trouvait en elle, la sagesse et la règle de sa conduite (3).

A l'avènement d'Ethelred, une grande confédération se forma parmi les Normands, comprenant des Jutes, des Suédois, des Norvégiens, des Danois, et des Russes : elle devait attaquer les côtes anglaises, sous la conduite de huit rois, et de vingt earls, parmi lesquels se trouvaient les trois fils de Ragnar, Halfden, Ingwar, et Ubbo. Par suite d'une erreur

1. Asser., 16.
2. *Ibid.*, 17.
3. *Ibid.*, 40 ; Flor. Wig. 309 ; Whit. Neot., 109.
4. Langb., II, 278 ; Saxo, 176 ; Albeverl., 92 ; Hen. Hunt., 347 ; Matt. West., 316 ; Sim. Dun., 13.

des pilotes, la flotte partie de la Baltique, passa la Northumbria, et aborda sur les côtes de l'Anglia orientale. Au printemps de 867, les Normands marchèrent contre le Yorkshire, et le 1er mars, ils attaquèrent York même. Osbert et Ella, qui avaient conclu la paix, accompagnés de huit carls, vinrent assaillir, le 12 avril, les Normands, près d'York. Les Danois, surpris par cette attaque, se réfugièrent dans la cité. Mais les Anglais, trop pressés de profiter d'une premier succès, les y suivirent, et ayant abandonné la discipline qui faisait leur force, ils livrèrent de tous côtés des combats, par les rues, où ils étaient massacrés par ces barbares du nord, dont la supériorité individuelle, les écrasait. Osbert fut tué dans la mêlée, tandis qu'Ella, tombé vivant aux mains des fils de Ragnar, fut ainsi supplicié : on lui découpa le dos en lamelles, et l'on répandait du sel marin sur ses plaies avivées (1).

Après cette bataille décisive, la Northumbria n'apparaît plus comme un royaume anglo-saxon. Les populations (2), au delà de la Tyne, reconnurent Egbert, pour leur souverain, mais il fut détrôné au bout de quelques années, par un certain Ricseg, au règne éphémère, et en 876, il mourut de chagrin, devant les ruines de sa patrie. Un autre Egbert fut appelé, momentanément, à cette royauté illusoire, dont il fut bientôt déchu par Ingwar, le Danois, qui régna en Northumbria, de l'Humber, à la Tyne. Les Normands ne voulaient plus seulement combattre pour piller, mais ils s'efforçaient désormais, d'occuper et de conquérir, et si les armées normandes songeaient encore au pillage, la préoccupation de leurs chefs était de s'assurer des états, et peut-être, un trône.

1. Sim. Dun., 14 ; Asser , 18 ; *Frag. Isl.* Lang . II, 279 ; Saxo, 177.
2. Sim. Dun., 14 ; Matt. West , 325-328 ; Leland's Collect , II, 373.

Alfred, âgé de dix-neuf ans, avait été élevé par son frère, à la participation de la dignité royale, et épousait, parmi ces troubles incessants, la princesse Ealswitha, fille d'un noble mercien. La ferveur avec laquelle Alfred, dans son *Boëce*, parle des affections conjugales, semble s'être inspirée des joies d'une union très heureuse...

Les Normands, poursuivant leur plan d'envahissement et de conquête, s'étaient séparés en plusieurs corps. L'un d'eux rebâtit York, cultiva les régions environnantes, sous la conduite probable d'Ingwar (1). Un autre corps passa en Mercie, en 868, et s'établit à Nottingham (2), où il hiverna. Alarmés par l'approche de tels ennemis, le roi Burrhed et ses nobles envoyèrent une ambassade aux Saxons de l'ouest, pour solliter leur assistance. Ethelred répondit à ses instances, en rassemblant toutes les forces de son royaume, et les armées réunies de Wessex et de Mercie, marchèrent sur les frontières, par lesquelles les envahisseurs avaient pénétré.

Ils trouvèrent les Normands, en possession de Nottingham, et les Danois se rendant compte de la supériorité numérique et effective des armées alliées, se retranchèrent dans les murs de la citadelle. Les Anglo-Saxons ne purent rompre cette ligne de fortifications, et ils furent encore contraints à une paix, au seul avantage des Danois. Les envahisseurs devaient se retirer sur York, et les rois du Wessex se contentant d'avoir délivré la Mercie, s'éloignaient, inconscients du danger que présentait toujours, une occupation des Normands, même précaire, en Bretagne (4).

Les Normands se retirèrent dans York, avec un large

1. Sin. Dun. Vita Sancti Cuthberti, 74.
2. Asser., 19.
3. Ingulf., 20.
4. Asser., 20.

butin (1) : ils y demeurèrent pendant un an. Au printemps de 870, ils marquèrent la quatrième de leur occupation de l'Angleterre, de la campagne la plus meurtrière qu'ils eussent encore entreprise. Ils suivaient le Lincolnshire, et abordèrent à Humberstan, dans le Lindesey.

Les Normands s'avançaient, comme un véritable fléau, détruisant le monastère de Bardeney, dont ils massacraient tous les moines, et ils passèrent tout l'été, à désoler et à ravager toutes les régions environnantes. Avec le même succès, ils passèrent le Witham, et pillèrent le district de Kesteven (2), dont le souverain ne fit aucun effort de résistance.

Mais au mois de septembre, le courageux earl Algar, fit une levée générale de toute la jeunesse d'Hoiland ; ses deux sénéchaux, Wibert et Leofric, rassemblèrent trois cents hommes bien armés, dans Deeping, Langtoft, et Boston : deux cents autres les joignirent, du monastère de Croyland. Ces derniers étaient composés, en majeure partie, de fugitifs, conduits par Tolius, qui avait pris la bure, mais dont les talents militaires avaient été renommés, avant son entrée dans la vie religieuse. Morcard, lord de Brunne, vint avec tous ses alliés, qui étaient nombreux et intrépides. Osgot, shériff de Lincoln, et vétéran des armées saxonnes, put réunir encore, cinq cents hommes, dans son comté. Et tous ces combattants, assemblés dans Kesteven, jurèrent de mourir pour leur indépendance, ou d'arrêter les progrès de leurs sauvages envahisseurs.

Le jour de la saint Maurice, ils attaquèrent les avant-postes des Normands, avec une si intrépide bravoure, qu'ils massacrèrent trois de leurs rois, et nombre des leurs. Ils

1. Ingulf., 18, 20 ; *Sax. Chron*, 80 : Asser., 20.
2. Ingulf., 20 ; Camden, 439.

chassèrent le reste de l'armée, jusqu'à ses retranchements, mais quand la nuit fut très avancée, le vaillant earl dut ordonner la retraite de sa nôble armée (1).

En toute hâte, les autres rois des Normands, qui s'étaient répandus par tout le pays, pour le piller : Godurn, Bacseg, Oskitul, Halfden, et Amond, se joignirent à Frena, Ingwar, Ubbo, et aux deux Sidrocs, pour réunir les corps d'armée dispersés, et pour marcher, à nouveau, contre les Anglais ; les Normands emportaient avec eux, un butin considérable, et l'arrière-garde de l'armée, comprenait avec les chariots et les bagages, les femmes et les enfants.

La nuit, à l'approche de forces aussi considérables, les Anglais démoralisés, s'enfuirent, pour la plupart, à la faveur des ténèbres. Seule, la brave phalange d'Algar, se groupa résolument autour de son chef, bien qu'elle eût déjà été diminuée de nombre, au cours des précédents combats. Il plaça, à sa droite, au poste le plus dangereux, le brave Tolnis, avec cinq cents de ses plus intrépides compagnons ; il leur adjoignit Morcard, et les siens. Sur sa gauche, se déployaient Osgot et ses cinq cents soldats, avec Harding de Rehale et ses gens, et les jeunes guerriers de Stamford. Algar lui-même, occupait le centre avec ses sénéchaux, prêt à se porter au secours de la ligne de bataille qui faiblirait, la première, au cours de l'action.

A l'aube, les Normands avaient enterré leurs trois rois, au lieu dénommé Trekyngham, et laissant deux de leurs chefs, garder les derrières de l'armée, le camp, et les captifs, ils s'avancèrent, avec quatre rois à leur tête, contre les Anglais.

Leur attaque devint bientôt, furieuse : les Anglais, en raison du petit nombre de leurs combattants, avaient formé le carré : s'abritant, d'un mouvement uniforme, der-

4. Ingulf, 20-21 ; *Chron. St. Petri de Burgo*, 16.

rière leurs boucliers, ils bravaient les traits de l'ennemi, et de leurs lances en arrêt, ils repoussèrent tout le jour, les charges de la cavalerie normande. Le soir, ils gardaient leurs positions entières.

Les Normands, las du combat, changèrent soudain, de tactique, et feignirent une retraite désordonnée. Malgré les objurgations de leurs chefs, les Anglais voulurent poursuivre leurs assaillants, et compléter leur victoire, bien qu'en fait, et dispersés, ils allassent à la mort et à la défaite. Ils oublièrent que c'était l'habileté de leurs chefs, plus que leur propre bravoure, qui les avait protégés : ils allaient, méconnaissant le nombre et la supériorité de leurs ennemis, qu'ils voyaient fuir, et qu'ils voulaient vaincre, et anéantir. Les Anglais se dispersèrent malencontreusement, dans leur poursuite acharnée de l'ennemi, et ils offrirent à celui-ci, tous les moyens de les écraser. Bientôt, les Normands s'étaient ralliés, et se ruaient sur les Anglais isolés, parmi eux, qu'ils abattaient à leurs pieds, en dépit de leur courage individuel. Algar et sa troupe héroïque, attendaient sur une éminence, dans leur calme courage, comme de nouveaux Spartiates, leur mort imminente, n'étant plus même soutenus, par l'espoir chimérique d'une victoire. Les six chefs voyaient étendus autour d'eux, leurs meilleurs soldats, qu'ils vengeaient chèrement, de leurs derniers et formidables corps : le soir, montés sur les cadavres de leurs téméraires compagnons, ils expiraient, percés de coups, après avoir, un moment, arrêté, l'invasion normande de l'Angleterre (1).

Quelques jeunes gens de Sutton et de Gedeney, après avoir jeté leurs armes dans un bois, coururent au monastère de Croyland, pour y annoncer et la défaite des armées anglaises, et la venue prochaine des Normands. L'abbé

1 Ingulf., 20, 21.

accueillit la nouvelle avec la résignation d'un martyr, et demeurant en ces lieux, avec quelques moines âgés et quelques enfants, il fit charger aux religieux jeunes et valides, tous les trésors de l'abbaye sur le vaisseau, qui emportait les reliques, les vases précieux, et des chartes de fondation : on ne laissa d'autre richesse dans le monastère, que le maître-autel d'or, autour duquel, les religieux allaient bientôt trouver la mort.

Les flammes de l'incendie, allumé dans les villages de Kesteven, s'étendaient vers Croyland, et déjà l'on entendait les clameurs plus distinctes, des barbares. L'abbé s'était vêtu de ses ornements, et entouré de ceux dont l'âge trop tendre ou trop avancé, avait empêché la fuite, il attendait au pied du chœur, l'arrivée de l'inexorable ennemi.

Les hurlements des Normands répondirent, bientôt, aux chants sacrés, et l'abbé tendait la gorge au coutelas du féroce Oskitul. C'étaient, plus loin, des enfants et des vieillards que l'on torturait, pour leur arracher le secret des lieux, où les trésors de l'abbaye avaient été enfouis ; les tombes étaient profanées ; les monuments, renversés, et seul, un enfant de dix ans, dont la beauté avait touché l'un des Sidrocs, fut épargné. Le troisième jour, quand les barbares s'éloignèrent, un nouvel incendie embrasait les campagnes environnantes, alors qu'à l'horizon plus lointain, l'on n'apercevait que les derniers décombres fumants, des précédents sinistres (1).

Les Normands que la victoire même et le pillage ne pouvaient lasser, se mirent en marche contre Peterbourough : là, s'élevait un monastère, d'une merveilleuse architecture, et où pendant deux siècles, les manuscrits les plus précieux avaient été jalousement renfermés. Les moines résistèrent avec courage, et défendirent leur monastère comme une for-

---

1. Will. Malm., *De Gest. Pont*, 292-295 ; Camd. 408.

teresse. Une pierre même blessa grièvement, un frère d'Ubbo : ce fut chez les Normands, le signal d'un suprême effort, suivi d'atroces cruautés. L'abbé et les moines furent massacrés, et pendant quinze jours le feu ne cessa de dévorer l'abbaye, ses vastes domaines, et ses inappréciables trésors.

Se dirigeant vers le Sud, les Normands marchèrent sur Huntingdon. Au passage de la Nen, alors que les deux Sidrocs surveillaient les bagages de l'armée, deux convois, traînés par des bœufs, et chargés de butin, furent entraînés par le courant. Profitant du désarroi qui suivit cette perte, l'enfant du monastère de Croyland, que Sidroc avait pu sauver de la mort, parvint à s'échapper, par le bois le plus prochain, et après avoir marché toute la nuit, il aperçut, au matin, les ruines fumantes de son abbaye.

Là, des moines étaient revenus, et s'efforçaient d'arrêter les ravages des flammes : l'enfant leur fit le récit de la mort de l'abbé et de ses compagnons. L'on s'en fut chercher leurs cadavres, et après qu'on eût mêlé leurs ossements, ces martyrs de la barbarie, furent inhumés au pied des autels, où ils étaient tombés (1).

Après avoir dévasté le Cambridgeshire, les Normands envahirent l'Anglia orientale (2), dont la couronne appartenait à Edmund, roi faible, aux paisibles vertus, et qui était peu préparé à faire face, avec énergie, à de pareils assaillants. Ingwar, se séparant d'Ubbo, s'avança vers les lieux de la résidence d'Edmund. Abbo a laissé, dans sa chronique, une peinture saisissante des scènes d'atrocité, qui se succédaient

---

1. Ingulf, 22-24 ; *Chron. Petrib.*, 18-20.

2. Abbo Floriacensis (xe siècle). Mss. Cott. Library. Tib. B., II, 3. Ce traité d'Abbo a été imprimé dans *Acta Sanctorum*, édition de Cologne, 1575, vol. VI, 465-472.

sur la route des vainqueurs normands (1). Ingwar qui avait entendu vanter les talents militaires d'Edmund, voulut surprendre celui-ci, avant qu'il pût lui opposer une armée prête à la bataille (2. Quand il fut attaqué par les Normands, Edmund demeurait, insouciant, à Hagilsdun (3) : son armée, conduite à l'aventure, par Ulfketul, fut définitivement vaincue, dans le sanglant combat de Thetford (4).

Comme Ingwar s'approchait de la résidence royale, il envoya à Edmund l'un de ses thanes, porteur d'une sommation hautaine, d'avoir à livrer ses trésors ; à embrasser la foi du vainqueur, et à régner sous sa domination, soumis à ses volontés : « Et qui es-tu, poursuivait-il, pour résister à notre pouvoir ? Les orages de l'Océan ne nous détournent pas de notre expédition, mais servent à porter nos vaisseaux ! Ni les grondements furieux du ciel, ni la lueur des éclairs, ne nous ont jamais causé de dommage ! Soumets-toi donc, avec tes sujets, à un maître qui a dompté les éléments ! » (5).

En recevant ce message comminatoire, Edmund retrouva la dignité et le courage, qu'il n'avait pas montrés sur les champs de bataille. A l'un de ses évêques, qui lui conseillait de fuir, le roi répondit avec indignation : « Je ne saurais

---

1. « Maritus cum conjuge aut mortuus aut moribundus jacebat in limine ; infans raptus a matris uberibus, ut major esset ejulatus, trucidabatur coram maternis obtutibus... ». Abbo, Ms., 3.

2. « Cum semper studeat rapto vivere, nunquam tamen indicta pugna palam contendit cum hoste, nisi preventa insidiis, ablata spe ad portus navium remeandi ». *Ibid.*, Ms , 6

3. « La colline des Aigles » : non loin de Diss, dans le Norfolk. Cf. Camden, 375

4. Ingulf., 24 : Asser., 20 ; Matt. West., 318.

5. « Et quis tu, ut tantae potentiae insolenter audeas contradicere ? Marinae tempestatis procella nostris servit remigiis, nec movet a preposito directae intentionis Quibus nec ingens mugitus coeli, nec crebri jactus fulminum unquam nocuerunt. Esto itaque, cum tuis omnibus, sub hoc imperatore maximo cui famulantur elementa » Abbo., Ms. cit.

survivre à mes chers et loyaux sujets ! Pourquoi me suggérer d'abandonner mes compagnons d'armes ?... Il est plus
honorable de mourir pour mon pays, que de l'abandonner :...
alors, la lumière du ciel me deviendrait odieuse... » (1). Il
fit alors venir l'envoyé danois, et il lui parla, en ces termes
élevés : « Dis à ton maitre que je ne suis ni terrifié par ses
menaces, ni leurré par ses promesses... Vous pourrez détruire
mon corps débile, mais sachez que mon âme libre, ne s'hu-
miliera point, un instant devant lui !... La mort est préféra-
ble à la servitude... D'ici-bas, mon esprit s'élèvera vers les
cieux, sans être souillé par quelque dégradante soumission...
Que m'offrez-vous de régner sur un peuple que vous avez
exterminé, et alors que mes sujets qui survivent, ne connai-
tront plus les douceurs de la vie ? » (2).

La fermeté de ces reproches, èt l'inébranlable constance
du roi, ne firent qu'exaspérer les Danois, qui ne tardèrent
pas à s'emparer de la personne d'Edmund. Le roi anglo-
saxon fut lié à un tronc d'arbre, et on le flagella, sans qu'on
entendit une plainte s'échapper de ses lèvres.

Les flèches des barbares lui perçaient les chairs, et la voix
d'Emund ne s'élevait qu'en prières. Las de ce courage tranquille au milieu des tourments, Ingwar vint décapiter, lui-
même, sa victime.

Ainsi, finissait, sous l'effort des envahisseurs, un autre
royaume de l'octarchie anglo-saxonne, qui avait si souvent
tourné ses armes contre elle-même, alors qu'elle eût dû se
fortifier contre les attaques éventuelles de ses ennemis du
dehors. Mais ce résultat qu'obtenaient les Normands, allait
bientôt, tourner contre eux-mêmes, puisque les Anglo-
Saxons, en s'éveillant au sentiment national, allaient prendre

1. Abbo., Ms.
2. *Ibid.*,

conscience de leur force par l'union, et lutter, sous une seule monarchie, contre le danger public de l'ennemi commun.

Les Normands placèrent Godrun, l'un de leurs rois, sur le trône de l'Anglia orientale, tandis que le frère d'Edmund s'enfuyait dans Dorset, pour y mener la vie d'un anachorète (1). Après l'instauration de Godrun, Ingwar revint auprès de son frère d'Ubbo, dans la Northumbria. Les autres Normands, sous la conduite d'Halfden et de Bacseg, deux de leurs rois, sortirent en hâte de l'Anglia orientale, pour aller envahir directement, le Wessex.

Ils pénétrèrent du Norfolk dans le Berkshire, sans rencontrer de résistance. Le troisième jour de leur campagne, leurs chefs avec des détachements importants de cavalerie, se livrèrent avec succès, au pillage, tandis que le reste de l'armée creusait un retranchement entre la Tamise et le Kennet, pour défendre ses campements.

Les Normands furent, cependant, repoussés à Inglefield, par l'armée saxonne qu'Ethelwulf commandait; Sidroc l'aîné, périt au cours de l'action (2).

Quatre jours après cette bataille, les rois du Wessex, Ethelred et Alfred, se mirent à la tête des armées saxonnes, et ayant rejoint les troupes d'Ethelwulf, ils attaquèrent les Normands, à Reading. Ils mirent en pièces tous les ennemis qui s'étaient aventurés hors de la citadelle, mais après une sortie générale des barbares, et la mort d'Ethelwulf, les Saxons de l'Ouest durent battre en retraite (3).

Les armées d'Alfred et d'Ethelred s'étaient précipitées aux combats, avec une hâte inconsidérée, mais quatre jours après, étant grossies de nouveaux renforts, elles se présentèrent à

1. Will. Malms, 250 ; Bromton, 807.
2. *Sax. Chron.*, 80 ; Sim. Dun., 125 ; Asser., 21.
3. Sim. Dun., 125 ; Asser., 24.

l'ennemi, à Æscesdun, ou Ash-tree Hill. Les Danois avaient réuni toutes leurs forces, qu'ils avaient divisées en deux corps : l'un, sous le commandement de leurs deux rois ; l'autre, sous la conduite des thanes. Les Anglais leur opposèrent une semblable conduite : Ethelred fit face aux rois normands, et Alfred marcha contre leurs compagnons. Il y eut dans les deux armées, la levée des boucliers, et la bataille commença.

Les Normands furent les premiers sur le champ de bataille. Ethelred, en proie, peut-être, à la prescience de son sort prochain achevait, sous sa tente, une prière commencée, et déjà, Alfred, impatient du danger, et au mépris de l'infériorité numérique de sa troupe, s'était rué au plus fort de la mêlée (1). Les rangs de l'armée anglaise cédaient, sous la pression des barbares, quand l'arrivée des troupes d'Ethelred, vint relever le courage des combattants. La longue et sanglante bataille s'acheva par la mort du roi Bacseg, et par celle de Sidroc, et les troupes danoises durent s'enfuir en déroute. Les Anglais les poursuivirent pendant toute la nuit, à travers les champs d'Ashdown, jusqu'à la citadelle de Reading, où elles se replièrent en hâte (2).

Quarante jours après cette défaite, les Danois réunirent assez d'hommes, pour l'emporter sur les rois du Wessex, à Basing : ils avaient reçu du Nord, d'importants renforts, qui venaient menacer la situation, déjà si compromise, des armées anglo-saxonnes (3).

Ces troupes nouvelles, animées du même désir de conquêtes violentes et de pillage, s'unirent fraternellement aux armées danoises, et deux mois après leur venue, elles

1. Asser., 22.
2. *Ibid.*, 23, 24 ; Flor. Wig., 307 ; *Sax. Chron.*, 81.
3. « Quo praelio peracto, de ultramarinis partibus alius paganorum exercitus societati se adjunxit ». Asser., 24.

défirent les princes du Wessex, à Merton : Ethelred fut mortellement blessé, et ayant expiré à Pâques de l'an 870, il fut inhumé à Wimburn (1).

La mort d'Ethelred avait élevé Alfred, au trône de Wessex. Quelques enfants de son frère aîné étaient alors en bas âge, mais les circonstances étaient trop critiques pour que l'on pût penser à couronner l'un d'eux. La witena-gemot choisit, à l'unanimité, Alfred qui, dit-on, hésita à accepter la royauté (2), quand tout conspirait à en rendre l'exercice incertain et dangereux. Et si les forces des Normands s'étaient accrues de leurs victoires, le nouveau souverain allait se trouver à la tête d'une population, affaiblie et diminuée par les guerres. Son règne devait lui apparaître, comme une longue suite de luttes et d'anxiétés, en ces temps difficiles. Les Saxons de l'ouest n'avaient-ils pas, déjà, supporté les fatigues et les pertes, de huit campagnes contre les Normands, sans compter les escarmouches de nuit et de jour, qui tenaient, sans cesse, la population saxonne, sur la défensive ? (3). La disparition progressive de l'octarchie anglo-saxonne, avait limité entre les Saxons du Wessex et les Normands, la lutte pour la prédominance en Angleterre, et pour l'occupation définitive de celle-ci, de même que les Anglo-Saxons, avaient combattu les Bretons, pour réaliser les mêmes desseins, après que les Bretons eux-mêmes, se fussent soulevés contre les Romains.

Un mois après l'avènement d'Alfred, en 871, les Danois attaquèrent, à l'improviste et en son absence, ses armées à Wilton (4), et la soudaineté de l'attaque des barbares, et le nombre de ceux-ci, amenèrent la défaite immédiate des

<hr>

1 *Sax. Chron.*, 81 : Matt. West.. 323 ; Henr. Hunt., 349.

2. Sim. Dun., 126-127 ; Asser., 24

3. Asser., 25 ; Flor. Wig., 311 Hoveden., 417 ; Ingulf., 25 ; Will. Malms.. 42 ; *Chron. Petrib.*, 21.

4. Bromton, 809.

Anglais. Alfred, cédant à la lassitude, fit une paix onéreuse avec les Normands (1), qui abandonnèrent ses territoires. Mais la paix ne pouvait être durable, puisqu'elle était conclue avec des barbares, déjà maîtres de la plus grande partie de l'Angleterre, et désireux d'y asseoir définitivement, leur domination. En 874, tous les Normands, même ceux qui s'étaient établis dans le Northumberland, marchèrent sur Londres, pour hiverner en cette ville, d'où ils pouvaient menacer la Mercie. Burrhed, roi de ce pays, négocia par deux fois, avec eux : mais au mépris des traités existants, les barbares entrèrent en Mercie, hivernèrent à Repton, dans le Derbyshire, dont ils détruisirent le célèbre monastère, où tous les rois de Mercie avaient leur sépulture (2). Burrhed abandonna son trône et son peuple aux barbares, et il s'en vint mourir misérablement à Rome (3).

Les Danois donnèrent la couronne de Mercie à Ceolwulf, officier de la cour de Burrhed : il jura fidélité, aux envahisseurs étrangers de sa patrie, leur paya un tribut, et leur promit aide et assistance, lorsqu'il en serait requis. Mais les Normands, devant ses exactions et sa tyrannie, le déposèrent bientôt, et jamais plus le royaume de Mercie, n'apparut dans l'histoire d'Angleterre. Lors du déclin de la puissance danoise, la Mercie fut définitivement incorporée au Wessex, par Alfred, et n'en fut plus désormais séparée (4).

L'Angleterre était alors divisée entre les deux puissances des Saxons de l'ouest et des Normands, et ces derniers avaient soumis tout le pays, à l'exception du Wessex.

Les envahisseurs se séparèrent en deux corps. Leur plus

1. *Sax. Chron.*, 82 ; Asser., 25 : Ethelw., 844.
2. « Monasteriumque celeberrimum omnium regum Merciorum sacratissimum mausoleum funditus destruxissent ». Ingulf., 26.
3. Asser., 26.
4. Ingulf., 27.

forte armée, sous le commandement de leurs trois rois, Godrun, Oskitul et Amund, s'avança de Repton à Cambridge, où elle hiverna, et séjourna pendant un an ; l'autre division des forces normandes pénétra dans la Northumbria, sous les ordres d'Halfden, pour achever la conquête de ce royaume, dont les Normands ne possédaient que la province de Deira. Leur invasion fut suivie de la conquête de la Bernicia, cependant que l'Ecosse faisait aux Normands sa soumission, et que le roi de Galles s'enfuyait en Irlande, pour se soustraire à leur poursuite (1).

Les trois rois du Nord, qui avaient hiverné à Cambridge, renouvelèrent leurs hostilités contre le Wessex, en 876. Abandonnant leurs positions, pendant la nuit, ils naviguèrent jusque dans le Dorsetshire, surprirent la place forte de Wareham, et ravagèrent les campagnes environnantes, Alfred, après une victoire navale incertaine, négocia une seconde paix avec les barbares, moyennant une indemnité de guerre. Les Normands jurèrent de garder la paix, de façon solennelle, en donnant leurs bracelets en gage, — les signes mêmes de leur noblesse —, et Alfred vint répéter le même serment, sur les reliques chrétiennes.

Mais les barbares devaient rompre, peu après, leur promesse : une nuit, ils massacrèrent tous les cavaliers d'Alfred, et s'emparèrent des chevaux, pour assurer la remonte de leur propre armée.

Alfred, en 877, avait remporté sur les Danois. une victoire navale, en équipent une flotte assez considérable de pirates, qui devaient empêcher le ravitaillement de l'armée danoise, et l'arrivée de ses nouveaux renforts. Cette flotte détruisit cent vingt vaisseaux normands, qu'elle fit échouer sur les

____

1. Ethelw., 814 ; *Sax. Chron.*, 83 ; Ann. Ulst.. 65.

rochers de Swanwick, près des côtes du Hampshire (1 .

Cette victoire, toutefois, fut sans lendemain, et Alfred s'étant mis à la tête de son armée, marcha contre les Danois qui l'avaient précédé dans Exeter. Se sentant incapable de les assiéger, ou de leur livrer assaut, il se contenta de demander aux barbares, de nouveaux otages, et il leur fit encore prêter l'illusoire serment de la paix (2), exigeant d'eux, moyennant une rançon, la promesse d'abondonner son royaume.

La conduite d'Alfred, pendant ces premières années de son règne, semble hasardeuse, inconsidérée, et inexplicable. Les qualités d'indomptable énergie, dont il faisait preuve, aux côtés de son frère, semblaient l'avoir abandonné, depuis la mort de celui-ci. Il se montrait, à l'envi, temporisateur, envers un ennemi qui, sous une hâte apparente, poursuivait méthodiquement, son plan de conquête. Il paraissait ne vouloir que gagner du répit, par des solutions transactionnelles, qui ne faisaient qu'ajourner l'événement certain, de périls toujours imminents. L'or de ses tributs et de ses traités humiliants, n'assurait à Alfred, qu'une sécurité précaire, et trop chèrement acquise, pour qu'elle fût durable.

Au mois de janvier 878, les Normands, grossis de nouvelles troupes, marchèrent encore contre le Wessex ; ils prirent possession de Chippenham (3), dans le Wiltshire où ils passèrent l'hiver, exerçant leurs déprédations sur les régions environnantes. Cette dernière invasion sema la terreur et la panique parmi les Saxons, qui ne sentant plus autour d'eux de protection effective, ni au-dessus d'eux, de

1. Matt. West., 328 ; Flor. Wig., 315 ; *Sax. Chron.*, 83 ; Ethelw., 845 ; Henr. Hunt., 350.

2. Asser., 28.

3. *Ibid.*, 30 ; *Sax. Chron*, 84 ; Ethelw., 845 ; Matt. West., 329 ; Henr. Hunt., 350 ; Alur. Bev. 105 ; Walling, 337.

direction puissante, se prirent à émigrer en France, ou à faire aux vainqueurs, — dont la cavalerie les harcelait, — leur soumission définitive. C'est alors qu'Alfred lui-même fut contraint à la fuite (1).

Les circonstances de cet acte, d'abandon et de désespoir, sont entourées de mystère : Alfred, après l'occupation danoise, enveloppa sa retraite d'un tel secret, que ses amis mêmes, commes ses ennemis, ignoraient et le lieu où il se cachait, et quelle avait été sa destinée. Il est probable que la détre se de sa patrie avait profondément touché le roi, qui ne sachant plus quelle résistance opposer au malheur et au sort acharnés, avait tout abandonné (2), et sa fermeté d'âme, et l'initiative de son beau courage. Après avoir disparu de son royaume, son dénuement fut extrême, et il parait n'avoir vécu que des contributions volontaires, ou forcées qu'il levait, et sur ses sujets, et sur les Danois eux-mêmes; la pêche et la chasse, devaient aussi pourvoir à sa subsistance (3). Il allait, errant par les bois et les marais, avec quelques rares et silencieux compagnons; parfois son âme inquiète cherchait l'entière solitude, comme pour y reprendre conscience de ce néant, qu'elle sentait depuis si longtemps, en elle-même.

Et ce n'étaient pas, à proprement parler, les défaites qui avaient chassé Alfred, de ses Etats (4) : il n'y avait pas eu,

1. « Quare ergo idem saepedictus Aelfredus in tantam miseriam saepius incidit ut nemo subjectorum suorum sciret, ubi esset, vel quo devenisset » Asser., 32.

2. « At rex Aelfredus tactus dolore cordis intrinsecus, quid ageret, quo se verteret ignorabat. » Matt. West., 329.

3. « Nihil enim habebat quo uteretur, nisi quod a paganis et etiam a christianis qui se paganorum subdiderant dominio, frequentibus irruptionibus, aut clam. aut etiam palam subtraheret. » Asser., 30.

4. Asser , 30 ; Henr. Hunt., 350 : *Sax. Chron.*, 84 ; Matt. West., 329.

sur les champs de bataille, d'action décisive des Normands,
depuis leur arrivée à Chippenham, ni d'éclatante défaite des
Saxons. La puissance des Danois était formidable pour
Alfred, mais non point invincible, à ses yeux, et quand, au
cours des années précédentes, il avait été attaqué par elle, il
lui avait opposé une résistance honorable, sinon héroïque.
Le mouvement rapide des Normands, dans le Wessex, n'était
pas pour le surprendre, puisque les barbares, depuis longtemps déjà, hivernaient par toute la Bretagne, et au hasard
de leur vie d'aventure. Le désarroi d'Alfred demeure inexplicable ; il céda sans volonté, à quelque accès de sombre
détresse, et l'on chercherait vainement, en ces tristes jours, la
trace d'une bataille, ou d'une tentative de résistance, malheureuse, mais digne, — car les Saxons bien qu'affaiblis, étaient
encore nombreux et pleins de courage, puisqu'à quelques
années de distance, une jeunesse guerrière devait répondre
à l'appel d'Alfred, redevenu maître de lui-même, et ayant
repris conscience de son devoir patriotique et royal.

Les chroniqueurs ont voulu voir, dans la fuite d'Alfred,
une pénitence qui lui avait été imposée, pour les excès de
sa vie de luxe et de dissipation, par l'ermite Neot (1). On lui

1. Mss. Coll. Cott., Vesp., 145 ; Julius. E 7.

« Pravos etiam ejus redarguens actus jussit in melius converti — nondum ad plenum recte regnandi normam assecutus, viam deserverat pra-
vitatis » Claud. MS. A 5. 154. Coll Cott.

« Quadam denique die solemni venientem ex more de tirannidis
improbitate et de superba regiminis austeritate acriter eum increpavit
Neotus. — Apponebat ei sanctum David - regum mansuetissimum et
omnibus humilitatis exemplar — afferebat et Saulem superbia reproba-
tum. — Spiritu atlactus prophetico, futura ei prædixit infortunia.
« Quid gloriaris », inquit, « in malitia »? Quid potens es in iniquitate,
elevatus es ad modicum et non subsistes et sicut summitates spicarum
conteris. Ubi est gloriatio tua ? at si nondum exclusa est, aliquando
tamen excludetur. Ipso enim regiminis principatu cujus inani gloria-
tione te ipsum excedendo superbis, in proximo privaberis »... MS. Claud.
p. 154.

a reproché, sans fonder cette assertion sur des documents probants, — et l'injustice de son règne, et l'orgueil de sa royauté. Ramsay, au xɪɪᵉ siècle, Matthieu de Westminster et John de Tinmouth (1), au xɪvᵉ, répètent, à l'envi, ces mêmes reproches. Asser, lui-même (2), jugeant avec sévérité. son royal ami, prétend que son adversité du moment, ne l'accabla point avec injustice.

La retraite d'Alfred serait plutôt la conséquence d'une obscure et longue mésintelligence, entre lui-même et son peuple. L'enfant royal, oint, par le pape, et dont les premiers regards s'étaient ouverts à la splendeur et aux évocations du monde antique, s'était toujours senti, — devenu roi, — le romain égaré parmi les barbares, qu'ils fussent Saxons ou Normands. Et il ressemblait singulièrement, à ces personnages consulaires qui, exilés de Rome par le caprice des Césars, gardaient sous des cieux étrangers, l'âpre nostalgie du sol latin. Sa culture profonde, et son goût des lettres, avaient été

---

1. Matt. West., 330 ; Mss. Tinmouth, Tibernis. B. 1 ; Wallingford, *Chron. Galle*, III, 535. 536.

2. « Quam siquidem adversitatem præfato regi illatam *non immerito* ei evenisse credimus ». Asser , p 31.

« Quia in primo tempore regni sui, cum adhuc juvenis erat, animo que juvenili detentus fuerat. homines sui regni sibi que subjecti, qui ad eum venerant, et pro necessitatibus suis eum requisierant, et qui depressi potestatibus erant, suum auxilium ac patrocinium implorabant : ille vero *noluit eos audire*, nec aliquod auxilium impendebat, sed *omnino eos nihili pendebat* ». *Ibid.*, 31.

« Quod beatissimus vir Neotus adhuc vivens in carne qui erat cognatus suus intime corde doluit ; maximamque adversitatem ab hoc ei venturam spiritu prophetico plenus praedixerat. Sed ille et piissimam viri Dei correptionem parvi pendebat et verissimam ejus prophetiam non recipiebat ». *Ibid.*, 32.

« Quia igitur quicquid ab homine peccatur aut hic, aut in futuro necesse est ut quolibet modo puniatur ; noluit verus et pius judex illam regis insipientiam esse impunitam in hoc seculo quatenus illi parceret in districto judicio ». *Ibid.*, 32.

la première cause du désenchantement qui l'assaillait, parmi
ses rudes compagnons. La connaissance et l'amour de l'antiquité, étaient la source de l'incurable tristesse, qui l'envahissait. à la vue de ce monde barbare, dont il se sentait à
jamais séparé. Asser dit bien qu'il encourut le *mépris* de son
peuple (1), mais n'en était-il pas le premier et souverain
contempteur ? Sa fuite que d'aucuns ont taxée de lâcheté,
est empreinte, plutôt d'une mélancolie raffinée, et d'une tristesse pensive : le roi semble avoir oublié les menaces de la
guerre : c'est dans les solitudes qu'il veut méditer, et se
souvenir du seul passé, qui l'attache au monde ; c'est là,
qu'il a fui tous les barbares qui l'entouraient. Et son âme
blessée s'y exalte et s'y désespère, jusqu'au jour du réveil
du sang saxon, dans Alfred, qui cédant aux brusques retours
de sa nature ardente et noble, se prend à aimer soudain, la
race libre et guerrière qu'il a méconnue, et à laquelle l'atta-
chent les liens d'une hérédité séculaire. C'est alors qu'il
regarde sa désertion, comme une trahison morale, et comprenant, enfin, le sentiment national, dont il avait perdu
l'écho, il se jure à lui-même, de se racheter avec les siens,
et d'être par la rédemption de sa patrie, le propre libérateur de sa conscience.

La vie d'Alfred, depuis sa retraite, peut être divisée en
quatre périodes : la première s'étend depuis son abandon du
trône, jusqu'à sa venue à Athelney ; la seconde, est remplie
de détails de sa vie, jusqu'à sa première tentative contre les
envahisseurs ; la troisième est marquée par les efforts qu'il
fit, pour relever l'indépendance de ses sujets, sans toutefois,
se faire connaître à ceux-ci ; — enfin la quatrième s'achève
par la grande bataille qui restaure Alfred, sur le trône.

1. « Verum etiam ab hostibus fatigari. adversitatibus affligi, *despectu
suorum deprimi...* », 31.

Sur la première période de la vie du roi fugitif, la source la plus ancienne, sinon la plus certaine, est la vie saxonne de saint Neot, écrite avant la Conquête Normande. On y lit du roi, que quand l'armée danoise approcha, « on le perdit de vue ; qu'il s'enfuit, laissant son peuple, ses trésors, et qu'il sauva sa vie ; qu'il allait, se cachant le long des fourrés, errant par les bois, et les landes, et que la Providence divine, le conduisit, sain et sauf, jusqu'à l'île d'Æthelney » (1).

La vie de saint Neot fut écrite du temps d'Alfred, et est citée par Asser. La version primitive en a été perdue, et il ne reste plus d'elle, qu'un manuscrit latin de la collection Cotton (Mss. Claud. A. 5), où l'on trouve le récit suivant : « Le roi voyant la rage et la cruauté des barbares, prêts à fondre sur lui, tandis que les siens étaient dispersés, hésita sur le parti à prendre pour lui-même... Sans armes et seul, il s'enfuit loin des ennemis... Il ne savait où se diriger, et se laissa guider par le sort, dans sa fuite, et il parvint à une place, environnée de tous côtés, de marais étendus... Ces lieux étaient aux frontières extrêmes de l'Angleterre, ..et étaient appelés *Ethelingaia*, ou île royale... »

La relation plus complète des mêmes faits, par Mathieu de Westminster, semble empruntée à la vie de saint Neot, par Ramsay. écrite un demi-siècle, après la précédente.

« Sur les frontières avancées du pays anglais, y est-il dit, se trouve un lieu, nommé *Æthelingeie*, ou île des nobles. Il est entouré de marais, et si inaccessible, qu'on n'y peut parvenir que sur une barque légère. Il renferme un grand bois, peuplé de cerfs et de chèvres, et d'autres animaux. Sa superficie est de deux acres d'étendue . c'est là qu'Alfred s'était réfugié, fuyant ses ennemis, et avait demandé asile, en frap-

1. Brit. Muss. Mss. Vesp., D. 14.

pant à la hutte d'un étranger. Il demeura près de celui-ci, pendant quelques jours, ...et son hôte lui ayant demandé qui il était, et qui il cherchait dans un pareil désert, il répondit qu'il était l'un des thanes du roi, et qu'après avoir été défait, il avait cherché, en ces lieux, un asile. Le berger croyant en ses paroles, et ému de pitié, lui donna tout ce qui pouvait être nécessaire à sa subsistance » (1).

Le même épisode est rapporté en des termes différents, dans Asser : « Il menait une existence incommode, chez le conducteur de troupeaux. Alors que la femme de cet homme cuisait son pain, le roi assis près du foyer apprêtait son arc. et ses armes de chasse... Soudain, la ménagère en colère, vit brûler son pain. Elle se précipita, et retira ses pains du feu, en s'écriant au roi : « Eh, l'homme ! ne pouviez-vous retirer du feu ces pains que vous voyiez brûler. et que vous ne ferez point de difficulté pour manger ?... » La mégère se doutait peu qu'elle s'adressait, ainsi, au roi Alfred » (2).

L'incident est encore relaté de façon émouvante, dans la vie saxonne (3).

« Il reçut l'hospitalité d'un porcher : l'homme et sa femme acariâtre, le servaient : il arriva qu'un jour d'hiver, la femme cuisant son pain, Alfred se chauffait près du foyer. Elle ignorait alors. qu'il fût roi : « Retire ces pains, afin qu'ils ne brûlent pas, lui dit-elle, pleine de colère ; car je t'en vois manger grandement, tous les jours... Il obéit. sans murmurer, à la mauvaise femme, et alors, en soupirant, le bon roi offrit au Seigneur, sa peine en sacrifice... » (4).

Par la suite, Alfred récompensa royalement le paysan, nommé Denulf, qui avait perdu sa femme. Il reconnut en

1. Matt. West., 329, 330.
2. Asser., 30. 31.
3. Mss Vesp., D. 14.
4. Cf. la même relation dans Mathieu de Westminster, 330.

lui, un homme de valeur, lui conseilla d'embrasser l'état ecclésiastique, et fit de lui, par la suite, un évêque de Winchester (1).

Ainsi Alfred vivait misérablement, et toutes les visions de la royauté, s'étaient évanouies comme un rêve, à ses yeux, pour faire place à la réalité de l'abandon et de la détresse, qu'il avait volontairement cherchés. Le roi puisa dans ces épreuves. une rare et sainte humilité, qui devint le plus noble ornement de sa couronne. Au cours de sa retraite, son cœur sensible s'était encore adouci ; sa jeunesse finissante s'était disciplinée ; sa foi était plus ardente, et son esprit s'était affiné et ennobli, par la méditation chrétienne, dans le malheur (2).

Quand il sortait de ses pieuses rêveries, c'était pour songer aux moyens d'arracher son pays à la servitude étrangère, et il appelait de ses vœux les plus chers, sa prochaine réconciliation avec son peuple. dans la communion d'une confiance et d'un espoir mutuels.

Pendant ces événements, en 878, Ubbo naviguant au nord du Devonshire, fut attiré par la place forte de Kynwith, où la plupart des thanes d'Alfred. s'étaient groupés autour de l'earl de Devon, dont ils avaient sollicité la protection. La place était sans vivres, et n'avait pour toute fortification, qu'un mur saxon. Mais Ubbo jugeant que la citadelle élevée sur des rochers, était difficile à prendre d'assaut, ailleurs qu'à sa partie orientale, résolut de prendre les assiégés, par la soif, et par la famine, et il commença aussitôt le siège de Kynwith.

Odun, earl de Devon, jugeant sa situation désespérée, et devinant le plan de l'ennemi, fit une sortie audacieuse, à

1. Will. Malms., 242 ; Flor. Wig., 348 ; Matt. West., 332 ; *Sax. Chron.*, 102

2 Asser., 31.

l'aube, et vint égorger, dans sa tente, Ubbo endormi, avec ses compagnons. La déroute des Danois, fut générale : quelques-uns, seulement, purent s'échapper jusqu'à leurs vaisseaux, et le fameux étendard enchanté, le *Reafan*, renommé par la superstition danoise, resta aux mains des Saxons (1).

Après Pâques, Alfred alors âgé de vingt-huit ans, songea à exécuter son plan de guerre, contre les Normands. Il pensa, aussitôt, à fortifier le lieu de sa retraite, qui par sa nature même, constituait une place imprenable. Ses amis étaient en petit nombre autour de lui, mais tous travaillèrent en commun, à fortifier l'île, à laquelle on n'avait accès, que par un pont qu'on arma, à grand'peine, de deux tours. De cette retraite, et grâce à l'aide de ses vaisseaux du Somersetshire, Alfred put, déjà, harceler, sans cesse, les Danois (2).

D'après Mathieu de Westminster (3), les troupes d'Alfred grossissaient chaque jour, et menaient une existence précaire, vivant de pêche, de chasse, ou de pillage, dans les districts environnants.

Le plan de campagne d'Alfred, se développait avec méthode : il attaquait avec des forces inférieures, ses ennemis plus nombreux, chaque fois que l'occasion s'en présentait, facile et prochaine. Le jour et la nuit, à l'aube et au crépuscule, on le voyait fondre sur les Normands, avec les avantages de la surprise d'une attaque inopinée, et s'il subissait un échec, il disparaissait aussitôt avec les siens, par les secrets détours des lieux de sa retraite, dépistant l'ennemi harassé qui renonçait, bientôt, à le poursuivre (4).

1. Asser., 32 ; Flor. Wig., 316.
2. Ms. Claud., A. 5, 157 ; Asser , 60.
3. 230
4. Ethelw , 845 ; Mss. Claud Wallingf., 537.

Par ces courtes expéditions, Alfred tenait ses combattants, toujours en haleine, et lui-même s'exerçait aux travaux de la guerre, et au commandement suprême, auquel il allait être appelé par les événements. Il acquérait, chaque jour, une connaissance plus exacte des lieux où il devait combattre ; s'attachait plus étroitement ses partisans, et en recrutait d'autres. Sans cesse en éveil, il suivait tous les mouvements de l'armée danoise, et animé du même esprit de conquête, que ses compagnons, il était prêt à donner le grand effort, dont l'issue allait enfin, couronner ses très longues épreuves.

Sa femme et les siens l'avaient rejoint, dans l'intervalle. Il avait coutume, quand la guerre lui laissait quelque trêve, de lire longuement les Ecritures, les hymnes simples des Saxons, ou les vies des hommes illustres, de sa chère antiquité. Quand on frappait à la porte de sa demeure, pour demander l'aumône, il s'arrêtait de sa méditation, sans impatience, et doucement il allait prendre un pain, qu'il portait au mendiant. Et il revoyait ce pain, dont il avait lui-même mangé, dans l'amertume, dans l'exil, et dans le désespoir (1)...

Après avoir passé environ six mois, dans la retraite, Alfred songea aux moyens de surprendre la seule armée des Normands, qui continuait encore à camper dans le Wiltshire, aux environs de Bratton-Hill, à Eddendum, près de Westbury. C'est une tradition, rapportée par tous les chroniqueurs, qu'Alfred voulut inspecter le camp danois, en personne, et qu'il s'était, à cet effet, déguisé en jongleur. Sa harpe et son chant, avaient séduit le roi qui admit Alfred à sa table ; et celui-ci avait pu entendre aisément les propos des Danois, et contrôler les positions de leurs armées. Puis,

1. Sim. Dun., 71 ; Ingulf, 26 ; Ethelw., 353.

il quitta le camp ennemi, et regagna son île, en sûreté (1).

A la Pentecôte de l'an 878, Alfred envoya des messages confidentiels à ses principaux amis, dans les trois comtés voisins de Wilts, Hampshire, et Somerset, pour annoncer qu'il était en vie, et qu'il les joindrait dans la partie sud de la forêt de Selwood, où ils devaient se rendre en secret, avec leurs troupes en armes (2. Une place renommée, dite la *Pierre d'Egbert*, était le point de jonction des troupes anglo-saxonnes (3). Chaque combattant y arrivait joyeux ; les cors et les trompes sonnèrent joyeusement à l'arrivée d'Alfred. Au bout de deux jours, l'armée entière attendait sous les armes. Quelques rumeurs de ces préparatifs de combat, parvinrent jusqu'à Godrun, le roi danois, qui se hâta de rassembler les siens.

Le troisième jour, Alfred fit avancer son armée, vers Æcglea, s'empara d'une colline avoisinante, où il campa pendant la nuit, et d'où il put reconnaître les positions de l'ennemi. Au matin, les troupes anglo-saxonnes marchèrent rapidement, sur Ethandune, où les Normands s'étaient répandus par la plaine.

Alfred harangua son armée, après l'avoir rangée en bataille Il rappela à chacun, qu'il combattait, et pour lui-même, et pour sa patrie ; et il promettait à tous une victoire glorieuse ! (4).

Les Anglo-Saxons, surprenant les troupes danoises, se ruèrent sur elles, avec une furie qui emporta leur résistance. Les soldats d'Alfred, après avoir fait usage de leurs flèches, et de leurs lances, combattaient avec les Danois,

1. Ingulf, 26; Will. Malm , 43 ; *Chron. Henr. de Silgrave*, Cleop., A. 12.
2. Asser., 33 ; Ethelw., 837.
3. Asser., 33 ; Flor. Wig ; Mss. Claud., 158.
4. Asser., 34 ; Mss. Claud., 158, 159.

corps à corps. Et ces derniers cédaient sous un tel effort, malgré leur intrépidité : bientôt, ils durent se retrancher derrière leurs fortifications, et Alfred restait maître du champ de bataille, où il venait de retrouver sa couronne (1).

Le roi voulut, cette fois, profiter des avantages d'une poursuite acharnée : il vint assiéger ses ennemis dans leur forteresse, les isolant ainsi, en les empêchant de recevoir des vivres, ou des renforts. Les Danois furent réduits, par le froid et la famine, à implorer la pitié d'Alfred, après un siège de quarante jours (2).

Ainsi, par une seule action, vigoureusement dirigée, les Anglo-Saxons retrouvaient leur situation prépondérante en Angleterre, et repoussaient l'invasion, victorieuse jusqu'alors.

Alfred eut alors une idée politique qui devait favorablement influer sur les événements prochains : il résolut de faire de Godrun et de ses Danois, les alliés mêmes des Anglo-Saxons ; de les initier aux bienfaits de la civilisation ; de les appliquer à l'agriculture, et de leur faire embrasser, enfin, le christianisme. Sous ces conditions, il leur laissait la libre possession de l'Anglia orientale.

Après quelques semaines de réflexion, Godrun accepta les propositions d'Alfred : il vint, avec trente thanes, à Aulre, où il reçut le baptême, avec le roi des Saxons, pour parrain (3). Et le nom d'Ethelstan lui fut donné. Ces conversions furent d'abord isolées, mais Alfred comptait qu'elles deviendraient plus nombreuses, avec le temps, l'exemple, et la réflexion. Godrun, souscrivant aux clauses de son traité avec Alfred, quitta Chippenham, et se retira dans le Glouces-

1. Asser., 34.
2. *Ibid.*, 34 ; Flor. Wig., 347 ; *Sax. Chron.*, 85.
3. Asser., 35 ; Mss. Vesp. D. 14 ; Flor. Wig., 348 ; *Sax. Chron.*, 85.

tershire. Il demeura, un an, à Cirencester, puis s'avança
dans l'Anglia orientale, dont la possession lui avait été dé. o-
lue, et il en partagea les territoires entre ses soldats, qui les
cultivèrent. Bien que les Normands fussent venus en Angleterre, en conquérants et en vainqueurs, ils ne songeaient
plus, après douze ans de luttes, qu'à jouir, en colons, des
terres qui leur étaient imparties, et en confirmant Godrun
dans ses possessions, Alfred n'avait fait, dans sa sagesse
politique, que fortifier sa propre sécurité. Les Danois qui se
civilisaient chaque jour, dans l'Anglia orientale, ne pen-
saient plus qu'à sauvegarder leurs nouveaux domaines, des
atteintes de leurs farouches compagnons, et c'étaient les
Danois eux-mêmes qui allaient protéger l'Angleterre, en
luttant, les premiers, contre les envahisseurs, venus de leur
ancienne patrie.

Alfred ayant laissé Godrun coloniser l'Anglia orientale,
les limites de leurs possessions respectives furent établies
par un traité. Les frontières reconnues, par celui-ci, étaient
la Tamise, et le fleuve Lea. Les régions soumises à la domination de Godrun, et occupées par les Danois, étaient le
Norfolk, le Suffolk, le Cambridgeshire, l'Essex, une partie de
l'Hertfordshire, une partie du Bedfordshire, et quelque étendue de l'Huntingdonshire. La Northumbria vint s'ajouter,
par la suite, aux possessions de Godrun, qui gouvernait
encore la province de Deira, alors qu'Egbert régnait sur la
Bernicia (1). La souveraineté de la Mercie, après la défaite des
Danois, échut au roi Alfred, qui évita, néanmoins de l'incor-
porer au Wessex. Il se contenta de placer à la tête de cette
province, un gouverneur militaire Ethelred, à qui plus tard,
il donna en mariage, sa fille, Ethelfleda (2).

<hr>

1. Will. Malms., 43; Asser, 35; Flor. Wig., 328; *Sax. Chron.*, 86;
Ethelw., 845; Henr. Hunt., 350; Ingulf, 26; Sim. Dun., 133, 70.
2. Mss. Vesp., D. 14.

Le règne d'Alfred, depuis sa restauration, fut continuellement prospère. Le roi s'appliquait à fortifier son royaume, contre les attaques des ennemis. Il releva d'anciennes fortifications, et en construisit de nouvelles, aux lieux opportuns. Ces mesures préventives n'étaient pas sans impressionner les Normands, déjà établis en Angleterre, et ne contribuèrent pas médiocrement, à modérer leur ambition (1).

La conduite d'Alfred vis-à-vis de Godrun, ne tarda pas à être récompensée. Une large flotte de Normands, ayant traversé la Tamise, se présenta à Godrun, qui ne donna aucun encouragement aux aventuriers danois. Ceux-ci hivernèrent à Fulham, et suivirent leur chef, le célèbre Hastings, dans son expédition des Flandres (2).

Alfred fut le premier roi anglo-saxon, qui ait compris la nécessité de l'armement naval, pour l'Angleterre. En 882, avec quelques navires de guerre, seulement, ne s'était-il pas emparé de deux vaisseaux ennemis, et le reste de la flotte danoise, ne lui avait-il pas fait sa soumission ? (3).

En 884, les Normands renouvelèrent leur tentative contre l'Angleterre : deux corps se dirigèrent, l'un, vers le sud de la France ; l'autre envahit la Grande-Bretagne, et vint assiéger Rochester, que ses habitants défendirent avec courage, jusqu'à l'arrivée de l'armée d'Alfred, qui surprit les Danois : ceux-ci abandonnèrent tous les chevaux qu'ils avaient amenés de France, la majeure partie de leurs prisonniers, et ils s'enfuirent en déroute, vers leurs vaisseaux. La nécessité du moment les obligea à regagner la France (4).

Alfred, voulant profiter de son succès, dirigea sa flotte vers l'Anglia orientale, où arrivaient et se formaient de nouvelles

1. Ingulf, 27 ; Matt. West., 345.
2. Asser., 35, 36 ; Will. Malms., 43.
3. Asser., 36 ; *Sax. Chron.*, 86.
4. Asser., 37.

bandes d'envahisseurs, qu'ils dispersèrent dans une première rencontre. Mais les Danois s'étant reformés, vinrent surprendre la flotte d'Alfred, qu'ils défirent par surprise, et l'alliance de Godrun avec les Saxons, devint plus incertaine (1).

Cependant Alfred allait prendre une revanche éclatante, dans sa lutte prochaine avec le redoutable Hastings. Il n'avait eu à combattre jusque-là que des hordes nombreuses et indisciplinées, conduites au combat, avec plus de fureur et d'élan, que de discipline. Hastings allait lui opposer toute la science d'un tacticien : la renommée de ses victoires, sur le continent, l'avait précédé en Angleterre, et le roi des Saxons devait rencontrer en lui, l'audace et la promptitude d'exécution du barbare, jointes à la sagacité et à l'habileté stratégique d'un général de l'antiquité (2).

Hastings qui s'était d'abord distingué par sa cruauté et sa bravoure, fut choisi par Ragnar Lodbrog, pour initier son fils, Biorn, aux pratiques de la piraterie. C'est alors qu'il dirigea son jeune élève contre les Francs, et la tradition rapporte même qu'il forma le projet de conquérir pour Biorn, l'empire d'Occident (3). Aussi arma-t-il une flotte qu'il dirigea contre l'Italie, et ignorant la géographie de l'ancien monde, il prit la ville de Luna, pour Rome, s'en empara, et dans la confusion où le jetaient ses erreurs topographiques, il renonça à ce dessein, qui suffit à prouver l'étendue des ambitions qu'il avait conçues, pour la domination danoise.

Il regagna la France (4), alors faiblement gouvernée, et en

1. Asser., 38 ; Flor. Wig., 321 ; *Sax. Chron.*, 87.
2. Asser., 39, 38.
3. Gemmeticensis. Hist. Lib. II., c 5, 218 ; Dudo, Lib. I, c 1, 63 ; Ord. Vitalis, Lib. III, 458.
4. Dudo, 65.

proie aux factieux. Parfois, les Danois en rançonnaient les populations apeurées (1) ; parfois, on tentait contre eux, un vain effort de résistance. On voulut même, à la suite d'assises solennelles, leur opposer un mouvement général de défense, après un essai d'union contre les envahisseurs, qui échoua, devant les divisions intérieures de la France : seul, un édit fut promulgué, défendant à tous les habitants, sous peine de mort, et même pour sauver leur propre vie, d'abandonner aux Normands, leurs armes, leurs cuirasses, ou leurs chevaux (2).

Hastings est nommé par deux fois, dans les annales de Regino. En 867, on y rapporte qu'il se fortifia, en France, dans une église, et qu'en en faisant irruption, il tua Robert le Fort (3). Il est cité pour la deuxième fois, en 874, comme ayant relevé le défi d'un roi breton, dont le courage excita son admiration, et qu'il épargna, par la suite (4).

En 879, Hastings était en Angleterre, à Fulham ; mais n'ayant pas reçu de secours effectif de Godrun, il regagna la Hollande (5), d'où il dirigea les attaques furieuses qui, pendant treize ans, ébranlèrent la monarchie franque. Quand il eut été défait par les troupes impériales, Hastings marcha sur Boulogne, où il construisit une flotte importante, pour tenter encore la fortune contre l'Angleterre. Peut-être qu'en 893, il ne songeait plus, après sa vie de luttes et d'aventures,

1-2. Gesta Norman, Du Chesne, 3 ; Ann Bertiniani, an. 864 :... « In Junio 864, celebrantur Comitia Pistensia quo regem et proceres traxerat generalis necessitas instituendi munitiones contra Normanos ». *Capit. Reg.* dans Lang., 1, 558 568.

3. « Ce fut ainsi que périt Robert le Fort, le plus grand capitaine qu'il y eust alors en France » Daniel, *Hist. de France*, II, 99.

4. Regino, 481, 55. Pistor. *Script. Germ.*

5. « Caeteri ex Danis qui Christiani esse recusassent, cum Hastingo Mare transfretaverunt ubi quae mala fecerunt indiginae norunt ». Will. Malms., 43.

qu'à s'assurer un royaume, parmi les Anglo-Danois, ne voyant
aucun compétiteur qui pût le surpasser en valeur, ou en
renommée.

Comme les Normands se trouvaient en possession de la
Northumbria, et de l'Anglia orientale, Hastings n'eut qu'à
concentrer son effort sur le Wessex, et sur ses dépen-
dances (1). Godrun était mort, et Alfred ne pouvait compter
ni sur une alliance danoise, ni sur la neutralité des Normands, établis en Angleterre. Hastings en n'entrant ni dans
l'Anglia orientale, ni dans la Northumbria, évita d'exciter le
mécontentement des Danois, et dirigeant sa flotte sur le
Kent, il gardait l'avantage de se maintenir dans leur voisinage. S'il était vaincu, il pouvait se retirer dans leurs Etats ;
si la victoire le favorisait, il pouvait les compter, parmi ses
plus proches partisans.

Deux cent vingt vaisseaux suivirent la côte sud-ouest du
Kent, et abordèrent près de Romney Marsh, à l'extrémité
orientale, de la grande forêt d'Anderida. Les Danois attaquèrent près de là, une place que fortifiaient des paysans,
et dont ils achevèrent la défense : après quoi, ils ravagèrent
le Hampshire et le Berkshire (2).

Peu de temps après, Hastings lui-même, apparut sur la
Tamise, avec une flotte de quatre-vingts vaisseaux : il jeta
l'ancre à Milton, près de Sittingburn (3), et se fortifia dans ces
positions. La distribution des forces dont il disposait, était
habilement ménagée : les deux armées n'étaient séparées,
l'une de l'autre, que par un espace de vingt milles, et pouvaient agir séparément, ou s'unir brusquement, en vue de
quelque nécessité stratégique. Les Danois, par la présence
des leurs, dans l'Essex, ne redoutaient pas d'attaques, sur la

1. *Sax. Chron.*, 90.
2. *Ibid.*, 92 ; Ethelw., 846 ; Matt. West., **345**.
3. *Sax. Chron.*, 92 ; Flor. Wig., 329.

droite de leurs armées, et ils avaient, sur la gauche, la mer pour frontière.

Alfred, ne comptant pas sur la fidélité de l'Anglia orientale, ne chercha qu'à affaiblir les forces danoises, en les divisant, et il parvint à faire camper son armée, entre les deux divisions des Normands. Les envahisseurs se trouvaient donc ainsi séparés, et de leurs propres corps, et de l'Anglia orientale. Alfred allait, épiant tous leurs mouvements, et empêchant de jour et de nuit, par d'incessantes patrouilles, les surprises du pillage (1).

Hastings fut surpris de la prudence et de la méthode d'Alfred : le roi des Saxons voulait temporiser avec l'ennemi, réprimant ses incursions, et évitant de l'attaquer dans ses retranchements, tout en continuant à le séparer de lui-même, et à entraver son unité d'action. Prévoyant les longueurs de la campagne, Alfred avait divisé son armée en deux corps, qui se relayaient constamment, sans jamais abandonner les positions primitivement occupées, et en offrant toujours à l'ennemi, le même nombre de combattants, prêts à ses attaques.

L'Anglia du Sud attendait que l'action s'engageât, pour prendre, enfin, parti. Hastings résolut brusquement, de tenter la fortune. Pour tromper Alfred, il lui envoya ses deux fils, pour qu'on les baptisât, et il s'engageait, de son côté, à abandonner le royaume (2). Puis, au moment de s'embarquer, son armée s'élança à l'intérieur des terres, pour gagner la Tamise, passer en Essex, et s'unir à la seconde armée danoise.

Mais Alfred, toujours en éveil, les poursuivit avec son fils Edouard, et les atteignit à Farnham, dans le Surrey (3). Le

1. *Sax. Chron.*, 92 ; Flor. Wig., 330 ; Matt. West., 346.
2. Matt. West., 346.
3. Ethelw., 846.

roi des Saxons leur infligea une défaite décisive : la plupart des Danois, furent noyés, en fuyant, dans la Tamise ; leur roi, blessé, fuit difficilement emporté du champ de bataille, et les soldats qui purent nager, s'échappèrent dans le Middlesex. Alfred les refoula dans l'Essex, et leur fit passer la Coln. C'est là que les derniers Danois trouvèrent un refuge. dans l'île de Mersey, défendue par sa position naturelle, et dont les Saxons ne pouvaient songer à faire le siège (1). Désemparés, et réduits par la famine, ils demandèrent la paix, et se retirèrent de l'Angleterre (2).

Tandis qu'Alfred l'emportait sur une division de ses ennemis, les tentatives répétées d'Hastings avaient fini par ébranler le loyalisme des colons danois de la Northumbria, et de l'Anglia orientale, qui voulaient voir l'un des leurs, sur le trône de Wessex, et favoriser son avènement. Les Danois, avec une flotte de cent vaisseaux, passèrent le Foreland, naviguèrent sur les côtes sud de l'Angleterre, cependant qu'une flotte de quarante vaisseaux, réussissait à se frayer, au nord de l'île, un passage. Le plan des Danois était d'attaquer les Saxons, sur deux points, et tandis qu'une division occupait la partie nord du comté, la majeure partie de l'armée normande assiégeait Exeter (3).

Quand les nouvelles du progrès de l'ennemi, parvinrent à Alfred, il poursuivait le siège de Mersey : ses possessions du Devonshire étaient en péril : les Gallois pouvaient tirer parti de ses difficultés du moment, et si le comté du Devonshire était occupé par les Danois, il paraissait impossible de les en chasser par la suite, en raison de leur proximité de la mer. Alfred laissant une faible partie de ses troupes, assiéger l'île de Mersey, se hâta d'aller délivrer Exeter.

1. Matt. West., 346 ; *Sax. Chron.*, 93.
2. Ethelw., 846.
3. *Sax. Chron.*, 93 : Flor. Wig., 330.

Hastings, dans l'intervalle, ayant franchi la Tamise, s'établit à Benfleet, près de l'île de Carwey, dans l'Essex, mais au moment où il abandonna le Kent, et son camp retranché, Alfred fit irruption sur les derrières de son armée, et s'empara de nombreux bagages, et d'une grande quantité de butin (1). Les enfants et la femme d'Hastings furent faits prisonniers ; Alfred se contenta de faire baptiser les enfants de son ennemi, et les rendit avec leur mère, à Hastings, en les chargeant de riches présents.

Mais une pareille générosité ne pouvait vaincre le Danois, qui se préparait à une nouvelle attaque, en se fortifiant à Benfleet, d'où il dévastait les régions d'alentour. Sortant de la citadelle, Hastings se décida à se répandre à travers la Mercie, et pendant l'absence du Danois, Alfred employa de nouveau, et avec le même succès, sa précédente tactique. Les Anglo-Saxons rompirent les lignes retranchées des Danois, les mirent en déroute, et les ramenèrent, prisonniers, à Londres, avec une partie de la flotte ennemie. Et cette fois encore, Alfred fit reconduirent au camp d'Hastings, la femme et les enfants de celui-ci.

Pendant ce temps, le roi des Saxons avait surpris dans Exeter, les envahisseurs qui levèrent en hâte, le siège de la cité, et s'embarquèrent en désordre sur leurs vaisseaux. Ils attaquèrent au passage, Chichester, sur la côte de Sussex, mais les habitants de la ville les repoussèrent, avec des pertes considérables (2).

Avant qu'Alfred pùt revenir du Devonshire, Hastings avait rassemblé ses troupes dispersées, et maintenant ses positions sur les côtes de la mer où il pouvait recevoir des renforts, il éleva une forteresse à South-Shobery, à l'extrême-sud de

1. *Sax Chron.*, 94 ; Flor. Wig., 331.
2. *Sax. Chron.*, 94 ; Matt. West., 347, 331 ; Flor. Wig., 331.

l'Essex. Il fut rejoint en ces points, par des troupes venues de Northumbria, et de l'Anglia orientale (1), et confiant dans le nombre des siens, il remonta la Tamise. et répandit son armée sur la Mercie. Il s'avança jusqu'à la Saverne, mais sur son passage, les chefs militaires de tous les districts appelaient aux armes, tous les hommes de leurs gouvernements. Ce fut comme une levée d'hommes, générale et spontanée : et Alfred ayant rejoint ces troupes nouvelles, poursuivit les envahisseurs jusqu'à Buttington, sur la Saverne, et les assiégea dans leurs forteresse, et sur terre, et par le fleuve. Les Danois isolés sur les deux rives de la Saverne, et entourés de tous côtés d'une population hostile et exaspérée, demeurèrent pendant plusieurs semaines, souffrant de la famine, et bientôt réduits à prendre (2) une résolution extrème.

Il firent une dernière sortie contre les Anglo-Saxons qui assiégeaient la partie sud de la citadelle, et furent taillés en pièces, par milliers : quelques corps des Danois, seulement, purent effectuer une retraite sur l'Essex (3).

Mais il n'apparaît pas que ces défaites sanglantes, aient affaibli chez les Danois, leur esprit d'aventure et de conquête, et Hastings, avec les débris de son armée, voulut tenter encore, contre Alfred, la fortune des armes (4). Avant la venue de l'hiver, Hastings, grâce à l'appoint de la Northumbria et de l'Anglia du Sud, avait pu reconstituer une importante armée. Hastings avec ses Normands, atteignit sans camper, la place de Chester, dans le Wirall, qu'il fortifia. Alfred, si ardent dans la poursuite, ne parvint pas, cette fois, à devancer ses ennemis, et il se trouva en présence

1. Ethelw., 847.
2. *Sax. Chron.*, 95 ; Matt. West., 348.
3. *Ibid.* ; Flor. Wig., 332.
4. Matt. West., 347, 348.

d'une ligne de fortifications redoutables. Pendant deux jours, Alfred ordonna les préparatifs du siège, empêchant par ses dispositions, le ravitaillement de la place, brûlant tout le blé du district, et tuant tous les Normands, qui se risquaient hors de leurs retranchements (1).

De Chester, Hastings ravitaillait ses troupes par le pays Gallois du Nord, et pour protéger sa flotte, il construisait des fortifications sur la Lea, à trente milles, après Londres. Au printemps, les troupes de cette cité attaquèrent les Danois, avec énergie, mais les Normands les repoussèrent, et quatre thanes du roi périrent dans la rencontre. Alfred lui-même, après cette défaite, vint sur le théâtre des opérations : il eut l'ingénieuse idée de bloquer la flotte des Danois, et de la rendre inutilisable, en dérivant par trois canaux les eaux du fleuve, et en établissant des fortifications sur chacune de ses rives (2).

Se rendant compte qu'ils ne pouvaient, désormais, utiliser leurs vaisseaux, les Normands les abandonnèrent (3) ; fuyant par la nuit, loin de leurs positions, et devançant la poursuite d'Alfred, ils traversèrent encore la Mercie, de la Lea à la Saverne, et s'établissant à Bridgnorth, ils en fortifièrent aussitôt les positions, et Alfred les y laissa hiverner, en 896.

Mais la lassitude d'une guerre de trois années commençait à assaillir Hastings, et à vaincre sa résistance obstinée. Autour de lui, les Normands se dispersaient, les uns, dans l'Anglia orientale ; les autres, en Northumbria (4). Bientôt Hastings se résignait au parti de retourner en France, et y obtint du roi une concession de terres, où il passa dans la

1. *Sax. Chron* . 95.
2. Flor. Wig., 333.
3. *Ibid.*, 334 ; `ax. Chron.*, 97.
4 *Sax. Chron* , 98 ; Flor. Wig., 335.

retraite, le reste de sa vie (1). Son éloge fut fait par Guillaume le Conquérant, en ces termes, rapportés par Brompton (p. 959) : « Quid potuit rex Francorum bellis proficere cum omni gente quae est a Lotaringia usque ad Hispaniam contra Hasting antecessorem vestrum, qui sibi quantum de Francia voluit acquisivit, quantum voluit regi permisit, dum placuit tenuit, dum sauciatus est ad majora anclans reliquit ? »

Cet hommage excessif chez le nouvel envahisseur de l'Angleterre, n'avait pour but que de combattre, dans l'esprit de ses soldats, la tradition des défaites d'Hastings, et de son existence de vaincu, s'achevant dans l'exil.

Toutefois, les guerres danoises avaient singulièrement affaibli et diminué les populations sur lesquelles régnait Alfred, et qui pendant tant d'années, avaient été l'objet des incursions répétées des barbares (2). Et la peste était venue s'ajouter dans le Wessex, aux ravages de la guerre.

La souveraineté d'Alfred était entièrement établie sur le Wessex, et le pays de Galles, lui-même, reconnaissant son autorité, avait recherché son alliance, en 897 (3). Le reste de son règne s'écoula dans la paix : seulement, il veillait aux progrès maritimes de l'Angleterre, et la défense de son pays fut toujours sa préoccupation dominante. Chacun de ses sujets sentait les bienfaits de sa protection, et de son admirable bonté. Et le roi-philosophe retrouvait, au déclin de sa vie, le charme de ces humanités, qui avaient enchanté sa jeunesse. Stoïcien sans rigidité, et chrétien souriant, il entra

1. « Hastingus vero Karolum Francorum regem adiens, pacem petiit quam adipiscens, urbem Carnotensem stipendii munere ab ipso accepit ! », Wil. Gem., 221.

2. Flor. Wig., 334 : « O quam crebris vexationibus, quam gravibus laboribus, quam diris et lamentalibus modis, non solum a Danis, qui partes Angliae tunc temporis occupaverant, verum etiam, ab his Satanae filiis tota vexata est Anglia ». Matt. West., 348.

3. Flor. Wig., 322-335 ; *Sax. Chron.*, 88.

dans la légende et dans la mort, le vingt-sixième jour d'octobre de l'an 900 (1), quand pour sa belle âme royale, s'ouvrirent les portes, et « les saintes fleurs du paradis ».

1. Asser., 50 ; Matt. West., 350 ; Ing., 28 ; *Sax. Chron.*, 99 ; Will.
Malms., 46 ; Flor. Wig., 336.

CHAPITRE III

La poésie populaire saxonne semble la première qu'ait
goûtée Alfred (1). Il aimait à l'entendre, et à la répandre,
autour de lui. Elle dut animer chez lui, le désir d'être connu
et célébré, comme les héros dont elle chantait les exploits,
et surtout, cette poésie primitive éveilla dans Alfred, la
recherche d'autres joies, et d'autres jouissances intellectuelles. Par elle, sa véritable nature, sensible et profonde, lui fut
révélée, et devant les immortels récits des *Vies*, il rêvait de
ressembler à ces héros et à ces sages, dont les hauts faits lui
étaient devenus familiers.

Ce fut presque par lui-même, qu'Alfred s'instruisit, à ses
débuts dans la vie intellectuelle, qui allait devenir chez lui,
si intense : « Ce qui le chagrinait grandement, écrit Asser,
son chroniqueur, c'était de n'avoir pas trouvé de maître, à
l'âge où il lui avait été donné d'apprendre, en toute liberté (2)».

1. « Sed Saxonica poemata die nocteque solers auditor relatu aliorum
saepissime audiens, docibilis memoriter retinebat ». Asser., 16. « ... Et
Maxime Saxonica carmina studiose didicere, et frequentissime libris
utuntur... Et maxime carmina saxonica memoriter discere, aliis impe-
rare... ». Asser., 16, 43. Cf. Will. Malms., 45.
2. Asser., 17, 71.

Ces regrets l'assaillirent, dans toutes les phases de sa vie tourmentée, au cours de laquelle il ne cessa jamais de songer à augmenter l'étendue de ses connaissances, et la culture de son esprit. Les premiers maîtres du roi furent Werfrith, évêque de Worcester, très versé dans les Ecritures ; Plegmund, Mercien d'origine, qui devint archevêque de Canterbury, — renommé pour sa sagesse, et pour sa piété, — enfin, les prêtres merciens, Ethelstan et Werwulf. Alfred ne quittait pas ses compagnons d'étude, conversant sans cesse, avec l'un d'eux, et par cette application constante, comprenant et la lettre, et l'esprit de ces livres qu'il aimait si chèrement.

Il envoya une ambassade, chercher en France, le moine Grimbald, qui se joignit au savant Johannes Erigena, pour lui inculquer de nouvelles connaissances. Après plusieurs tentatives qui demeurèrent longtemps, infructueuses, il parvint à s'attacher Asser, qui ne devait le quitter qu'au terme de sa vie, et dont il souhaitait vivement la venue (1). « Je lui lisais, écrit celui-ci, tous les livres qu'il aimait, la nuit et le jour... car c'était son habitude, en dépit de toutes les inquiétudes de son esprit, et des agitations de sa vie, de lire, ou de s'entendre lire par d'autres » (2). En 887, Alfred eut la joie, longtemps attendue, d'étudier les auteurs latins, dans leur langue même (3).

Mais, non content de son propre savoir, il le voulait répandre, parmi son peuple dans un sentiment d'admirable générosité intellectuelle. « C'est pourquoi, écrivait-il à l'un de ses évêques, il convient que nous traduisions quelques livres, et les plus nécessaires à la vie morale du plus grand

---

1. Asser., 47, 48, 49, 50.

2. *Ibid.*, 50.

3. « In quo non mediocre, sicut tunc aiebat, habebat solatium ». Asser., 56, 57.

nombre d'hommes, et cela dans notre langue, afin que tous
les puissent connaître. Nous accomplirons cette tâche sans
difficulté, avec l'aide de Dieu, et de notre propre persévérance (1) »

L'ouvrage auquel Alfred s'adonna avec le plus de complaisance fut, sans contredit, la traduction qu'il entreprit, de la
Consolation de Boèce. N'avait-il pas trouvé dans le prisonnier de Pavie, un frère spirituel, et comme le compagnon
fidèle de sa captivité, sur la terre ? On peut dire de la traduction si vivante d'Alfred, qu'elle fut bien ce livre d'or,
dont parle Gibbon, et qu'elle n'était pas indigne des loisirs
de Platon (2). Il y avait entre l'âme d'Alfred et celle de
Boèce, tant d'affinité, que la pensée du Saxon et du Romain,
semblent se parfaire l'une l'autre, et s'accompagner, comme
deux voix également pures, se répondant dans une même
harmonie (3). Sur le thème primitif qu'il découvre dans
Boèce, Alfred développe la pensée de celui-ci, dans un mouvement dont le lyrisme et la profondeur, dépassent souvent,
ceux de l'auteur latin. Et comme le roi-penseur sait substi-
tuer son propre état d'âme, à celui du maître qu'il suit, dans
la mélancolie de ses réflexions, et dans l'amertume de ses
nobles épreuves ! Ce sont les confidences d'Alfred lui-même
que l'on devine, sous la lettre du livre qu'il a traduit ; son
émotion inspirée l'anime, et je ne sais quelle poésie de l'adversité et du malheur qui n'ont point été oubliés, y mêle

1 Wise, 84, 85. Cf. Will. Malms., 45, Ethelw., 847.

2. *Hist. Decl.* IV, 38.

3 Le livre de Boèce est loué par John Erigena, qu'Alfred admit dans
son intimité (Div. Naturae, 32, 34, 143, 174). Ce fait matériel de la traduction de la *Consolation*, par Alfred, est affirmé par Ethelwerd (847) ;
par William de Malmsbury (45, 248), et par d'autres chroniqueurs (Henry
de Silgrave, Mss. Cott. Cleop. A., XII, 15, et John Bever. Mss. Harl., 644,
p. 21). Un manuscrit de la version anglo-saxonne de la *Consolation*,
existe à la Bodléenne (Cf. Wanley's Catal, 64, 85).

sans cesse sa note grave. Ce ne sont que méditations d'une simplicité royale, sur le néant des richesses et des grandeurs, Alfred voit se dérouler à ses yeux, avec le détachement du chrétien, le cortège de la royauté ; il n'aime du pouvoir, que le bien qu'il peut accomplir par lui, et la connaissance chez le roi, ne s'exalte que du sentiment de son imperfection, et son âme ne veut s'élever qu'à la science divine. Nul n'a moins connu l'orgueil de l'esprit ; nul n'a fait d'un cœur plus soumis, l'aveu de son humilité. Mais à travers la confusion des apparences, et les troubles du siècle, les regards toujours élevés vers les clartés de la foi, le roi déjà las de la vie et de la victoire, se perd en rêveries sereines, sur ce paradis de l'âge d'or « où les hommes dormaient sous les étoiles, et buvaient l'eau des claires fontaines ». Épuré par la prière, son esprit voyait déjà ce Dieu de toute sagesse, de qui le séjour de la terre l'avait à peine séparé, et participait de cette nature divine, sur laquelle il avait si longtemps médité. En fermant les *Consolations* d'Alfred, le lecteur ému de la sainteté du livre et de la royauté spirituelle de son auteur, retrouvera toujours dans sa pensée profonde et douce, l'écho des vérités et des espoirs éternels.

La vertu, comme la religion, était naturelle chez Alfred, et réglait toute la conduite de sa vie (1). Lorsqu'il se reposait des fatigues de la guerre, il aimait à promener ses pas, à travers les campagnes, en méditant ; quand le hasard l'amenait auprès de quelque monastère, il s'y attardait longtemps, et priait devant un autel, ou sur quelque reliquaire. Et le soir, par les chemins obscurs, son regard s'attachait encore à ce ciel,

----

1. Alfred traduisit encore *Orose*, et les *Dialogues de Grégoire*, dont les manuscrits sont renfermés dans la collection Cotton. Tiber. B. 1, 11, etc... Ces divers manuscrits ont été publiés en 1773, par Daines Barrington.

que la foi avait ouvert, à ses yeux... Tourmenté par la maladie, Alfred se sentit mourir avec résignation, et ce fut sans larmes, et en saluant sa délivrance du monde, qu'il adressait à son fils, ces suprêmes pensées de son âme généreuse : « Prends place à mes côtés, mon fils bien-aimé... car je sens que mon heure est venue... mon corps s'affaiblit, et voici que mes jours s'achèvent... Il faut nous séparer, à présent : je vais vers un autre monde, et je te laisse seul, avec mon héritage. Sois le père, aussi bien que le roi de ton peuple !... Sois l'ami de la veuve, et le frère des orphelins... Porte secours aux pauvres, et protège les faibles, et puisses-tu redresser, de tout ton pouvoir, les injustices, en te laissant toi-même, gouverner par les lois... Alors, le Seigneur t'aimera, et il te viendra une céleste récompense ! Prie Dieu de te venir en aide, en toute nécessité, et il te donnera le secours de sa divine puissance.... (1) ».

. . . .

Alfred était monté sur le trône, après que les enfants de son frère aîné, en eussent été écartés. Il ne fut point tenu compte à sa mort, des droits de ceux-ci, et Edouard son fils, qui s'était distingué contre Hastings, fut choisi pour roi, par les nobles du royaume (2), en 901.

Ethelwold, l'un des prétendants à la couronne, se révoltant contre la décision des assises saxonnes, s'empara de Wimburn, et jura de garder la place, ou d'y périr. Mais il ne soutint pas son orgueilleux projet, et quand Edouard s'avança contre lui, à la tête de son armée, il prit le parti de fuir pendant la nuit, chez les Danois du Northumberland, qu'il sut se concilier, et qui l'élurent pour leur souverain, à York, en 905, ce qui donnait à Ethelwold une hégémonie

1. Spelman, 131.
2. « A primatis electus ». Ethelw., 847. Il fut couronné roi, à la Pentecôte, qui suivit la mort de son père.

nominale et effective, sur tous les Normands établis en Angleterre (1).

Il devenait, ainsi un adversaire formidable, pour le Wessex, et son roi : les Normands, avec leurs possessions de la Northumbria et de l'Anglia orientale, occupaient un tiers de la Bretagne, et si Ethelwold avait eu autant d'habileté que d'ambition, la conquête normande eût été entièrement réalisée sous son règne. Mais Ethelwold mécontenta, dès le début, ses nouveaux sujets : et bientôt, on le voit se livrant sur les mers, à la piraterie (2) ; et il alla jusqu'en France, recruter des partisans contre son frère. Il revint en Angleterre, avec une flotte importante, et soumit l'Essex (3) : Après avoir gagné les Anglo-Danois à sa cause, il pénétra en Mercie, passa la Tamise dans le Wessex, et se livra au pillage, dans le Wiltshire, mais n'ayant pas rencontré chez les Anglo-Saxons, l'appui qu'il en attendait, il ordonna la retraite. Les armées d'Edouard le poursuivirent, et au cours d'une rencontre décisive, Ethelwold trouva la mort, et comme avec lui disparaissaient la cause et l'objet même de la guerre, la paix fut rétablie, deux ans après ces événements, entre les Saxons et les Anglo-Danois (4).

Cependant la guerre devait bientôt renaitre entre les deux races rivales. En 910, avec les armées réunies des Merciens et des Saxons de l'Ouest, Edouard envahit la Northumbria, et l'année suivante, les Normands dévastèrent la Mercie (5). Edouard envoya aussitôt une forte armée qui les défit à Wodensfield ; deux rois danois, frères d'Ingwar, et descen-

---

1. *Sax Chron.*, 100 ; Henr. Hunt., 352 ; Matt. West, 351 ; Flor. Wig., 337.

2. « In exilium trusus pirates adduxerat ». Will. Malms., 46.

3. Matt. West., 351 ; Henr. Hunt., 352 ; *Sax. Chron.*, 100

4. *Sax. Chron.*, 101 ; Henr. Hunt., 352 ; Mss. Chron. Tib. b. IV, Camd., 474.

5. *Sax. Chron.*, 102 ; Henr. Hunt., 352.

dants de Ragnar Lodbrog, périrent sur le champ de bataille, tandis que les Anglo-Saxons chantaient des hymnes de reconnaissance, pour la victoire qui leur avait été donnée (1).

La supériorité d'Edouard sur ses adversaires, fut définitivement établie par cette victoire, et il continua d'exécuter les plans qu'Alfred avait conçus, pour la défense et pour la sécurité du royaume : comme les Danois occupaient avec le Nord de l'Angleterre, ses districts du Sud, il entreprit de protéger ses frontières, par une ligne de fortifications, qu'il étendit surtout, du côté de la Mercie et du Wessex : des garnisons y étaient échelonnées. Ces troupes, à la première alerte, devaient marcher à l'ennemi, sous la propre conduite de leurs chefs immédiats, sans attendre l'arrivée ou la présence du roi et de ses thanes. Par la rapidité de ce moyen de défense, les tentatives d'envahissement des Danois, devinrent plus rares, et furent facilement repoussées par les troupes saxonnes (2). Les forteresses de Wigmore, dans l'Herefordshire ; de Bridgnorth et de Cherbury, dans le Shropshire ; d'Edesbury, dans le Cheshire ; de Stafford et de Wedesborough, dans le Staffordshire, — étaient bien propres à contenir et à repousser les Gallois, sur les frontières de l'Ouest. Runcorne et Thelwall, dans le Cheshire, et Bakewell, dans le Derbyshire, répondaient bien à la double nécessité de tenir en respect les provinces de Galles, et de protéger la partie Nord de la frontière de Mercie, des incursions des Danois du Northumberland, Manchester, Tamworth dans le Staffordshire ; Leicester, Nottingham et Warwick, contribuaient à fortifier la Mercie, sur cette frontière du Nord ; — et Stamford, Towcester, Bedford, Hartford, Colchester, Witham, et Malden présentaient une puissante ligne

. 1. *Sax. Chron.*, 102 ; Flor. Wig.. 340 ; Ethelw., 848 ; Henr. Hunt., 853 ; *Sax. Chron.*, 103.
2. Will. Malms., 46 ; *Sax. Chron.*, 103 ; Henr. Hunt., 353.

de défense, aux hostilités des Danois de l'Anglia orientale.

En 918, Edouard eut à repousser une nouvelle invasion des Normands, venus de l'Armorique, et qui sous la conduite de deux chefs, vinrent dévaster avec une flotte, le pays de Galles du Nord. Leur pillage s'étendit jusque dans l'Herefordshire. Les habitants d'Hereford, Gloucester, et des places fortes voisines, défirent l'ennemi, et l'assiégèrent dans un bois, au moment où Edouard venait prendre le commandement de l'armée. Les Danois, pendant la nuit, tentèrent de s'échapper, en se partageant en deux divisions, qui furent détruites, après une poursuite des Saxons, l'une, à Watchet; l'autre, dans la baie de Porlock. Le reste de l'armée se cacha d'abord, puis pressé par la famine, s'enfuit dans la Galles du Sud, et à l'automne, la flotte normande fit voile pour l'Irlande (1).

La situation de la monarchie anglo-saxonne fut encore fortifiée par l'annexion de la Mercie au Wessex, à la mort de la reine Ethelfleda (2), en 920. Et il paraît certain qu'à cette époque, Edward, pour servir ses propres desseins politiques, dut provoquer des conflits avec les Danois : ceux-ci attaquèrent la forteresse de Towcester, mais la garnison les en repoussa. Dans le Buckinghamshire, l'invasion fut formidable, et plusieurs districts en demeurèrent occupés, jusqu'à l'arrivée et à la victoire d'Edouard. Les Danois imitant leur ennemi, élevaient des forteresses à Huntingdon, et à Temesford dans le Bedfordshire : ils assiégèrent même Bedford : mais la garnison les repoussa avec succès, en leur infligeant de grandes pertes (3).

---

1. *Sax. Chron.*, 105; Flor. Wig., 343.

2. Henr. Hunt., 353, 354 : *Sax. Chron.*, 106; Ingwulf dit de la reine : « Ipsam etiam urbibus extruendis, castellis muniendis, ac exercitibus ducendis deditam, sexum mutasse putaris », 28.

3. Matt. West., 358 ; *Sax. Chron.*, 107.

Toutefois, en dépit de leurs défaites, les Danois ne désarmaient pas : peut-être les progrès constants d'Edouard justifiaient-ils leur hostilité. Mais ils devaient échouer contre les Anglo-Saxons, par leur amour d'une indépendance excessive. Ils demeuraient indisciplinés, affaiblissant le pouvoir royal qui devait centraliser et diriger tous leurs efforts, et ils ne pouvaient demeurer sous la domination, et sous la conduite d'un unique souverain. Le roi Edouard les attaqua à Temesford, les défit, et profitant des avantages de sa conquête, il rassembla une armée dans le Kent, Surrey, et l'Essex, et vint s'emparer de Colchester. Les Danois de l'Anglia du Sud, marchèrent contre Malden, avec les troupes de quelque vikingr, mais ils échouèrent dans leur tentative. Edouard, fort de ses victoires, reçut, de toute part, des soumissions absolues, qui affaiblissaient constamment et progressivement, ses autres compétiteurs. Les Danois de l'Anglia orientale, ne lui jurèrent pas seulement « d'agir selon son bon plaisir » (1), mais encore, ils lui promirent les immunités, pour tous ceux qui vivaient sous sa protection, et les armées danoises, à Cambridge, le reconnurent pour leur seigneur et maître (1).

Ces soumissions se répétaient fréquemment : quand, en **922**, le roi fit construire un *burgh* à Stamford, tous les habitants au Nord du fleuve, vinrent lui prêter obéissance, et les rois Gallois, Howel, Cledanc, et Jeothwell, avec leurs sujets, se soumirent également à sa domination. Le roi des Ecossais suivit ce dernier exemple. Après un règne aux guerres fortunées, Edouard mourut en 924, à Farrington, dans le Berkshire (2).

---

1. *Sax. Chron* , 108-109.
2. *Sax. Chron.*, 110 ; Wynne's Hist., 44, 45 ; Mailros, 147 ; Flor. Wig., 347 ; Matt. West., 359 ; Hoveden, 422 ; Will. Malms.. 46 ; Ingulf.,

Edouard l'aîné peut être regardé à bon droit, comme l'un des fondateurs de la monarchie anglaise. Il exécuta tous les plans militaires qu'avait conçus son père, avec une application et une continuité de vues, tout à fait remarquables. Il protégeait non seulement les Anglo-Saxons de la domination danoise, mais il préparait encore la voie, aux conquêtes de ses descendants, qui allaient détruire, à jamais, la puissance anglo-danoise, en Bretagne...

Aussitôt après la mort d'Edouard, Ethelward, le fils aîné de son premier lit, doué des plus heureuses qualités, qui rappelaient celles d'Alfred, fut enlevé par la maladie, aux espoirs si légitimes que le Wessex fondait sur son règne (1). A sa mort, la witena-gemot donna le sceptre à Athelstan, en 924, qui fut couronné roi, à Kingston. Il avait alors trente ans, et le choix de l'assemblée des nobles avait été dirigé par les intentions de son père. Fils naturel d'Edouard (2), il était né, sous le règne d'Alfred le Grand, et il n'avait que six ans d'âge, lors de la mort de son aïeul qui s'intéressant à sa beauté et à son noble maintien, lui avait conféré en personne la chevalerie, avec le don d'un vêtement de pourpre, et d'une ceinture précieuse; à ces bienfaits, s'ajouta celui de l'éducation morale et politique qu'il reçut de sa tante, Ethelfleda. Sa jeunesse l'avait donc préparé au rôle prépondérant qu'il allait jouer dans la monarchie anglo-saxonne, et à la renommée qu'il allait acquérir par tout le continent (3).

A l'avènement d'Athelstan, Sigtryg, fils d'Ingwar, et petit-

28; Bromton, 835; Ethelw., 926; Chron. Petrib., 25; Mss. Chron. Trib. B. I. IV.

1. Will. Malms., 46; Flor. Wig., 347; *Sax. Chron*, 111.

2. Malms , 46, 48, 49: *Sax. Chron.*, 111; Bromton, 831; Matt. West., 351; Ms. Cleop. A., 12.

3. Will Malms. : « gente et animo barbarus... », 50; Sim. Dun., 133; Henr. Hunt., 354; Hoveden, 422; Flor. Wig., 328; Mss. Chron. Tib. B. IV.

fils de Ragnar Lodbrog, régnait dans la Northumbria. L'histoire ne le connaît que par son parricide, et par ses déprédations en Irlande (2) : il représentait le type barbare, dans toute l'âpreté et toute la fougue de ses instincts conquérants. Athelstan, pendant les premières années de son règne. crut prudent de se concilier un pareil adversaire, et il alla même jusqu'à lui donner sa propre sœur, en mariage. Ces épousailles furent célébrées avec magnificence. La conduite du roi des Saxons peut ainsi s'expliquer : au début d'un règne toujours incertain, entouré de l'inimitié de frères évincés du trône, il tenait à s'assurer de l'amitié, et peut-être même. de l'appui des Anglo-Danois. Sigtryg embrassa le christianisme, mais s'en repentant bientôt, il répudia sa femme, et revint aux pratiques de l'idolâtrie. A cet affront. Athelstan se prépara à l'attaque, mais Sigtryg mourut, avant l'invasion saxonne. Ses fils s'enfuirent, poursuivis par le roi : le farouche Anlaf, en Irlande; et Godefrid, en Ecosse (1).

Athelstan se mit à la poursuite de Godefrid; il envoya des messages comminatoires à Eugène, roi des Combres, et à Constantin, roi des Scotes, pour réclamer d'eux, les fugitifs. Constantin se rendit à cette mise en demeure. et vint avec son prisonnier, vers Athelstan. Pendant le voyage, — et peut-être avec sa complicité, Godefrid put s'échapper, et tenta vainement d'intéresser le pays d'York, à sa cause. Après avoir supporté les fatigues d'un long siège, il se rendit à Athelstan, qui le reçut avec honneur, à sa cour. Mais las de la tranquillité de cette vie, il reprit bientôt le cours incertain de ses aventures (2).

Athelstan affirmait, alors, sa supériorité grandissante : il chassa avec succès, Ealdred, de Bebbanburh, rasa les for-

---

1. Matt. West , 360 ; Sihtricus vita decessit... », Flor. Wig., 348.
2. Will. Malms., 50.

tifications d'York, et ajouta la Northumbria, à ses possessions patrimoniales (1).

Les Normands s'aperçurent, bientôt, des desseins politiques d'Athelstan, qui les voulait réduire à l'impuissance, et à une entière sujétion. Les rives de la Baltique étaient toujours peuplées d'aventuriers, prêts à assurer leur gloire et leur fortune, en d'autres pays. Et parmi eux, l'on trouvait de ces descendants de Ragnar Lodbrog, toujours populaires, et entreprenants. Les Normands eurent conscience de la nécessité d'un grand et définitif soulèvement contre Athelstan, et pour s'émanciper de la tutelle et de la rivalité anglo-saxonnes, et pour préparer les vastes conquêtes de l'avenir. On sentait, même en Europe, l'approche d'une issue définitive, et les événements qui vont suivre sont également narrés dans les chroniques anglaises, et dans les Sagas du Nord.

En 934, Athelstan avait ravagé l'Ecosse avec son armée, jusqu'à Dunfoeder et Wertmore, tandis que sa flotte semait l'épouvante dans Caithness. Constantin ne pouvait lui opposer de véritable résistance, et Anlaf, bien qu'ayant été investi de la souveraineté, en Irlande, cherchait à reconquérir le trône de Northumbria. Dans le pays de Galles, les princes humiliés par Athelstan, étaient prêts à se liguer, pour affaiblir son autorité. Les Anglo-Danois voyaient avec ombrage, la prépondérance de la souveraineté saxonne, et réduits à leur petit état de Cumbria, ils ne pouvaient que se joindre à leurs puissants voisins, contre Athelstan, dans une confédération, grossie de l'appoint des flottes de pirates, de la Norvège et de la Baltique. Et la fortune d'Athelstan semblait devoir le céder à tant de forces, coalisées contre elle (2).

---

1. Matt. West., 360 ; Flor. Wig., 348 ; Ms. Tib. B. IV.
2. Sim. Dun., 134 : *Sax. Chron.*, 111-114 ; Ingulf. 29, 37 ; Flor. Wig.,

Ces préparatifs n'échappaient point à la vigilance d'Athelstan, qui multipliait, de son côté, ses moyens de défense (1), et augmentait par la promesse de soldes plus élevées, les enrôlements dans son armée.

Thorold et Egil, deux *vikingr* de la mer, apprirent ces nouvelles, tandis qu'ils naviguaient dans les Flandres : à l'automne, ils vinrent offrir leurs services à Athelstan, avec trois cents de leurs compagnons. Ils furent favorablement accueillis par le roi saxon, que Rollon allait secourir, de la Normandie (2).

Anlaf ouvrit les hostilités, en traversant l'Humber, avec une flotte de six cent quinze vaisseaux (3). Les gouverneurs qu'Athelstan avait laissés dans la Northumbria, avaient nom Alfgeirr, et Gudrekr (4). Les forces dont ils disposaient, furent bientôt écrasées : Gudrekr succomba dans la lutte, et Alfgeirr vint porter à son roi, la nouvelle de la défaite. Parmi les alliés d'Anlaf, la Saga cite parmi les princes bretons, Hryngr, et Adils (5). Cette première levée de ses forces, lui ayant paru insuffisante, Athelstan, pour gagner du temps, et attendre ses nouvelles recrues, entama de feintes négociations avec les Danois (6), en vue d'acheter par un tribut à débattre, les conditions de la paix. Quand le roi des Saxons se sentit maître des événements, il envoya à Anlaf un message, par lequel il lui enjoignait de quitter l'Angleterre, de

349 ; Mailros. 147 ; Hoveden, 422 ; Egilli-Saga, dans Jonhstones, Celto Scandicae, p. 31 ; Mss. Cleop. B. V.

1. « ... Adalsteinn autem copias sibi contraxit, praebuitque stipendia omnibus, exteris et indigenis, qui hoc pacto rem facere cupiebant ». Egilli Skallagrimi Saga, p. 31.

2. *Ibid.*, p. 31, 32.

3. *Annals of Ulster*, Olave, p. 67.

4. Mailros, 147 ; Sim. Dun , 25, Hoveden, 422 ; Egilli Saga, p. 33, 34.

5 Langb., I, 187.

6. Egili Saga , 38, 39.

restituer le butin qu'il y avait fait, et de reconnaître l'autorité du Wessex.

Les messagers d'Athelstan arrivèrent pendant la nuit, au camp d'Anlaf : celui-ci se leva de sa couche, et assembla ses thanes. L'armée d'Athelstan était déjà en marche, et s'apercevant qu'il avait été trompé au cours de ses négociations avec les Saxons, le prince gallois résolut avec Hryngr, d'attaquer, à la faveur de la nuit, les avant-postes de l'armée d'Ethelstan, commandés par Alfgeirr, et Thorolf (1).

Anlaf, hardi et entreprenant, voulut se rendre compte, par lui-même, des positions de l'armée ennemie, pour mieux diriger son attaque, sur les points faibles de celle-ci. A l'aide d'un déguisement, il pénétra dans le camp saxon, mais il fut reconnu, à son départ, par un ancien soldat de ses armées, qui vint aussitôt prévenir le roi saxon de sa découverte : Athelstan changea du même coup, l'ordre de bataille de son armée.

A la nuit, Adils et Hryngr, rassemblèrent leurs forces, et marchèrent sur le camp saxon. Mais Thorolf et Alfgeirr qui commandaient dans ce district, soutinrent le choc, avec leurs soldats. Adils s'attaqua à la division d'Alfgeirr, et Hryngr vint assaillir le vikingr allié (2). Vaincu par l'impétuosité de son agresseur, Alfgeirr s'enfuit du champ de bataille. Adils, fort de sa victoire, se retourna contre les autres combattants ; — Thorolf, dans l'intervalle, se réunissait à Egils, et la mêlée devint générale. Thorolf se battit contre Hryngr, avec toute la fureur d'un courage indompté : il rejeta son bouclier derrière lui, et saisissant des deux mains, sa large épée, il frappait ses ennemis de formidables coups. Il se fraya victorieusement un passage jusqu'à la bannière de son antagoniste, qu'il tua. Cette prouesse réveilla l'ardeur de ses compagnons

1 Egili Saga., 40, 42.
2 Will. Malms., 48. 248 ; Ingulf, 37.

d'armes, et Adils, démoralisé par la mort d'Hryngr, abandonna le champ de bataille (1).

Athelstan, pendant ce temps, avait disposé son armée entière, pour un engagement décisif, et Anlaf l'ayant imité, le combat fut précédé, de part et d'autre, d'une nuit de repos. Athelstan avait placé sur le front de bataille, ses troupes les plus braves, avec Egils, à leur tête. Il laissa Thorolf commander ses propres troupes, avec un contingent d'Anglo-Saxons, qui devaient être opposés aux Irlandais, qui avaient coutume de combattre, en se déplaçant. Les soldats de Mercie et de Londres, sous la conduite du vaillant Turketul, chancelier du royaume, devaient assaillir les forces Scotes de Constantin. Athelstan devait lui-même combattre Anlaf, à la tête de ses Saxons de l'Ouest, les plus loyaux, et les plus hardis (2). Anlaf imita, en partie, ces dispositions, et prit position, de manière à se mesurer contre le roi saxon.

Brumanburh fut le théâtre du combat, qu'ouvrit Thorolf : il se rua vers un bois, par où il espérait tourner le flanc de l'ennemi, mais sa témérité l'emporta trop avant, dans les lignes ennemies, et Adils, se précipitant hors du bois, massacra Thorolf et ses compagnons les plus avancés. Les cris d'alarme furent entendus d'Egils, qui se contentant de voir reculer la bannière de Thorolf, vint prendre part à l'action même, au cours de laquelle Adils devait périr (3).

La mêlée fut terrible (4), au dire des chroniqueurs, et c'est alors que le chancelier Turketul, tenta une attaque qui influa singulièrement, sur la fortune des armes saxonnes. Turketul choisit parmi les combattants, venus de Londres, une élite

1. Egil's Saga., 44, 45.
2. *Ibid*, 46, 47 : Ingulf, 37.
3. Egil's Saga., 48, 49
4 Cessantibus cito ferentariis armis, pede pes, et cuspide cuspis umboque umbone pellebatur ». Ingulf, 37.

de vétérans éprouvés, auxquels il adjoignit les hommes du Worcestershire, avec leur chef, que les chroniqueurs appellent le « magnanime » Singin. Sa colossale stature apparaissait, au front de cette formidable division, et lorsque Turketul eut choisi le corps ennemi qu'il voulait frapper, il fondit sur les lignes normandes qu'il rompit. Les Pictes s'enfuirent en désordre, et Turketul, sans se soucier des javelots et des flèches, plantés dans son armure, s'avança jusque dans les rangs des Scotes, dont le roi, Constantin, attaqua Turketul. Le saxon Singin, frappa à mort le fils de Constantin, et le chancelier, après des fortunes diverses, remporta une victoire longuement disputée (1).

Pendant ces phases de la bataille, Athelstan, et son frère Edmond étaient aux prises avec Anlaf. Souvent, l'épée d'Athelstan se rompit, des grands coups qu'il en portait ; le roi saxon commençait à faiblir, quand Egils et Turketul, après leur poursuite des Scotes, vinrent fondre, soudain, sur l'arrière-garde d'Anlaf, qu'ils taillèrent en pièces. Les Saxons, sur les exhortations d'Athelstan, poursuivirent leur victoire, et bientôt les routes avoisinantes étaient couvertes des cadavres, des soldats d'Anlaf, qui avaient tenté de chercher leur salut, dans la fuite (2).

Ainsi s'acheva ce conflit qui, pour la première fois, avait attiré l'attention de l'Europe, aux yeux de laquelle la réputation d'Athelstan fut définitivement consacrée. Plusieurs rois recherchèrent l'alliance du monarque saxon, et l'Angleterre prit alors seulement, une place importante, dans l'empire d'Occident (3). Parmi les Anglo-Saxons, les poètes célèbrè-

---

1. Ingulf, 37.
2. Egilli Saga , 49, 50 ; Ingulf, 37.
3. « Hac itaque victoria per universam christianitatem citius ventilata, desiderabant omnes reges terrae cum Athelstano rege amicitias facere,

rent cette bataille, en des chants, dont l'un a été conservé
dans la Chronique Saxonne (1). Athelstan et Edmond y sont
également célébrés, avec l'intrépidité des Saxons de l'Ouest,
et des Merciens. La bataille dura du lever du soleil, jusqu'à
son coucher, et dans la mêlée, cinq rois périrent. On y trouve
dépeintes la fuite d'Anlaf, de Froda, et de leurs sept comtes ;
la retraite de Constantin, et la mort de son fils. Et le poète
conclut, en affirmant qu'il n'y eut jamais, dans l'île, de plus
rude combat, ni de plus grand massacre, « depuis que les
Angles et les Saxons vinrent de l'Orient, à travers le vaste
océan, pour découvrir la Bretagne ; depuis que les fameux
forgerons de la guerre, l'emportèrent sur les Gallois, et que
les thanes illustres et braves, obtinrent la terre de Bretagne » (2).

Comme conséquence de cette victoire, les pays de Northumbria et de Galles, tombèrent aux mains d'Athelstan. Ces
annexions achevèrent de consolider sa situation prépondérante, et lui méritèrent le titre de fondateur de la monarchie
anglaise.

Cette dernière appellation fut parfois donnée à Alfred,
aussi bien qu'à Athelstan. Mais la vérité semble résider en
ce fait, qu'Alfred fut le premier monarque des Anglo-Saxons,
et Athelstan, le premier roi d'Angleterre. En fait, les Danois
partageaient avec Alfred, l'Angleterre, quand sous son règne,
ils possédaient et la Northumbria, et l'Anglia orientale. Ce
ne fut donc qu'après la destruction de la puissance danoise,

---

et quocunque modo sacra foedera pacis inire ». Ingulf, 37 ; Ethelw.,
848.

1. *Sax. Chron.*, 112-114 ; Mss. Tib. B. 1-4 ; Henr. Hunt., 354 ; Will.
Malms., 51, 52.

2. *Sax. Chron.*, 114 ; Langb., II, 419 : « Angli hoc praelium unum
censuerunt inter maxima et acerrima quae unquam cum Normannis aut
Danis commiserunt ».

par Athelstan, qu'il y eut véritablement, en Angleterre, une
monarchie souveraine. Après la bataille de Brunanburh,
Athelstan demeurait, sans compétiteur, le seul maître de
l'Angleterre entière : il était même devenu le souverain
nominal du pays de Galles et de l'Ecosse (1).

Les relations extérieures de l'Angleterre avec le continent,
se développèrent sensiblement, sous le règne d'Athelstan,
qui fit sortir son pays de cet isolement, où l'avaient maintenu
ses révolutions intérieures.

Quand les Normands se furent établis, en France, dans la
Normandie proprement dite, et envahirent la Bretagne, leur
roi, Mathuedoi, s'enfuit en Angleterre, avec sa famille. Les
seigneurs bretons l'y avaient suivi, et Athelstan les reçut tous,
avec un généreux empressement. Le jeune Alan, fils de
Mathuedoi, — par la fille du célèbre Alain, — vécut dans le
palais d'Athelstan, où il reçut le baptême, ayant le roi d'Angleterre, pour parrain. Quand il eut atteint l'âge viril, il se
promit de libérer sa patrie de la servitude étrangère, et rassemblant sous sa bannière, tous les Bretons qui avaient
émigré sur la terre anglaise, il fit voile vers les côtes de la
Bretagne, à la tête d'une importante expédition. Le succès

---

1. Cf. Matt. West., 340 ; Chronicon de regibus Angliae a Petro de
Ickham. Mss. Cotton. Lib. Domit. A. 3 : « Primus regum Anglorum super
totam Angliam regnare coepit ». Chronicon Johannis de Taxton ab initio
mundi ad Ed. I. Mss. Cotton. Julius, A. I. : « Alfredus exinde regnum
Anglorum solus omnium regem obtinuit ». Chronica Johannis de Oxene-
des monachi S. Benedicti de Hulmo ab Adventu Saxonum ad. A. D. 1293.
Ms. Cotton. Nero, D. 2 : «... ad regem Aluredum primum monarcham
totius Angliae ». « Athelstanus qui primus regum Anglorum omnes nationes qui Britanniam incolunt sibi armis subegit ». I. Dugdale Monast.,
140 ; Ms. Cott. Domit. A. 8, p 5 : « Athelstanus qui primus regum ex
Anglis totius Britanniae monarchiam habuit ». Historia Ramesiensis,
Gall., III, 387 : « Athelstani totius olim Angliae basilei ». Mss. Tib. B. 2,
p. 22 : « Ædelstanus regnat Angliamque diu partitam solus sibi sub-
jugat... »

favorisa son entreprise, et il pénétra par surprise, dans Dol
et Saint-Brieuc. La fortune de ses armes lui ayant gagné des
partisans nombreux, il chassa les Normands, et de son pays,
et des rives de la Loire, et reçut, après l'avoir si bien conquise, la couronne de Bretagne (1).

Lorsque Charles le Simple, roi de France, fut détrôné et
emprisonné, sa reine, Edgiva vint chercher un refuge, avec
son fils Louis, âgé de trois ans, — auprès de son père,
Edouard l'aîné, d'Angleterre. Athelstan traita avec égards,
sa sœur malheureuse. Rodolphe, noble franc, avait pris,
après l'interrègne d'un an de Robert, le gouvernement de la
France, troublée par les factions et les révoltes (2). En 926,
Hugues, fils de Robert, ouvrit avec Athelstan des négociations, pour obtenir la main de sa sœur, Ethilda. La demande
était délicate, car Hugues avait contribué, avec les autres
chefs francs, à la déposition et à l'emprisonnement du roi
Charles, dont l'épouse et l'enfant avaient cherché un asile
auprès du roi d'Angleterre. Hugues conduisit ces négociations, en diplomate avisé : il commença par obtenir en
mariage pour son ambassadeur, Adulf, fils du comte des Flandres et de la fille d'Alfred, la tante d'Athelstan (3). Adulf
était porteur, à la Cour d'Angleterre, de magnifiques présents (4), de la part d'Hugues : c'étaient de rares parfums ;

1. Chronicon Namnetense restitutum, Lobineau, II, 45 : Bouquet,
VIII, 276 : « Alanus fuit vir potens ac valde adversus inimicos suos belli-
gerator fortis habens et possidens omnem Britanniam, fugatis inde
Normannis sibi subditam et Redonicam, et Namneticum et etiam trans
Ligerim Medalgicum, Theofalgicum et Herbadilicum ».

2. « Les guerres heureuses ; l'humiliation des vassaux de la couronne,
et la France pacifiée malgré tant d'esprits inquiets, sont des preuves très
certaines de sa prudence, de son courage, de sa fermeté, et de ce génie
supérieur qui fait les grands hommes, et les héros ». Le P. Daniel, 250.

3. Will. Malms., 51.

4. *Ibid.*, 51 ; Mss Cleop. B. 5.

des émeraudes, des coursiers ; un vase d'onyx ; le sabre de l'empereur Constantin ; la lance de bataille de Charlemagne. C'est alors qu'Hugues sut vaincre les résistances d'Athelstan, dont il devint le beau-frère, en 936.

A la mort de Rodolphe, qui ne laissait point de descendance mâle, la lutte pour la couronne fut circonscrite entre Hugues, et le Vermandois. Mais les deux factions opposées étaient trop puissantes, pour l'emporter, et quelques nobles, se souvenant du descendant de Charles, proposèrent d'élire son fils, roi de France : Hugues, désespérant d'être lui-même élevé au trône, se rallia à cette proposition. Athelstan milita, en faveur du jeune Louis, en envoyant une ambassade au duc de Normandie, et à la suite de ces négociations, les nobles francs envoyèrent une députation, en Angleterre, pour offrir à Louis, la couronne de France (1).

En 936, cette ambassade dont l'archevêque de Sens, faisait partie, atteignit l'Angleterre, et supplia Athelstan, au nom des Etats de France, de laisser rentrer dans son royaume, le monarque qu'ils avaient élu : Athelstan y consentit avec joie, et Louis accompagné d'une suite nombreuse de comtes et d'évêques saxons, fut reçu à Boulogne, par Hugues et la noblesse de France, et fut couronné à Laon (2).

Les débuts du règne de Louis, furent marqués par l'hostilité d'Hugues, qui épousait bientôt, Hadwida, fille d'Henri 1er, empereur d'Allemagne. Le roi de France, sentant la nécessité de s'assurer contre les périls extérieurs qui le menaçaient, rechercha l'alliance d'Athelstan, qui lui promit d'envoyer une flotte à son secours (3). Quand Othen passa le Rhin, en

---

1. Dudo de Act. Norman. Lib. III, 97. « Hugo comes trans mare mittit pro accersendo Ludovico Caroli filio quem rex Alstannus avunculus ipsius nutriebat ». Flodoardi Hist. Eccles. Rhem., Lib IV, c. 26.

2. *Ibid.*, c. 8.

3. Cf. Daniel, 256.

939, une flotte anglaise partit au service de Louis, mais ne lui donna qu'une aide peu effective, se contentant de surveiller les côtes, et de protéger les ports.

Telle était la renommée d'Athelstan, sur le continent, qu'en 919, l'Empereur d'Allemagne, Henri Ier, permit à son fils Othon, de rechercher en mariage, l'une des sœurs d'Athelstan, Editha (1).

Les rapports d'Athelstan avec la Norvège, doivent être ici, notés : pendant le règne d'Edouard, et à l'avènement d'Athelstan, Harald Harfragre demeurait le seul maître de la Norvège, dont il avait réduit tous les rois à l'impuissance, et annexé tous les états. Ce roi, qui à côté de ses qualités d'homme de guerre, savait faire preuve d'un sens politique avisé, comprit la nécessité de répandre, parmi son peuple, les bienfaits de la civilisation. Il n'avait, d'ailleurs, entrepris que des guerres de défense, et toutes ses entreprises avaient été dirigées contre la piraterie, véritable ferment de barbarie et de férocité, et qui entravait tout effort civilisateur (2). La suppression de la piraterie, s'imposait à Harald, comme une mesure légale, puisque les pirates, prélevaient sur ses sujets, au mépris de son autorité, une taxe plus lourde que les impôts royaux. Il s'attaquait donc à une puissance rivale de la sienne, et à une royauté de fait, qu'il voulait abolir. Après avoir promulgué des édits contre la piraterie, Harald ayant équipé une flotte considérable, poursuivit par les mers, les derniers vikingrs, jusque dans les îles Shetland, et les Orcades. Ces répressions définitives amenèrent le départ de

1. Ingulf, 38 ; Will. Malms., 47.

2. Haralld. Saga., c. VI. 79 ; *ibid.*, c. I, 75 : « Post obitum Halfdani nigri regnum ab eo relictum, invasere principum multi ». Ara-Frode. c. 1, p. 6 ; c. 2. p. 10 ; Orkneyinga Saga., p. 3, ed. Hafniae, 1780 : Haralld. Saga.. c. **20**, p. 96.

la Norvège, de Rollon, ou Hrolfr, — et la colonisation de la Normandie, par ses compagnons (1).

Les relations effectives entre Harald et Athelstan, s'établirent par l'envoi du fils du roi de Norvège, Hacon, à la cour d'Angleterre, pour qu'il y fût instruit (2), loin des mœurs barbares, qui avaient impressionné sa jeunesse. Harald avait envoyé, avant l'arrivée de son fils, de magnifiques présents à Athelstan : un riche vaisseau, à la proue d'or, aux voiles de pourpre, et aux flancs recouverts de boucliers. Hacon reçut d'Athelstan en retour, une épée qu'il porta fidèlement, jusqu'à sa mort (3).

Avant d'expirer, Harald avait désigné son fils Eric, pour son successeur à la couronne, et il avait divisé une partie de ses domaines, entre ses autres enfants. Ceux-ci furent mécontents des libéralités qu'ils jugeaient trop restreintes, et se révoltèrent contre la dure autorité d'Eric, qui les fit mourir successivement, et qui appella, sur lui, par ses exactions, la colère du peuple. C'est alors qu'Hacon, encouragé par Athelstan, entreprit d'affranchir sa patrie du joug du tyran (4). A la tête d'une flotte qu'Athelstan lui avait généreusement donnée, il fit voile pour Trontheim. Hacon, par sa force, sa beauté, et la maturité d'un esprit déjà discipliné, sut se concilier la faveur populaire. Les partisans d'Eric, eurent bientôt abandonné sa cause, et Hacon fut élu roi, à sa place (5). Il apporta dans son gouvernement, la règle de

1. Haralld. Saga., c. 24, 100.

2. « Haraldus miser at unum ex filiis suis Halstano regi Anglorum Hocon nomine, ut nutriretur et disceret morem gentis » Theodoric. Hist. Norw., II, 7.

3. Haralld. Saga., c. XLI, XLII, 119, 120 ; Will Malms., 51.

4. Theodoric., c. II, 7.

5. Saga. Hakonár Goda., c. I, 125. « Itineri in Norvegiam hinc mox accingitur, ad quod et copiis et classe bene armata, omnibusque rebus necessariis, ope Adalsteini regis magnifice instruitur ». Theodoric., c. IV, 9 ; Adam. Brem., 25.

conduite et les principes de sagesse politique, auxquels Athelstan l'avait formé, et il mérita de la reconnaissance de son peuple, le surnom d'*Hacon le Bon*.

Ainsi Athelstan, parvenu à l'apogée de sa gloire, avait préparé au trône, trois monarques du continent, Alain de Bretagne, Louis de France, et Hacon de Norvège, — et ces faits ne sont pas seulement rapportés par les chroniqueurs anglais, mais encore par ceux du continent (1). La générosité d'Athelstan s'étendit même à ses ennemis, et l'on rapporte qu'il rendit à Howel, le royaume de Galles, et à Constantin, celui d'Ecosse (2), déclarant qu'il aimait mieux faire des rois, que de régner lui-même. Il donna une autre preuve de sa grandeur d'âme, en recevant à sa cour, le prince Eric qu'il avait contribué à renverser du trône, en Norvège. Eric pillait déjà l'Ecosse, quand Athelstan lui envoya un message de paix, avec la promesse de bienfaits prochains, en mémoire de l'amitié qui l'avait uni à Harald, son père (3).

Athelstan plaça Eric, sur le trône de Northumbria, et lui fit recevoir le baptême (4).

Le monarque saxon était redevable à son père d'une culture véritable, qu'avaient entretenue et développée de nombreuses lectures (5). Sa charité était proverbiale, dans son royaume, et il avait décrété que chacun de ses *gerefas*,

1. « Rex Adalsteinus omnium ore laudatur; felicem se credebat quisquis regum exterorum si ei affinitate vel foedere sociari posset ». Chron. Petri de Burgo, p. 25.

2. « Quos miseratione infractus in antiquum statum sub se regnaturos constituit, gloriosius esse pronuncians regem facere quam regem esse ». Will. Malms., Lib II, c. 6. 48.

3. Saga. Hakonar., c. III. « Ipse vero Ericus ad Angliam navigavit et a rege honorifice susceptus ibidem diem obiit », c. II, p. 7.

4. « Northumbria autem maximam partem erat a Nordmannis habitata. Linguae Norvegicae nomina plurima ejus regionis fuerunt loca. . » Saga Hakonar., c. III, 128 ; Haralds. Saga., c. XLVI, p 24.

5. Will. Malms., 49.

devrait entretenir un pauvre à ses frais, pendant une année, et il imposait à ses fermiers des redevances en blé, et en lard, qui devaient être attribuées aux indigents (1). Les *gerefas* devaient encore, racheter une fois l'an, un serf malheureux, et s'ils manquaient à ces prescriptions, ils devaient être frappés d'une amende de trente shillings, dont la moitié était applicable aux pauvres de la cité.

Athelstan donnait l'impression d'une haute valeur, et d'un grand caractère. L'Europe et son propre pays rendaient hommage à son génie politique (2). Sa grandeur et son noble maintien n'allaient pas sans quelque royale condescendance, et le brave qui sur les champs de bataille, avait planté la bannière saxonne sur de nouvelles conquêtes, se montrait doux et affable envers tous, alors qu'il marchait par les rues, calme et souriant, aux yeux du peuple qui l'aimait ardemment, pour sa bravoure, et pour son humilité.

On n'a reproché à Athelstan qu'une cruauté inutile, qu'il déplora lui-même, amèrement. Lors de son avènement, un certain Alfred, était, au mépris de son autorité, entré en lutte avec lui, pour la couronne. Un frère d'Athelstan, Edwin, alors dans la première jeunesse, fut accusé sur des apparences, d'avoir pris part au complot, et à la rébellion. Edwin implora la clémence royale, et fit serment de son innocence. Athelstan, inflexible, le livra à la mer, sur un frêle esquif, sans voiles et sans rame. Le prince désespéré, se précipita dans les flots, et Athelstan pleura longtemps, dans la pénitence, une rigueur inutile, et probablement injuste, et qui ne lui donna que les tourments du remords, au sein même de la félicité (3).

1. Wilkins, 56.

2. « Tota Europa laudes ejus praedicabat, virtutem in coelum ferebat... » Malms., 51.

3. Will. Malms., 48, 53, 251; Sim. Dun., 134, 135; Hoveden, 422; Henr. Hunt., 354; Matt. West., 362.

Athelstan étant mort sans descendance, son frère Edmond, lui succéda, en 941, à l'âge de dix-huit ans (1). A l'avènement de ce prince, Anlaf, prince de Northumbria, qui s'était mesuré, à Brunanburh, avec Athelstan, ouvrit à nouveau la lutte contre Edmond, encouragé dans son entreprise, par les Anglo-Danois, qui l'ayant fait venir d'Irlande, le proclamèrent roi (2). Avec de grands armements, Anlaf aborda à York, et marcha sur la Mercie, pour tenter d'arracher à Edmond, sa couronne. Il débuta par le siège de Tamworth, et Edmond vint à sa rencontre, sur la route des Puits-Blancs (3). Le roi saxon avait moins d'habileté militaire, ou d'heureuse fortune qu'Athelstan, devant la puissance accrue des Anglo-Saxons, qui s'étaient préparés dans le silence, à une revanche qu'ils prirent avec éclat, dans les plaines de Tamworth. Mais la monarchie anglo-saxonne avait été à ce point fortifiée par la sage administration de trois monarques, que le succès d'Anlaf ne l'ébranla point, bien qu'il fût suivi d'une autre victoire à Leicester, à la faveur d'une sortie nocturne des Danois, contre les armées saxonnes (4).

Les archevêques de Canterbury et d'York s'entremirent alors pour entamer des négociations entre les deux rivaux, et pour mettre fin à une guerre meurtrière. Un traité de paix intervint, aux termes duquel Anlaf entrait en possession de tous les territoires s'étendant au Nord de Watling-street : le royaume d'Edmond était limité aux régions du Sud, et il était expressément stipulé que les possessions territoriales et la couronne du prémourant, appartiendraient au monarque survivant. Or, il advint qu'Anlaf mourut l'année suivante,

1. Flor. Wig., 350 ; *Sax. Chron.*, 114 ; Ingulf, 29 ; Al. Bev., 110.
2. Will. Malms., 53 ; Flor. Wig., 350 ; Ms. *Sax. Chron.*, Trib. B. 4.
3. Matt. West., 365 ; *Sax. Chron.*, 114.
4. Ms. *Sax. Chron.*, Tiberius, B. 4 ; Matt. West., 365.

après avoir presque conquis la souveraineté de toute l'Angleterre (1).

La mort d'Aulaf écarta, pour le trône de Wessex, une compétition dangereuse, et Edmond profita des circonstances, pour rentrer en possession de la Northumbria (2). Il mit également fin à l'indépendance et à l'autonomie de cinq cités. que les Danois avaient longtemps occupées, sur les frontières Nord de la Mercie, et de l'Anglia orientale : c'étaient Derby, Leicester, Nottingham, Stamford, et Lincoln. Les précédents rois saxons, en avaient permis aux Danois, l'occupation temporaire, mais Edmond les en chassa, et peupla ces villes, de colons saxons (3).

En 946 (4), Edmond étendit ses conquêtes jusqu'à la Cumbria, qu'il dévasta avec le roi de la Galles du Sud ; il fit crever les yeux des deux fils de Dunmail qui régnaient sur le pays, dont il donna le gouvernement à Malcolm d'Ecosse, à la condition de défendre le Nord de l'île, contre les envahisseurs.

Parvenu au comble de la prospérité, le roi Edmond fut soudain assassiné, dans des circonstances enveloppées de mystère, et que les récits contradictoires des chroniqueurs parviennent difficilement à éclaircir. Selon les uns, le meurtre fut perpétré à Canterbury ; à Windechirche, à Michelesberith, ou à Pucklechurch, selon d'autres (5). C'était pendant les fêtes de Saint Augustin, célébrées chaque année, par tous les états saxons. Un homme, nommé Leof, que le roi avait exilé pour faits de pillage, se présenta dans la réu-

1. Matt. West., 365 ; Hoveden, 423 ; Mailros, 148 ; Sim. Dun., 134.
2. Matt. West., 365 ; *Sax. Chron.*, *passim*.
3. *Sax. Chron.*, 114 ; Henr. Hunt., 355.
4. Matt. West., 366 ; *Sax Chron.*, 115.
5. Bromton, 858 ; Hist. Rames., 389 ; Ms. Cleop., B. V ; Mailros, 148 : Matt. West., 366 ; Will. Malms., 54 ; Al Bev., III ; Hoveden, 423 ; Ingu f. 29.

nion, et suivant la tradition, le roi pris de colère et de vin, se précipita sur l'*outlaw*, et le jeta à terre : celui-ci, en se relevant, frappa le roi d'un coutelas qu'il avait caché. Ce meurtre a été rapporté, avec des versions différentes, mais en négligeant les détails de ces récits, et des commentaires personnels aux chroniqueurs, qui les accompagnent, il est difficile, sans conjecture trop hardie, de ne pas voir dans le meurtre du roi saxon, un assassinat politique, provoqué, sans doute, par les Anglo-Danois, toujours avides de revanches, et acharnés aux représailles (1).

Edred qui, en 946, succédait à Edmond, était le troisième fils d'Edouard, qui avait régné après son père, Alfred. Edred avait vingt-trois ans, à son avènement. Son règne fut court, et interrompu par la maladie : mais dans l'intervalle, la Northumbria fit entièrement retour à la couronne de Wessex, après avoir subi tant de fortunes diverses. Il convient de rappeler ici, qu'Athelstan avait donné le trône de Northumbria à Eric, fils d'Harald de Norvège : mais ce barbare, accoutumé à sa vie errante et guerrière, sur l'océan, eut la nostalgie des aventures et des conquêtes, et vint exercer les ravages de sa piraterie (2) en Ecosse, dans les Hébrides, en Irlande, et dans le pays de Galles.

Il se sentait d'ailleurs, menacé par le roi Edmond, et se plaisait à la rude vie de l'océan, où de nombreux vikingrs l'avaient rejoint, et s'étaient rangés sous sa bannière. Sous le règne d'Edred, il revint s'établir avec ses compagnons, dans la Northumbria, dont les habitants le reconnurent, à nouveau, pour roi, et il redevint pour le souverain du Wessex, un

----

1. Will. Malms., 54 ; Flor. Wig., 352 ; Hoveden, 423 ; Matt. West., 366 : « Quo vulnere exanimatus fabulae januam in omnem Angliam de interitu suo patefecit ». Hist. Rames., p. 54. « Sed qua ratione vel a quo occisus fuit usque ad praesens incertum habetur ». *Chron. Sax.*, 541.

2. Saga Hakonar Goda, c. IV, p. 128.

formidable adversaire (1). A Tadwine's Cliff, le peuple de Northumbria avait déjà juré fidélité à Edred, quand celui-ci apprit le soulèvement, en faveur d'Eric. Le roi des Saxons ayant réuni ses forces, dévasta aussitôt la Northumbria, mais attaqué à York et à Casterford, sur son arrière-garde, par les Danois, il fit contre eux un retour offensif, les défit, et la province de Northumbria ayant chassé Eric, paya à son vainqueur, une lourde contribution de guerre (2).

Mais Eric eut bientôt reformé son armée, et livra aux Saxons, une nouvelle bataille, au cours de laquelle, Eric, avec cinq rois, Gothorm, Ivar, Harckr, Rognvalldr, et Maccus périrent, après un combat d'une journée entière (3).

Edred poussa sa conquête, jusqu'à ses conséquences (4) extrêmes : il fit charger de fers, les nobles de la Northumbria ; il emprisonna Wulfstan, le turbulent archevêque, et annexant la Northumbria plus étroitement à sa couronne, il la morcela en baronies, à la tête desquelles il plaça un earl, ou comte, nommé directement par lui : Osulf, dont la trahison avait perdu Eric, fut le premier de ces gouverneurs (5).

Edred mourut, en 955, d'une infirmité, — *debilis pedibus*, disent les chroniques ; et le roi semble avoir été atteint d'une sénilité précoce, qui fut chez lui, la cause d'une mort triste et lente (6).

Edwin, généralement appelé Edwy, fils aîné d'Edmond le Cadet, succéda à son oncle, Edred, à l'âge de seize ans, en

---

1. Flor. Wig., 352 : *Sax. Chron*, 115 ; Matt. West., 368.

2. Hoveden, 423 ; Flor. Wig., 352, 353.

3. Hakonar Saga, 129 ; Sim. Dun., 204 ; Matt. West., 369 : Mailros, 148.

4. « Erasaque tota terra in cineres redacta ita ut multis milliariis longo tempore sequenti solitudo fierat ». Ingulf, 41.

5. Flor. Wig., 353 ; Matt. West., 369 ; Ms. *Sax. Chron.*, Tib. B. IV : Wallingford, 541 ; Sim. Dun , 204 ; Mailros, 148.

6. *Vita Dunstani*, 75 ; Ms. Cott. Cleopatra, B. XIII.

955 (1). Il eut assez peu de fortune, pour régner dans une époque où une profonde évolution religieuse, devait s'ajouter aux difficultés intérieures qui agitaient le royaume.

L'ordre de Saint-Benoît s'était déjà répandu, hors de l'Italie, après que Grégoire III eût fait réédifier le monastère du Mont-Cassin, et que Zacharie eût exempté l'ordre de toute juridiction ecclésiastique, autre que celle du pape (2). Boniface, le missionnaire anglo-saxon, avait fondé, avec l'approbation du pape, un monastère bénédictin, à Fulda, que Pépin avait comblé de privilèges. Boniface dépeint lui-même ses moines comme des ascètes, menant une vie de constante abstinence, n'usant ni de viande, ni de vin, et se contentant des fruits de leurs travaux. Boniface parvint à intéresser Carloman à l'ordre, dont le clergé de Gaule dut favoriser le développement (3).

L'ordre devait s'étendre progressivement jusqu'au commencement du xe siècle. Bernon, de préférence aux autres ordres monastiques, l'introduisit à Cluny, en 910. L'un de ses disciples, Odon, lui avait succédé, et ayant modifié les statuts de l'ordre, il résolut de l'établir à Fleury, où le corps de Saint-Benoît, avait été transporté du Mont-Cassin (4).

Fleury avait été mis au pillage par les Normands, et les moines, après y être retournés, y vivaient dans l'irrégularité, au moment où Odon tenta d'y restaurer la règle, dans toute sa rigueur. On lui résista même par les armes, mais il vainquit ses adversaires par son éloquence, et par sa persévérance, et l'ordre fut si définitivement établi à Fleury, que le monastère en devint le foyer rayonnant, par tout l'Occident.

<hr>

1. Ingulf, 41 ; Wallingford, 541 ; Will. Malms., 201, etc...

2. Dugdale's Monasticon., vol. I.

3. Bib. Mag. Pat., 115 : « Est praeterea locus sylvaticus in eremo vastissimae solitudinis ».

4. Ms. des ouvrages d'Odon., Bib. Reg., 6. D. 5.

C'est alors que fut offert à Odon, le siège primatial de Canterbury (1) : il descendait de l'un des Normands, qui avaient envahi l'Angleterre, sous Ingwar et Ubbo ; il avait lui-même, porté les armes, sous le règne d'Edouard, et avait reçu, par la suite, la tonsure. Il était aux côtés d'Athelstan, à la bataille de Brunanburh, revêtu de ses vêtements pontificaux, et quand le fer se brisait aux mains du roi saxon, l'évêque lui tendait une nouvelle épée.

Odon avait une première fois, refusé son élévation à l'archidiocèse de Canterbury, mais l'ayant acceptée, devant les instances renouvelées du roi, il apporta dans sa nouvelle juridiction, les idées et les projets d'un bénédictin, désirant favoriser le développement de son ordre (2).

Mais celui-ci fut principalement réalisé, grâce à l'activité et aux efforts de Dunstan, qui naquit en 925, près de Glastonbury, dont il visitait fréquemment, la vieille église (3). Il s'adonna de bonne heure à l'étude, encouragé par les siens, et déjà naissait en lui cette ambition impérieuse, qui devait dominer toute sa vie. Parfois, il versait dans le mysticisme et la méditation, et parfois rendu par un brusque retour, aux contingences, il sentait en lui-même, la force et la volonté d'en devenir le maître. Il était ainsi entré au séminaire de Glastonbury, où il apprit de prêtres irlandais, les arts libéraux (4). Ses progrès en science et en doctrine, ayant été sensibles, il fut introduit à la cour du roi, d'où il fut éloigné, par une accusation de magie (5), qui trouva

---

1. Will Malms., 200 ; Osberne, Angl. Sax., II. 78 ; Matt. West., 359.

2. Bib. Mag. Pat., 110-116 ; Chron. Petrib., 26 ; Will. Malms., 200.

3. « Erat autem regalis in confinio ejusdem praefati viri insula antiquo vicinorum vocabulo glastonia nuncupata ». Mss. Cleop., B. 13 ; Matt. West., 360.

4. Ms. Cleop., B. 13 Osberne. *Vita Dunstani*, 92, 93, 94.

5. Ms. Cleop., B 13 : « Dicentes, eum ex libris salutaribus et viris peritis non saluti animae profutura, sed avitae gentilitatis vanissima

crédit auprès du monarque. Son parent, l'évêque Ælfheag, l'incita vivement à prendre l'habit de moine, ce à quoi Dunstan se résolut, après de longues hésitations. Dans ce nouvel état, Dunstan fit preuve d'une piété exaltée, et acquit une réputation de sainteté qu'il voulait faire servir à ses ambitieux desseins. Une noble dame Ethelfleda, de sang royal, s'intéressa bientôt à lui, et le présenta de nouveau, à la cour du roi, où il acquit assez de crédit, pour que les Bénédictins pussent occuper le monastère de Glastonbury, dont il devint l'abbé. Souvent Edred le prit pour confident ; il lui offrit même l'évêché de Winchester, que Dunstan refusa, par politique, attendant qu'on lui attribuât le siège primatial de Canterbury. Son autorité ne fit qu'augmenter sur l'esprit du roi Edwin, qu'il tint longtemps en tutelle.

Ce dernier monarque eut à subir. en 955, une rébellion des Merciens et des Northumbriens, qui placèrent sur les trônes de leurs provinces, le frère d'Edwin, Edgar, alors âgé de treize ans. Le faible Edwin ne put réagir contre un tel état de choses, et même il se décida à abandonner à Edgar, la moitié de son royaume, se réservant les seules provinces du Sud de l'Angleterre. Trois ans après la révolte de ses sujets, Edwin mourait assassiné, dans le Gloucestershire, après un règne faible et agité, dont on connaît mal les annales. Sa jeunesse et son inexpérience, sont les causes apparentes des malheurs du roi, avec son isolement de son peuple, et l'amour passionné qu'il portait à la reine Elgiva, et qui l'éloigna souvent, de la conduite des affaires publiques. Un chroniqueur parle des *crimes*, qu'il expia par sa mort : ceux-là n'étaient-ils pas plutôt, l'insouciance, l'amour de la

didicisse carmina et histriarum colere incantationes ». *Sax. Chron*, 111 ; Flor. Wig.. 348 ; Hoveden. 422 ; Ingulf, 38 ; Osberne, 97,

vie, et une jeunesse ardente, qu'une fin prématurée allait arracher à de trop courtes délices ? (1)

1 Ms. Cleop., B. 13 : « Edwyo inquam rege regno pro suis criminibus eliminato, et misera morte damnato ». Will. Malms . 55 : « Qua percussus injuria, vivendi finem fecit ». Ethelw., 849 ; Mss. Cott. Lib. Nero. D. 2, 215 ; Ingulf, 41.

LIVRE III

CHAPITRE PREMIER

Le règne d'Edgar. — Edouard VI, dit le *Martyr*. — Ethelred, dit l'*Imprévoyant*. — Le règne d'Edmond, dit *Côte de Fer*. — Le règne de Cnut le Grand.

Edgar, à l'âge de seize ans, succéda à toutes les possessions anglo-saxonnes du continent britannique, en 959. Sans méconnaître ses mérites politiques indiscutables, on doit convenir qu'Edgar allait régner sur un peuple et une nation, déjà prospères et puissants. Ses contemporains et les chroniqueurs ont exalté sa réputation, avec quelque hyperbole (1) ; alors qu'Edgar ne fit que jouir du fruit des victoires, et de la sagesse politique des rois, ses prédécesseurs, son titre de gloire le plus sûr, fut d'avoir conservé l'héritage qui lui avait été transmis, dans son intégrité, et d'avoir affirmé par la force, sa prédominance de fait, sur toute l'Angleterre.

Dunstan devint alors, successivement évêque de Worcester (2) ; et de Londres. L'archevêque Odon était mort (3) ;

1. Ethelr. Abb. Riev., 359 : « Eo namque regnante sol videbatur esse serenior, maris unda pacatior, terra faecundior, et totius regni facies abundantior, decore venustior ». «... nullum nec ejus, nec superioris aetatis regem in Anglia recto et aequilibri judicio Edgaro comparandum ». Will. Malms., De Gest. Reg., 60.
2. Mss. Cleop., B. 13 ; Osb., 108.
3. Matt. West., 369 ; Flor. Wig., 355.

avant Edwin, en 958, et le roi avait désigné pour son successeur, un autre prélat que Dunstan. Mais selon l'usage établi par les pontifes romains, les archevêques devaient aller recevoir à Rome, le pallium, et le prélat nommé par Edwin, périt dans les neiges, en traversant les Alpes (1). Un autre archevêque fut nommé à sa place, et Edgar qui régnait alors, ayant trouvé le prélat, trop humble et trop modeste, fit quitter à Byrhtelm, son siège archiépiscopal, et il lui ordonna de se retirer dans son précédent diocèse. Dunstan parvint alors au terme de son ambition, et devenu primat des Anglo-Saxons, il se hâta d'aller à Rome, en 960, date à laquelle l'ambitieux Jean XII, l'investit de la dignité qu'il avait si ardemment souhaitée (2).

Les coadjuteurs de Dunstan, dans sa réforme ecclésiastique, furent Oswald, et Ethelwald. Le premier, danois de naissance, et parent d'Odon, avait reçu la tonsure, au monastère de Fleury, et sur la recommandation de Dunstan, lui-même, Edgar l'avait nommé à l'évêché de Worcester (3).

Trois ans après, Dunstan éleva au siège de Winchester, Ethelwold, abbé d'Abingdon, qui entreprit avec un zèle indiscret, la réforme monastique du clergé. Le principal mérite du prélat fut de développer la culture de la jeunesse de Winchester (4).

Ces trois conseillers ne cessèrent d'entourer le trône d'Edgar. Son goût des lettres et des sciences faisait grand honneur à Dunstan, mais il ne faut voir dans son apparente (5) sainteté, et dans son penchant pour le mysticisme,

---

1. Matt. West., 369 ; Flop. Wig., 355.
2. Osb., 110 ; Matt. West., 370 ; Flor. Wig., 356 ; Hist. Rames., 391.
3. Flor. Wig., 356.
4. *Ibid.*, 357. Adelard : « Beato igitur Athelwoldo a se educato ». Ms. Nero, c. 7, p. 75.
5. « Unum autem ex ipso me posse referre profiteor, quod quamvis hic

qu'un moyen de servir son ambition, et d'augmenter sa popularité (1). Ses visions et ses révélations surnaturelles ne font qu'amoindrir sa réputation, et donner à toute sa conduite, quelque empreinte de mensonge et d'imposture.

Le premier soin de Dunstan fut de chasser des monastères, tous les clercs dont la conduite s'était relâchée, et d'y répandre partout, la règle des Bénédictins, dont il voulait assurer la prépondérance. L'archevêque s'aida du bras séculier, et dans un synode général, en 969, Edgar se prononça publiquement, en faveur de la règle bénédictine, et ouvrit contre le clergé séculier une persécution véritable, et il se vantait, par la suite, d'avoir fondé quarante-sept monastères, dont il voulait porter le nombre à cinquante (2). Edgar parle avec orgueil, dans l'une de ses chartes, de son omnipotence; de la soumission des îles de l'océan, et de leurs vikingrs, jusqu'à la Norvège ; de la conquête de l'Irlande, et de la très illustre cité de Dublin. Mais, en fait, ses guerres ne se réduisent qu'à une invasion du pays de Galles. En 973, pour achever de réduire la Northumbria, il convoqua ses barons, et divisa la province en deux comtés, dont il donna le gouvernement respectif, à Oslach, et à Eadulf (3).

La tradition rapporte qu'Edgar, à la tête d'une flotte impor-

carneo septus velamine deguisset, in imis mente tamen, sive vigilaret, sive somno detentus quiescerat, semper manebat in superis ». Ms. Cleop., B. 13, p. 81.

1. « Sed continuo jussit eam litterarum in memoria priusque oblivioni daretur conscribere, et conscriptam cuidam monacho tam recentem discere... ». Mss. Cleop., cit. ; Cf. Osb., 114 ; Eadmer, *Vit. Dunst.*, 217.

2. « Vitiorum cuneos canonicorum e diversis nostri regiminis Caenobiis Christi vicarius eliminavi ». Spelman Concil., 438 ; Ethelr., 360 ; Ingulf, 45 ; Obs., 111 ; Eadmer. 219 ; Hoveden, 425 ; Matt. West., 372, 374 ; Hist. Rames., 393, 394, 400 ; Dugdale, Monast., 1, 140.

3. « Mihi autem concessit propitia divinitas cum Anglorum imperio omnia regna insularum oceani cum suis ferocissimis regibus usque Norregiam, maximamque partem Hiberniae cum sua nobilissima civitate

tante, naviga jusqu'à Chester, et que huit rois, Kenneth, roi
d'Ecosse, Malcolm de Cumbria, Macchus d'Anglesey, trois rois
de Galles, et deux autres monarques (1), furent convoqués
en ce lieu pour lui rendre un hommage public. La vanité du
roi des Saxons n'en fut point encore satisfaite, et il exigea,
pour mieux affirmer sa puissance, que ces rois ramassent à
la galère royale, sur laquelle il était monté (2). Pour ces excès
d'orgueil, et pour les mœurs dissolues du roi, Dunstan n'imposait au monarque, que de légères pénitences, telles qu'un
court jeûne, l'interdiction de porter la couronne pendant
sept mois, ou la promesse de fonder quelque nouveau monastère (3).

Mais au milieu de ces faiblesses intérieures, quelques actes
politiques de haute portée, font honneur à Edgar, et à ses
ministres. Ce fut, avant tout, la protection des étrangers (4)
et du commerce. Des navigateurs abordaient constamment
en Angleterre, venus de Saxe, des Flandres et du Danemark :
Edgar favorisait leurs transactions, au point de mériter les
reproches d'un écrivain ecclésiastique, l'accusant de trop
aimer ces étrangers, qui apportaient aux peuples d'Angleterre, leurs vices et leur mollesse (5). Le roi frappa d'un
châtiment exemplaire, les habitants de Thanet, qui avaient

Dublinia Anglorum regno subjugare » Dugdale. I, 140 ; Wallingford, 544 ;
Matt. West., 375 ; Spelman, 486.

1. Matt. West., 375 : « Jacobo rege Galwalliae et Jukil Westmariae ».

2. Will. Malms , 56 ; Mailros, 150 ; Hoveden, 426 ; Sim. Dun., 159 ;
Al. Bev., 112 ; Flor. Wig., 359.

3. Will. Malms., 60 ; Osb., 111 ; Henr. Hunt., 356.

4. Ms. Cleop., B 5.

5. « Extraneos huc adductos, plus aequo diligens ». Henr. Hunt., 356.
« A Saxonibus animorum in conditam ferocitatem a Flandritis corporum
enervem mollitiem, a Danis potationem discerent Homines ante haec in
talibus integra et naturali simplicitate sua defensare aliena non mirari ».
Will. Malms , 56.

pillé des convois de marchandises. venus d'York (1) ; il eut
l'heureuse idée de changer la contribution payée par le pays
de Galles, en un tribut de trois cents têtes de loups, pour
achever d'en délivrer la région (2). Il fit encore refondre la
monnaie du royaume dont l'usure, la fraude, ou le grattage
avaient sensiblement diminué la valeur nominale, et l'unité
monétaire fut réalisée, sous son règne, en Angleterre (3).

On a fait à Edgar, un titre de gloire, de l'organisation des
trois flottes de douze cents vaisseaux, qui devaient constamment sillonner les côtes de l'île, du Sud à l'Ouest. C'était là,
plutôt une manifestation de puissance, qu'une mesure nécessaire à la défense du pays, que ne menaçait alors, aucun
envahisseur, à cette période de l'apogée de la puissance
saxonne. Edgar mérita mieux la reconnaissance publique,
en se rendant chaque année, à l'été et à l'hiver, dans chacune de ses provinces, pour y entendre les doléances du
peuple ; pour y redresser des injustices, et pour veiller à
l'exécution des lois. Cette mesure fut louable, bien qu'elle
eût surtout été dictée, par le souci de la popularité, chez
Dunstan. Edgar se montrait libéral envers ses amis : c'était
Kenneth d'Ecosse, à qui il donnait, après une visite qui lui
avait été rendue par ce monarque, le comté de Louth, mille
onces d'or pur, des robes de soie, des anneaux, et de riches
pierreries (4).

Le roi Edgar était mince, et de petite stature. Il fut marié
deux fois : sa première femme, Elfleda la Belle, fille d'Ord-
mer, lui donna un fils, Edouard, qui devait lui succéder, et
une fille qui prit le voile. D'Elfrida, sa seconde femme, il eut

1. Matt. West , 374.
2. Ce tribut cessa, faute d'objet, quatre ans après son établissement.
Will. Malms , 59.
3. Matt. West , 374 ; Eadmer, 246.
4. Mailros, 150 ; Matt. West., 375 ; Will. Malms., 59.

deux fils, Edmond, à qui il survécut, et Ethelred, qui porta la couronne (1).

Le règne d'Edgar fut longtemps regardé par les chroniqueurs, comme le plus glorieux des annales anglo-saxonnes, bien que le roi n'ait fait que jouir d'un état de fait qu'il n'avait point créé, et d'une puissance qu'il ne fit que fortifier et qu'affirmer, sans l'avoir d'abord assurée. Il mourut à trente-deux ans, et ce sceptre qu'il avait si jalousement gardé, allait échapper aux mains débiles de ses successeurs. Son fils aîné périt, par les machinations d'Elfrida, et le cadet ne régna que pour montrer l'abaissement d'un grand peuple, sous un faible monarque.

Le fils de celui qui avait fait ramer huit rois à son vaisseau, devait acheter par cinq fois, des pirates danois, la paix de son royaume, et abandonner, enfin, son trône, à l'envahisseur étranger. Des petits-fils d'Edgar, l'un devait périr de mort violente, après son avènement ; l'autre avait pour destin, d'être le dernier des rois Anglo-Saxons, de l'Angleterre.

A la mort d'Edgar, en 975, il y eut une réaction contre la politique militante de Dunstan : comme les nobles sentaient chez le nouveau roi, Edouard, une soumission aux desseins de l'archevêque, ils tentèrent vainement de lui susciter, dans Ethelred, un compétiteur au trône. Edouard avait été désigné par son père, pour son successeur à la couronne, aussi Dunstan, avec l'aide d'Oswald, s'empressa-t-il de couronner Edouard, parmi le concours de quelques ducs et de quelques pairs ecclésiastiques. Edouard, comme tous les rois depuis Athelstan, était très jeune, à son avènement (2).

L'antagonisme entre les partisans et les adversaires de

<hr>

1. Will. Malms., 59 ; *Sax. Chron.*, Ms. Tib., B. 4.
2. Flor. Wig., 361 ; Mailros, 151 ; Hist. Rames., 413 ; Eadmer, 220.

Dunstan, devint si vif que le gouverneur de Mercie, chassa tous les moines de sa province, tandis que le gouverneur de l'Anglia orientale, les prenait sous sa protection. Des séditions s'ensuivirent, et le clergé pour prix de la défense qu'il en recevait, abandonnait ses biens aux gouverneurs. La reine Elfrida se ligua avec le clergé séculier, contre Dunstan, et chercha à faire une diversion, en faveur de son fils Ethelred (1). Le mécontentement grandissait contre Dunstan, qui sans cesse attaqué dans les assemblées, par la noblesse, ne pouvait se réconcilier avec elle. L'archevêque, à la mort de son fidèle Athelwold, nomma à l'évêché de Winchester, Elphegus, l'une de ses créatures, de même qu'il s'efforçait de pourvoir les siens, de toutes les charges publiques (2). Le prélat tenait le roi, dans la plus étroite sujétion, et fortifiait, ainsi, son pouvoir contre les tentatives plus pressantes, et plus osées de l'ambitieuse Elfrida, qui avait alors, comme douaire, sous sa domination, tout le Dorsetshire, avec la dignité royale dont elle avait été investie (3).

L'état troublé du royaume favorisait ses entreprises, et elle s'unit dans une conspiration, à plusieurs nobles pour détrôner Edouard, et donner la couronne à Ethelred La mort du roi fut résolue : Edouard chassait dans le Dorsetshire, près de Wareham, à quelques lieues de Corfe-Castle, résidence de la reine Elfrida, et de son fils. Les compagnons du roi s'étaient dispersés, à la poursuite de quelque cerf, quand Edouard, emporté lui-même, par la course, aperçut les hautes et sombres murailles du donjon de sa belle-mère. Celle-ci fut prévenue par ses partisans, de l'arrivée de son beau-fils, et elle vint en hâte à sa rencontre, sous prétexte

1. Will. Malms., 64 : Hist. Rames., 412 : Ingulf, 54 : « Multus inde tumultus in omni angulo Britanniae factus est ».
2. Osb., 114.
3. Hist. Elliensis., Gale III, 491. 492 ; Wallingford, 545.

de lui faire honneur : elle alla même, jusqu'à l'inviter à
pénétrer dans le château. Le roi ne voulut point descendre
de sa monture, et il se contenta de porter à ses lèvres, la
coupe que lui tendait Elfrida. Pendant qu'il la vidait il fut
frappé d'un coup de poignard entre les deux épaules, et se
sentant blessé, il lançait au galop, son palefroi effrayé. Mais
la blessure du meurtrier était mortelle : le roi chancelant, se
laissa tomber de son cheval, et fut traîné par les éperons, à
travers la forêt. Son crâne s'était brisé aux pierres du chemin, quand les compagnons d'Edouard, ayant suivi la trace
de son sang, trouvèrent enfin. son cadavre défiguré. On le
brûla, et les cendres du roi furent déposées à Wareham (1).

Après le meurtre de son frère, Ethelred. en 978, montait
sur le trône, âgé seulement de dix ans. Mais la reine Elfrida
avait échoué dans sa tentative contre Dunstan, dont l'influence
et le pouvoir devaient demeurer les mêmes. sur l'esprit du
roi. Quelque temps après son crime, elle dut, devant la
réprobation populaire, se retirer dans un couvent, où elle
vécut dans la pénitence. C'est alors que Dunstan et le gou-
neur de la Mercie, se rendirent à Wareham, au milieu d'un
grand concours de peuple, pour en retirer les restes
d'Edouard, qu'ils portèrent avec honneur, à Shaftesbury (2).

En 980, après que l'Angleterre eût joui pendant près d'un
siècle de la paix que lui avait assuré une force toujours
accrue, sept vaisseaux danois vinrent piller Southampton, et
l'île de Thanet. A la saison suivante, les mêmes vikings
ravagèrent la Cornouailles, le Devonshire, et l'île de Portland (3). Devant cette invasion nouvelle des Normands, les
Anglais marchèrent contre eux, à Wecedport, et y demeurèrent maîtres du champ de bataille où Goda, gouverneur du

1. Will Malms.. 61 : Ingulf, 54 : Mailros, 151.
2. Will. Malms , 62 : Flor. Wig., 362 ; *Sax. Chron* , 125.
3. Flor Wig., 363 ; Sim. Dun., 161.

Devonshire, et Stenwold, son compagnon, étaient tombés. Trois ans après ces événements et la mort de Dunstan, les Danois tentèrent encore, une plus formidable invasion. Des troupes barbares en grand nombre, attaquèrent Ipswich. Les envahisseurs s'avancèrent, sans rencontrer de résistance, jusqu'à Malden, où Byrhtnoth, gouverneur de l'Essex, fut défait et tué par eux. Les conseillers d'Ethelred lui firent prendre alors, une lâche résolution, que ne commandait point la faiblesse du pays : on résolut d'acheter la paix, des Danois, en 991. L'archevêque Siric, qui avait succédé à Dunstan, fit observer que, comme les Normands étaient venus en Angleterre, pour s'y livrer au pillage, il serait plus sage de leur donner directement la contribution qu'ils exigeaient. Dix mille livres furent le prix de la retraite des Normands. Cette concession désespérée devait exciter la convoitise des barbares, qui sentaient que les conseillers immédiats du roi, dans leur propre intérêt, tardaient à appeler aux armes la noblesse du royaume, et que les nobles eux-mêmes voyaient, sans déplaisir, l'invasion danoise triompher de la puissance royale, qui les avait tenus si longtemps en obéissance et en échec (2).

Quand des projets plus sages furent élaborés, les moyens d'action nécessaires furent mis en œuvre par Ethelred, et par son conseil (3). Une flotte puissante fut construite à Londres, et fut montée par de courageux vétérans Mais toute la prudence de ces mesures, allait être combattue par le choix d'Alfric, pour chef de la flotte anglo-saxonne.

Alfric, en 983, avait succédé à son père, dans le duché de

---

1. Flor. Wig., 364.
2. Will. Malms., 62, 365 ; *Sax. Chron.*, 126 ; Flor. Wig , 365 ; Henr. Hunt., 357.
3. Matt West., 378.

Mercie (1). Trois ans après, pour des raisons demeurées inexpliquées, et au cours des troubles qui agitaient l'Angleterre, il fut chassé de ce dernier pays (2). Rentré en grâce, en 992, il fut nommé au commandement de la nouvelle flotte, avec un autre duc, et deux évêques. Le projet des Saxons était de surprendre les Danois dans quelque port, et de les y assiéger. Ce plan judicieux fut alors déjoué par la trahison d'Alfric, qui prévint les Danois de l'action que préparaient les Saxons, et rejoignit secrètement, les envahisseurs. Les Anglo-Saxons trouvèrent l'ennemi en fuite, et ne purent s'emparer que d'un vaisseau. Les autres navires ne purent regagner leurs ports sans être assaillis, et une division de la flotte anglaise, venue de Londres et de l'Anglia orientale, les attaqua, et les captura. Alfric était en fuite, aussi Ethelred voulut-il se venger de lui avec barbarie, sur son fils Algar, à qui il fit crever les yeux (3).

En 993, ces opérations avaient eu pour but d'écoduire l'ennemi des districts du Sud, mais c'était aux comtés du Nord qu'il allait, à présent, s'attaquer. Avec de forts armements, les Danois prirent d'assaut Bebbanburh, et dévastèrent la Northumbria, et une partie du Lincolnshire. Les soldats des provinces, armés pour défendre leurs possessions, opposèrent à l'ennemi une vaine résistance, puisqu'ils avaient à leur tête trois chefs d'origine danoise, qui se joignirent, au premier engagement, aux hommes de leur race (4).

Au printemps de 994, deux rois barbares, Olaf, fils de Tryggva, roi de Norvège, et Svein, roi de Danemark, apparurent sur la Tamise, avec une flotte de quatre-vingt-quatre vaisseaux qu'ils avaient réunis. Ils furent repoussés de Lon-

1. *Sax. Chron.*, 125.
2. Sim. Dun., 161.
3. Flor. Wig , 366 ; Will. Malms., 62.
4. Sim. Dun., 162 : *Sax. Chron.*, 127.

dres, et bien que leurs forces ne fussent point considérables,
ils ravagèrent, grâce à elles, la partie maritime de l'Essex et
du Kent, et par la suite, le Sussex, et l'Hampshire (1). On
a avancé, non sans quelque raison, qu'une armée aussi peu
importante n'avait pu aborder, se maintenir, et vaincre en
Angleterre, qu'avec la complicité d'une partie de la nation,
et de la noblesse (2). Ethelred, par inertie, ne voulut point
entreprendre de guerre, et il se contenta d'envoyer à ces
dix mille hommes, qui suffisaient à vaincre un grand peuple,
un tribut de seize mille livres, quoique la nation Saxonne
toujours forte et guerrière, eût pu l'emporter sur un ennemi,
qui lui était inférieur en nombre, et en qualités militaires.

Olaf fut invité à la cour d'Ethelred, et ayant reçu des otages pour sa propre sûreté, il vint à la cité royale, où le
monarque le reçut avec honneur : pendant sa visite, il
embrassa la foi chrétienne, et fut confirmé. Quand il regagna
sa patrie à l'été, il promit de ne plus inquiéter l'Angleterre,
et tint parole (3).

Lors de la dernière capitulation, l'armée de Svein avait
hiverné à Southampton. Après trois années de répit, celui-ci
rouvrit les hostilités, en 998, et franchissant la Saverne,
envahit les pays de Galles et de Cornouailles, avec le
Devonshire ; son armée s'étendit jusqu'à Lydeford, et fit un
butin considérable parmi les Saxons.

S'étant avancés dans l'île de Wight, les Danois firent des
incursions successives dans les districts de Dorsetshire, de
Sussex, et d'Hampshire, pour s'y ravitailler. La lassitude des
armées anglaises ne peut s'expliquer que par une inertie,
et souvent par une complicité morale et effective, avec les
envahisseurs. On voyait les Saxons abandonner leurs rangs,

1. *Sax. Chron.*, 128 ; Flor. Wig., 366.
2. *Sax. Chron*, 129 ; Flor. Wig., 367.
3. Will. Malms., 63 ; *Sax. Chron*, 129 ; Sim. Dun., 163.

au premier engagement, et donner aux armées danoises, un triomphe facile, qu'ils paraissaient presque souhaiter, autant que leurs ennemis (1).

L'année suivante, l'armée danoise approcha de la Tamise (2), et assiégea Rochester, que les hommes du Kent défendirent mollement, et les vainqueurs ravagèrent avec leur cavalerie, la partie ouest du Kent.

Un soulèvement général de l'Angleterre fut alors tenté contre les envahisseurs, mais l'unité d'action nationale fit encore défaut à ce mouvement, que des délais et des obstacles, presque volontairement suscités, contribuèrent à paralyser. Une flotte fut lentement réunie et équipée, alors que l'ennemi pouvait attendre, en toute tranquillité, l'arrivée d'unités et d'appoints nouveaux. Dans l'intervalle, on demandait aux populations saxonnes, un effort constant et inutile ; on gaspillait les lourdes contributions dont on les frappait, et devant des préparatifs aussi vains, l'audace des Danois s'augmentait, de la conscience de leur propre force, et des plans méthodiques de campagne, qu'ils se sentaient capables de réaliser, avec une armée organisée, et l'unité de direction qu'assuraient leurs chefs (3).

Cependant, une diversion inattendue se produisit en l'an 1000, en faveur d'Ethelred, par suite de la querelle qui éclata entre Svein et Olaf (4). Avec l'aide d'un roi suédois,

1. *Sax. Chron.*, 129 ; Sim. Dun.. 164 ; Flor Wig.. 368 : Sim Dun . 163.

2. *Sax. Chron..* 130 : Matt. West.. 386.

3 Flor. Wig., 369: *Sax. Chron..* 130.

4. « Isto tempore multi erant Uplandiarium reges, suae singuli provinciae imperitantes — Heidmarkiae imperium tenere duo fratres — Gudsbrandaliae Gudrodus ; etiam Raumarikia suus erat rex : suus quoque Thotniae et Hadalandiae, nec non suus Valdresiae ». Snorre, II. 36, 37.

et du fils d'Hakon Jarl (1), Svein attaqua Olaf, par surprise, avec des forces considérables, près de l'île de Wollin. La bravoure d'Olaf ne put suppléer à l'insuffisance numérique de ses troupes ; son vaisseau fut entouré, mais ne voulant pas tomber aux mains de ses ennemis. le héros se jeta à la mer, et échappa, ainsi, à leur poursuite. La légende de sa survivance fut longtemps accréditée parmi son peuple, dont l'imagination se plaisait à le voir errer mystérieusement, dans la solitude, et sur quelque rivage désert et lointain. Mais les chroniqueurs conviennent généralement, qu'Olaf trouva la mort, dans cette bataille (2).

Toutefois, en 1001, les Danois après avoir dévasté la Normandie, firent contre l'Angleterre, une nouvelle tentative, et le roi des Saxons ne trouva encore d'autre moyen de repousser l'ennemi, que de lui offrir un tribut de quarante-cinq mille livres, comme rançon de son peuple.

Devant l'indignation générale, le conseil du roi, en 1002, décida en secret, le massacre aussi sanguinaire qu'inutile, de tous les colons danois, établis en Angleterre. Avant la fête de Saint-Brice, chaque cité reçut des lettres du roi, ordonnant au peuple, à une heure déterminée, de procéder à un massacre général et simultané, de tous les Danois, qui étaient voués à périr par le fer, ou par le feu (3). Cette mesure était d'autant plus injuste, que la plupart des colons danois vivaient en bonne intelligence avec les Anglo-Saxons, et selon les termes de William de Malmsbury, « chacun devait trahir son ami. son hôte, et même son allié très cher (4) ». L'ordre odieux fut trop fidèlement exécuté : tous les Danois, dispersés à travers l'Angleterre, furent massa-

---

1. Theodoric, c. XIV, p. 23 ; Ara Frode, 49 ; Saxo. Gram Lib. X, 191.
2. Saxo, 191 ; Snorre, 345 ; Theodoric, 24.
3. Ara Frode, c. VII. 49 ; Snorre. 348 ; *Sax. Chron.*, 130-132
4. 64.

crés sans merci, avec leurs femmes, leurs familles, et, leurs enfants en bas âge (1). La férocité populaire était à ce point déchaînée, que Gunhilda, sœur de Svein, qui avait épousé un earl anglais, et qui s'était elle-même offerte, comme otage de la paix danoise, fut décapitée par le cruel Edric : on avait d'abord tué, en sa présence, son fils et son époux, et elle mourut en appelant sur l'Angleterre, la vengeance prochaine de son peuple (2).

Celle-ci était déjà prête : la flotte et les armées de Svein, s'avançaient contre l'Angleterre : on leur opposa le traître Alfric, rentré en grâces, par on ne sait quelle inexplicable intrigue de cour. Svein abordait, en 1003, à Exeter qu'il dévastait, avec la complicité du gouverneur normand, et partout il allait, exerçant sa vengeance, jusqu'à ce qu'il rencontrât les Anglo-Saxons, sous les ordres d'Alfric. Ce dernier, au moment de livrer bataille, prétexta une maladie, et favorisé par cette seconde trahison, Svein put promener son armée à travers Salisbury, qui fut mis à sac (3).

L'année suivante, Svein vint bloquer Norwich avec sa flotte, et brûla la place. Ulfketul, gouverneur de l'Anglia orientale, proposa aux Danois de leur acheter la paix, mais devant leurs exigences et leurs déprédations, il tenta une résistance désespérée, qui s'acheva par l'écrasement des forces saxonnes. La famine, en 1004, sévissait par toute l'Angleterre, et les Danois retournèrent aux rives de la Baltique.

Ethelred avait épousé en 1002, Emma, fille de Richard Ier, troisième duc de Normandie. Les infidélités et les dédains du roi, affligèrent et froissèrent le cœur et les sentiments vrai-

---

1. Matt. West , 391 ; *Sax. Chron.*, 133 ; Flor. Wig., 370 ; Sim. Dun., 165 ; Hoveden, 429 ; Rad. Dic., 461 : Henr. Hunt., 360 ; Brompton, 885 ; Knyghton, 2315 ; Walsingham Ypod., 18.

2. Matt. West., 394 ; Will. Malms., 69.

3. *Chron. Sax.*, 134 ; Flor. Wig., 372.

ment royaux, de son épouse. Son père entreprit de la venger cruellement, en exterminant tous les Saxons qui se hasardaient dans ses états, sans craindre les représailles d'une nation faible et anarchique. Turketul n'a-t-il point alors, fixé pour Svein, en traits définitifs, la lamentable condition, où se trouvait réduit l'État Saxon ? « ... un pays glorieux et puissant ; un roi fainéant, qu'éveillaient seul, le vin et les femmes, et qui tremblait de faire la guerre ; un monarque haï de son peuple, et l'objet de la dérision de l'étranger ; des chefs qui se portaient envie, et de faibles gouverneurs, prêts à s'enfuir, au premier cri de guerre ! » (1).

Ethelred se contentait de se montrer libéral, envers les poètes qui le divertissaient, dans son oisiveté. Gunlangr qui avait chanté ses *vertus* royales, dans un poème épique, reçut du faible roi, une tunique de pourpre, fourrée de zibeline, et fut pourvu d'une charge au palais. Ethelred se montrait sensible à ces louanges hyperboliques, qui célébraient sa renommée, *jusqu'à l'orient, et aux neiges polaires*, et qui le représentaient, comme *l'archange des combats*, et comme *un bienfait de la Divinité, sur la terre* (**2**).

En 1006, les Danois arrachèrent de la pusillanimité d'Ethelred, un tribut de **36.000** livres, et en 1008, le roi dans sa faiblesse, frappait encore son peuple de nouveaux impôts. Par trois-cent-dix hides de terres, les populations devaient fournir un vaisseau, et par huit hides, un casque et une cuirasse. L'Angleterre, d'après les meilleures autorités, était alors divisée en **243.600** hides. En prenant ce chiffre pour unité, la contribution du pays devait être de **785** vaisseaux, et d'armures, devant équiper **30.450** hommes (**3**).

---

1. *Sax. Chron.*, 132 ; Ethel. Abb , 362 : Will. Malms., 64 ; Matt. West., 382 ; Walsingham, Ypodigma Neustrae, 16 ; Will. Malms., 69.

2. Will. Malms., 69 ; Gunnlangi Saga, c. VII, 87, 89.

3. *Sax. Chron.*, 136 ; Ms. Chron. Tib., B. 1 et B. 4 ; Flor. Wig.,373 ;

Entre temps, Ethelred avait pris pour favori, Edric, homme de basse naissance, éloquent, audacieux, cruel et perfide (1). Le choix du roi fit de lui, un duc de Mercie, en 1007.

La flotte qui avait été formée par suite des charges nouvelles, était assemblée à Sandwich. Brihtric, frère d'Edric, voulant perdre Wulfnoth dans l'esprit du roi, l'accusa de trahison. Wulfnoth s'enfuit, emportant avec lui vingt vaisseaux, grâce auxquels il put se livrer à la piraterie. Avec une flotte de quatre-vingts bâtiments, Brihtric se mit à sa poursuite, mais il fit naufrage au cours d'une tempête, et Wulfnoth incendia ses navires. Ainsi périt cette flotte, avec tout l'espoir qu'elle avait pu éveiller chez les Saxons.

En 1010, le triomphe des Danois s'acheva par la soumission de seize comtés d'Angleterre, et le paiement d'un dernier tribut de 48.000 livres. Les Normands se partageaient donc l'Angleterre avec Ethelred, comme le père de celui-ci, Edgar, en avait eu la possession indivise avec Edwin (2).

La nouvelle invasion de Svein, en **1013**, fut marquée par une révolution politique, dans le pays. Le peuple séparant insensiblement, sa cause de celle d'Ethelred, accepta pour roi, le Danois victorieux. L'earl de Northumbria, et toute la population du district, avec les cinq burgs, et l'armée entière, reconnurent sa souveraineté (3). Il réquisitionna de la population, des vivres, des chevaux, et envoyant les otages qu'il avait reçus et les vaisseaux qu'il avait capturés, à son fils Cnut, il entreprit la conquête définitive de la partie sud de l'Angleterre : Oxford et Winchester reconnurent son

Mailros, 154 ; Hoveden, 430 ; Peterb., 34 ; Al. Bev., 114 ; Sim. Dun., 166 ; Rad. Dic., 462.

1. Flor. Wig., 373.
2. Flor. Wig., 374, 375, 378 ; *Sax. Chron.*, 137, 138, 139, 142.
3. *Sax. Chron.*, 143.

autorité, mais Londres résista à Svein, parce qu'Ethelred s'y était retranché.

Les Danois marchèrent sur Bath, et le duc Ethelmere, et tous les thanes de l'ouest, firent à Svein, leur soumission : les habitants de Londres ne devaient pas tarder à suivre leur exemple.

Se voyant isolé, et rejeté de toute part, Ethelred envoya ses enfants en Normandie, et se retira secrètement dans l'île de Wight (1), où il passa le temps de Noël, et après qu'il eut appris l'accueil bienveillant qui avait été fait aux siens, par Richard, le frère de la reine, il se rendit auprès de celui-ci qui le reçut avec générosité (**2**).

Le nouveau et court règne de Svein fut marqué par des exactions, et il mourut à Gainsborough, en **1013**, l'année qui suivit son avènement au trône (**3**).

Cet événement produisit une nouvelle révolution, dans les états anglo-saxons. Les soldats danois en Angleterre, les Thinga-manna (4), désignèrent Canute, ou Cnut, fils de Svein, pour leur roi. Mais les chefs anglais envoyèrent à Ethelred, une députation, pour lui offrir encore, la couronne, sous la promesse de régner avec moins de tyrannie, et plus de justice (5).

---

1 *Sax Chron*. 143. 144 ; Flor. Wig., 379, 380 : « Laudandi prorsus viri et quos Mars ipse collata non sperneret hasta si ducem habuissent ». Will. Malms., 69.

2. « Cumque clandestinis itineribus ». Will. Malms., 69, 70 ; Flor. Wig., 380.

3. Hermannus, Ms. Tib. B. 2. 23 : « Sueyn insuper lugubre malum scilicet ubique ponit tributum quod infortunium hodieque luit Anglia, multum felix. dives ac dulcis nimium si non forent tributa ».

4 Snorre, II, 15 : Olaf Tryggvason Saga, 100 ; Knytlinga Saga (Celto. Scand., p. 103.

5. Saga Olafi Helga.. c. IX, p. 100 ; Trygg. Saga., p. 100 ; Flor. Wig , 381 ; *Sax. Chron.*, 173.

Ethelred envoya son fils Edouard, faire en son nom, les promesses que ses sujets exigeaient de lui, et après que tout roi danois eût été déclaré hors la loi, par une assemblée du peuple, Ethelred lui-même, revint en Angleterre (1)

Cnut devait soutenir par les armes, la cause de son père. Devant rencontrer des forces considérables des Saxons, il partit de l'Anglia orientale, vers Sandwich, où il aborda avec les otages que son père avait reçus des Anglais, comme gage de leur loyalisme : il leur fit alors couper sans merci, les mains et le nez, et renvoya aux Saxons, ces victimes qui appartenaient à la première noblesse du pays. Puis Cnut se retira au Danemark, pour en surveiller la situation intérieure, et pour préparer, à loisir, sa nouvelle expédition, qui devait lui conquérir le trône d'Angleterre (2).

Pour opposer à Cnut une résistance effective, Ethelred s'efforça de multiplier les enrôlements dans ses armées : il promit des récompenses à ceux qui se rangeraient sous sa bannière, et le nombre des recrues fut bientôt considérable (3). Le vikingr, Olaf de Norvège, fils d'Harald Graenski, se joignit, en 1007, aux troupes anglaises (4) ; il devait obtenir, par la suite, la couronne de Norvège, et devait mourir en odeur de sainteté. Il arrivait en Angleterre, dans l'année de la mort de Svein (5).

Cnut appelait à son aide, Eric le Jarl, l'un des tyrans de la Norvège, et l'un des fils d'Hacon le Mauvais. Il voguait vers l'Angleterre, où ses talents militaires hâtèrent ses victoires, qui furent couronnées par la suprême trahison d'Edric, qui passa au roi des Danois, avec quarante vaisseaux,

1. *Sax. Chron.*, 145.
2. Flor. Wig., 382 ; Will. Malms., 71.
3. Snorre, *Olafi Helga* c. VI, p. 6.
4. *Ibid.*, 3.
5. Knytingla Saga, 103, 10.

Le Wessex se soumit aux envahisseurs, et leur remit des otages (1).

Dans l'intervalle, le conflit armé approchait de sa solution. Edmond fils d'Ethelred, s'efforçait d'opposer à Cnut des forces plus considérables, mais l'énergie et la décision du Danois, déjouaient toujours, ses plans les mieux étudiés. Les Danois s'avançaient par le Buckinghamshire, jusqu'à Bedford, et à York. C'est alors qu'Uhtred, earl de Northumbria, et tout le peuple, abandonnèrent Edmond, et donnèrent à Cnut, des otages. Laissant le gouvernement du pays, à Eric, son compagnon d'armes, Cnut retourna vers ses vaisseaux, et l'Angleterre au cours de ces événements, perdait en son propre roi, Ethelred, le plus funeste de ses ennemis (2).

En 1016, le sceptre de la monarchie anglo-saxonne tomba aux mains d'un prince Edmond, que ses mérites rendaient digne du trône. De naissance illégitime comme Athelstan, il était comme lui, plein de volonté, et d'énergie. Il était au physique, si robus'e, et si endurant, qu'il reçut le surnom de

1. *Sax. Chron.*, 146.

2. Lupus, l'un, des évêques anglo-saxons, a laissé un émouvant récit du lamentable état de l'Angleterre, en 1013. Il s'exprime en ces termes (Sermo Lupi Hickes, *Dissert. Epist.*, 99-106) :

« Nous payons aux Danois un perpétuel tribut, et journellement, ils exercent sur nous leurs ravages. Ils nous dépouillent, et portent leur butin jusqu'à leurs vaisseaux. Telle est leur valeureuse audace, qu'un de leurs hommes met hors de combat, dix des nôtres... Bien souvent, ils saisissent les femmes et les filles de nos thanes, et leur font injure devant leur époux, ou leur père... L'esclave d'hier, devient le maître de son seigneur... De toutes parts, éclatent les séditions, les flammes le carnage... Et le peuple est affligé sans cesse, de meurtres, de rapines, de pestes, et de fléaux... Des veuves sont contraintes à de nouvelles unions, et bien des hommes dépouillés de ce qu'ils ont, sont réduits à tendre la main... Des enfants au berceau, sont emmenés en esclavage... Les hommes libres ne peuvent se gouverner eux-mêmes, ou jouir d'une possession paisible et continue, et les serfs eux-mêmes sont dépouillés de leur pécule... Le clergé a perdu ses franchises... »

Côte-de-Fer. Il arrivait par malheur, au pouvoir dans un temps troublé, où devant faire face aux nécessités pressantes de la guerre, il ne pouvait donner la mesure de ses capacités politiques, et de ses qualités d'administrateur. Avant qu'il eût pu les affirmer, il devait se rencontrer avec Cnut, et réaliser l'union de toutes les forces de la nation, contre l'ennemi commun. Il régnait, en effet, sur un peuple dont la moitié du territoire était occupée par l'étranger, et loin de procéder aux réformes dans son royaume ébranlé par les séditions intérieures, il ne pouvait songer qu'à défendre l'intégrité du sol anglais.

La première lutte entre Edmond et Cnut, fut pour la possession de Londres, que le Danois assaillait constamment, tantôt avec une partie, et tantôt, avec la totalité de ses troupes. En ces temps, Londres était défendu au sud, par une muraille, qui s'étendait le long du fleuve (1). Les vaisseaux de Cnut, partis de Greenwich, se dirigèrent sur Londres, et les Danois élevèrent d'importantes fortifications sur la rive sud du fleuve, pour couper tout accès à la cité. Edmond la défendit en personne, et durant ce siège, le roi des Saxons se rencontra par deux fois, avec les Danois, à Pen, dans le Dorsetshire, et à Scearstan où fut livrée en 1016, la bataille qui porte ce nom (2).

Edmond choisit parmi ses soldats, les plus braves, pour les placer sur sa première ligne d'attaque ; le reste des combattants formait un corps auxiliaire. Il fit alors un appel au patriotisme des siens et à leur courage, avec une énergie désespérée, et déjà, ses paroles enthousiastes avaient touché le cœur de ses soldats, quand il fit sonner les trompes, et

1. « Similiterque ab austro Lundonia murata et turrita fuit ». Stephanides, 3. Londres, 1723.

2. *Sax. Chron.*, 148 ; Flor Wig., 385 ; Knytingla Saga, 133-137 ; Saga af Olafi Haga, 14-13.

ordonner la première charge de bataille. Edmond confondu dans les rangs de ses soldats, se mêlait à toutes les phases du combat qu'il dirigeait. Pendant ce temps, Edric et deux autres généraux, avec les hommes de Wild et de Somerset, se portèrent à l'aide de Cnut. Le lundi, premier jour du conflit, les deux armées combattirent avec un égal courage, et la fatigue des deux armées suspendit momentanément, les hostilités (1).

Au matin, la bataille reprit avec plus d'ardeur. Dans la mêlée, Edmond, se poussa jusqu'à Cnut, qu'il frappa de son épée : le Danois se protégea de son bouclier, mais le coup avait été si violent que l'écu du roi fut rompu, et que la tête de son cheval fut tranchée, disent les chroniqueurs. Les Danois en foule, se précipitèrent sur Edmond, qui après avoir taillé nombre d'ennemis en pièces, dut se retirer devant le nombre des assaillants. Canut n'avait été que légèrement blessé, et pendant qu'il était aux prises avec Edmond, au plus fort de l'action, le traître Edric, après avoir tranché la tête d'un certain Osmear, dont les traits ressemblaient à ceux du roi des Saxons, s'écria aux avant-postes, en tenant le chef, par les cheveux : « Oyez, et fuyez, vous, gens de Dorset et de Devon ! Fuyez, et veillez à votre salut : car voici la tête de votre Edmond ! » Les Anglais, ne voyant pas leur roi qui s'efforçait, alors, de percer le centre des Danois, frémirent d'étonnement et d'horreur. Edric fut cru sur parole, et la panique se répandit par tous les rangs de l'armée anglaise. A ce moment de la bataille, Edmond apparut, luttant contre les Danois, qui avaient pu dégager Canut. Le roi des Saxons comprit aussitôt la ruse d'Edric, et lança contre celui-ci, son javelot, qui manquant le but, vint percer un des combattants. Mais le retour d'Edmond

1. Flor. Wig., 385, 386 ; Knytlinga, 130.

parmi les siens, fut désormais inutile : ce fut en vain, qu'arrachant son casque, et montant sur une éminence, il se montra à ses guerriers. L'armée démoralisée, semblait ne pas reconnaître en lui, son chef. Déjà, les troupes étaient en fuite, quand Edmond demeurait encore jusqu'à la nuit, à force de témérité, sur le champ de bataille (1).

Les difficultés de cette première bataille, empêchèrent Cnut de renouveler sa tentative : il regagna sa flotte à Londres, et au matin, Edmond s'aperçut de sa retraite. Ce fut alors que le perfide Edric, ou reprenant confiance dans la cause du roi des Saxons, ou voulant la trahir encore, usa d'une entremise, pour solliciter son pardon, d'Edmond, dont il avait épousé la sœur (2). Edmond, après des hésitations, consentit à recevoir son nouveau serment de fidélité.

Le roi des Saxons poursuivit Cnut, qu'il assiégea dans Londres, et une rencontre armée eut lieu entre les rivaux, à Brentford. La victoire de Canut ne demeura pas incertaine, puisqu'après la bataille, il fit lever le siège de Londres. Il se répandit ensuite, à travers la Mercie qu'il livra aux flammes ; cependant, Edmond l'avait rejoint à Otford, dans le Kent, et l'avait refoulé sur Shepey. Ce furent les perfides conseils d'Edric, qui l'empêchèrent de profiter de la victoire, et d'anéantir les forces de l'envahisseur (3).

Lorsqu'Edmond se retira dans le Wessex, Canut passa dans l'Essex, et mit encore la Mercie, à feu et à sang. Edmond recherchait toujours, l'occasion d'une action décisive, et rassemblant toutes les forces de l'Angleterre, il poursuivit le Danois, prêt à faire voile avec son butin. Les armées se rencontrèrent à Assandum, dans la partie nord de l'Essex. Edmond répartit ses soldats en trois divisions, et

1 Knytlinga Saga, 130-131 ; Flor. Wig., 386.
2. « Cujus tamen nutricius iste Heidricus fuit ». Knyt Sag , 139.
3. Flor. Wig , 387 ; *Sax. Chron.*, 149 ; Knyt. Saga , 134.

chevauchant sur la ligne de bataille, il jeta aux siens, dans un mouvement d'éloquence chaleureuse, le suprême appel de sa foi patriotique... Canut s'avançait avec méthode, sur le champ de bataille, et déjà Edmond, dans son impétuosité, avait dirigé contre lui, une attaque générale. La victoire semblait favoriser les armées saxonnes, quand Edric, dont les intelligences n'avaient point cessé avec les Danois, abandonna Edmond, à l'heure du succès, et passa à l'ennemi, avec les hommes de Radnor, et les autres troupes qu'il commandait. La charge de Cnut sur les positions inférieures des Saxons, alors très exposées, eut sur cette journée, une influence décisive. La valeur d'Edmond demeura vaine : la terreur et la mort emplissaient les rangs des Saxons. Quelques-uns, parmi eux, jaloux des restes de leur gloire, cherchaient à rallier les leurs, en restant à combattre, à la place même où ils tombaient bientôt, après avoir échangé de grands coups : au cours de cette funeste journée, périt la fleur de la noblesse anglaise (1).

Edmond vaincu par la trahison, ne s'abandonna pas au désespoir, et trouva dans l'action renouvelée, un viril et réconfortant espoir. Il se retira à Gloucester, où il eut sous peu, rassemblé une armée, avant de se mesurer encore, avec Cnut. Edmond provoqua celui-ci en combat singulier, et selon les chroniqueurs, les rois ennemis se rencontrèrent dans l'îlot d'Olney, près du pont de Gloucester (2), et le lieu

1. Will. Malms., 72 ; Flor. Wig., 388 ; *Sax. Chron.*, 150 ; Knyt. Saga., 134.

2. Cf. Henr. Hunt., 363 ; Matt. West., 400 ; Peterb , 36 ; Knygt., 2316 ; Brompton, 905 ; Higden, 274 ; Rieval, 364 ; Rad. Nig. Ms , Vesp., D. 10, 25, qui font tous, mention de ce duel. La tradition rapporte que les rois engagèrent leurs deux lances protégés par leurs boucliers respectifs, et ne se battirent ensuite, qu'avec leurs épées. Le combat paraît avoir duré, jusqu'à ce que les forces de Cnut l'abandonnassent, devant l'impétuosité des attaques d'Edmond. C'est alors que vaincu, le Danois, dit-on, proposa

du combat consistait en une plaine peu étendue, qu'entouraient des eaux dormantes. Quelques auteurs prétendent que Cnut ne releva pas le défi ; mais quelqu'ait été le combat, ou son issue, il provoqua une paix entre les princes, qui se partagèrent le royaume d'Angleterre ; Canut devait régner sur les régions du Nord, et Edmond sur celles du Sud. Les rivaux s'accordèrent sur des compensations pécuniaires, et sur des indemnités de guerre : puis, les armées se séparèrent, après que leurs chefs eussent échangé des armes, et des anneaux, comme gage de leur foi (1).

L'intrépide Edmond ne jouit pas longtemps des bienfaits d'une paix si chèrement conquise : il devait périr l'année même, où il allait pouvoir songer au gouvernement intérieur de son royaume. Des versions différentes ont été données sur sa mort, dont il demeure difficile d'éclaircir le mystère : Malmsbury rapporte que deux chambellans du roi, gagnés par Edric, assassinèrent le roi, pendant son sommeil. Mais le chroniqueur le jugeant lui-même, ne cite ce fait, que comme une *rumeur*. D'autres auteurs parlent de la mort violente du roi : la Knytingla Saga, et Saxo Grammaticus vont jusqu'à en accuser Canut, qui aurait fait perpétrer le crime, par Edric, après l'avoir longtemps prémédité (2).

au Saxon, le partage du royaume. Le refus de ce duel par Canut, est mentionné par William de Malmsbury (72) ; la *Chronique Saxonne*, Florence, et Hoveden le passent sous silence.

1. Flor. Wig., 389 ; *Sax. Chron.*, 150.

2. Cf. Will. Malms., 72 ; Henr. Hunt., 363 ; Matt. West., 401 ; Hist. El., 502 ; Hist. Ram., 434 ; Petrob., 37 ; Ingulf, 47 ; Hermannus (Cotton. Ms. Tib. B. 2) : « Nocte siquidem sequentis diei festivitatis sancti Andreae Lundoniae perimitur insidiis Edrici Streane perfidissimi ducis ». Knyt. Saga., 139 : « Erat tunc temporis inter Anglos vir potens, Heidricus Striona nomine. Is a rege Canuto pecunia corruptus est ut Jatmundum clam interficeret. Hoc modo Jatmundus rex periit ».Saxo Gramm., lib. X, 193 : « Memorant alii Edvardum clandestino Canuti imperio occisum... ».

Sous ce règne, l'earl Godwin, remarquable par son caractère, avait commencé à s'élever à cette éminente dignité, de vie et de conduite, qui lui donne dans l'histoire anglo-saxonne, un rang si élevé : il eut presque le pouvoir d'un souverain, pendant trois règnes, et l'histoire de ses origines est demeurée incertaine, alors que son fils, Harold, était appelé à devenir le dernier des rois anglo-saxons (1).

Snorre, 24 : « Eodem mense Heinrikus Striona occidit Edmundum regem ». Cf. Adam. Brem., 31.

1. On lit dans le manuscrit de la *Chronique de Radulphus Niger*, que Godwin fut le fils d'un berger, et que Canut s'était chargé de son éducation (Ms. Cott. Vespas., D. 10) : « Godwinus comes filius bubulci fuit... Hic Godwinus a rege Cnutone nutritus processu temporis in Daciam cum breve regis transmissus callide duxit sororem Cnutonis... ». La Knytingla donne sur Godwin, les détails suivants (105 ; 131-133) :

« L'un des chefs danois qui accompagnait Cnut en Angleterre, fut Ulfr, fils de Sprakalegs, qui avait épousé la sœur de Cnut, Astrida. Dans la bataille de Skorstein, entre Canut et Edmond, il poursuivit les Anglais avec une telle ardeur, qu'il se trouva perdu dans une forêt, et loin des siens. Il erra, à l'aventure, et la nuit l'investit dans la solitude. A l'aube il aperçut un jeune berger, conduisant son troupeau, et qui lui dit s'appeler Gudin, ou Godwin... Ulfr lui ayant demandé s'il était alors loin de la flotte de Canut, le jeune homme lui répondit qu'il en était fort éloigné ; qu'il aurait à traverser une vaste et sombre forêt ; et que sa sécurité serait partout menacée par une population hostile ; et que lui-même, en le protégeant, se livrerait à la vengeance des Anglais...

« Ulfr offrit au berger, son anneau d'or, pour que celui-ci le conduisît auprès des Danois... Mais Godwin bien inspiré, et dédaignant ce don, dit à Ulfr : « Soyons amis ; je vais tenter de vous conduire auprès des vôtres, et vous me récompenserez alors, comme vous le jugerez à propos ! »...

« Quand la nuit parut propice aux fugitifs, deux chevaux furent sellés, et Ulfnadr, le père du berger, dit à l'earl : « Voici que je vous confie notre fils unique, notre seul espoir : si vous parvenez jusqu'au roi, faites-le admettre dans la maison de celui-ci. Car il ne peut rester ici, car si les nôtres apprenaient le secours qu'il vous a porté, ils le mettraient à mort. »

« Des promesses solennelles furent échangées, et Ulfr partit avec Godwin... Après avoir voyagé toute la nuit, ils parvinrent aux avant-

Canut qui tour à tour, mérita les surnoms de Brave, de
Grand, de Riche. et de Pieux, obtenait, à la mort d'Edmond,
en **1016**, la souveraineté de toute l'Angleterre. Il était alors
âgé de vingt ans. Sa stature était haute et puissante ; ses
traits, remarquables par leur beauté, et ses yeux brillaient
de courage et de volonté (1).

Il fut élu roi, du consentement unanime : nombreux
étaient ses partisans dans le pays, et son pouvoir n'était pas
de ceux auxquels on pût valablement s'opposer. Les mesures
qu'il prit, pour s'assurer la possession du royaume, furen^t
sanguinaires et tyranniques, mais tout le règne de Cnut est
empreint de je ne sais quelle grandeur barbare : il dominait
véritablement, le peuple qu'il avait asservi à ses desseins,
et à qui il fit sentir durement le poids de son joug, jusqu'à
ce que l'âge eût muri ses décisions, et adouci sa rigueur. La
première partie de son règne fut cruelle et despotique ; la
dernière, en fut sage et douce.

Les premières cruautés s'exercèrent contre les descendants
d'Ethelred et d'Edmond (2). Sighlwatr rapporte que Cnut se
décida d'abord à exiler Edwig, le demi-frère d'Edmond ;
puis, comme il doutait du loyalisme de la noblesse anglaise,
il voulut prendre la vie du prince. Sur les conseils du traître

postes de l'armée de Cnut, qui reçut avec joie, le féal qu'il n'espérait
plus revoir. Le Jarl reconnaissant traita Godwin, avec les mêmes égards,
que ses propres enfants ., et lui donna par la suite, Gyda, sa propre
sœur, en mariage. Il l'élevait du même coup, à la dignité de Jarl... ».

1. Snorre, c. IV, p. **7** : « Eodem autumno vita functus est rex Knutus
potens in Anglia idibus Novembris natus tunc annos viginta ». Knyt.
Saga., 148.

2.   « Attamen singulos
        Deinceps filiorum Adelradi
        Vel interfecit Cnutus
        Vel proscripsit. »

Sigva 1. Knutzdrapu, dans Knyt. Saga., 140.

Edric, il chargea de ce criminel dessein, un noble, Ethelwold, qui, feignant d'avoir perpétré le meurtre, se contenta de sauver l'existence du jeune Edwig. Mais son généreux mensonge ne tarda pas à être découvert, et sur l'ordre de Cnut, le prince saxon fut aussitôt mis à mort (1).

Poursuivant ces voies sanguinaires, il fit emprisonner les fils du roi défunt, Edouard et Edmond. Mais craignant de provoquer la colère et les séditions du peuple, il les envoya au roi de Suède, avec l'ordre secret de les tuer. Toutefois le monarque ne voulut point s'abaisser au rôle de bourreau, et il confia les deux princes à Salomon, roi de Hongrie, qui les garda et les fit élever, à sa cour. L'un mourut ; l'autre, Edouard, épousa Agathe, fille d'Henri, empereur d'Allemagne, et leur descendant fut Edgar Atheling, qui devait jouer un rôle important, au cours d'un prochain règne (2).

En 1016, Cnut se réserva le gouvernement du Wessex, et il confia celui de l'Anglia Orientale, à Turketul dont la valeur et la politique, avaient contribué à soumettre le pays à la domination danoise. A Edric fut donnée la Mercie, et Eric, le prince norvégien, fut mis à la tête de la Northumbria. Cnut conclut avec tous les chefs anglais, un traité de paix solennel qu'il viola au cours de la même année, tuant trois nobles anglais, qui ne s'étaient rendus coupables d'aucune faute (3), et bannissant Edwig, le roi des paysans (4). Les domaines de ces victimes de la tyrannie sanguinaire, furent partagés entre les Danois de la suite de Canut.

Vers cette époque, Edric reçut le châtiment de ses trahi-

1. Flor. Wig., 390, 391.
2. *Ibid.*, 391.
3. « Sine culpâ », Flor. Wig., 391 ; Mailros, 155 ; Ingulf, 58 : « Multos principum quadam die occidere pro hujusmodi dolo juberet ».
4. Flor. Wig., 398 ; Brompton, 907 ; *Sax. Chron.*, 151 : « qui rex appellabatur rusticorum ».

sons : sans se contenter du gouvernement de la Mercie qui
lui avait été donné, il vint se plaindre à Cnut, de son manque
de libéralité. Et le roi redoutant, peut-être, quelque nouvelle trahison de celui qu'il avait si souvent éprouvé, dans
la félonie et la déloyauté, saisit l'occasion de perdre
Edric (1). Il lui reprocha la mort du roi, son maître, et lui
ayant dit de quitter sur-le-champ, les appartements royaux,
il ordonna à Eric de Norvège de tuer Edric, à l'improviste.
Le traître tomba sous la hache de bataille du barbare, et son
corps mutilé fut jeté dans la Tamise, de la plus haute fenêtre
du palais, avant que le bruit de la mort d'Edric pût soulever
quelque mouvement séditieux, parmi ses partisans.

Cnut avait épousé, en 1018, la reine Emma, veuve d'Ethelred qui put, grâce à son union avec le conquérant danois,
assurer la retraite des deux fils d'Ethelred, en Normandie.

Le roi frappait, alors, les populations de lourdes contributions : Londres était imposé de 10.500 livres, et le reste du
royaume de 72.000 livres. Mais Cnut avait un sens trop avisé
des réalités politiques, pour pousser plus loin ses exactions.
Pour diminuer les charges d'un pays pacifié et soumis, qu'il
ne voulait plus affaiblir dans ses ressources vitales, il renvoya au Danemark, la majeure partie de ses troupes, et ne
conserva en Angleterre, qu'une flotte de quarante vaisseaux.
N'avait-il pas d'ailleurs, la possession paisible et assurée, du
trône d'Angleterre ? Et la confiance qu'il plaçait dans ses
nouveaux sujets, avait moins pour cause, leur loyalisme
éprouvé, que l'état de soumission où il les avait réduits, par
les armes.

Cependant, les deux nations jouissaient d'un égal traite-
ment, dans les conseils, et dans la hiérarchie civile et militaire. En 1019, l'Angleterre présentait un tel état de paix

1. Will. Malms., 73.

intérieure, que Cnut n'hésita pas à voyager sur le continent, et à passer l'hiver au Danemark.

Toutefois, en dépit de ses absences, il ne manquait pas de faire, par nécessité politique, de sévères rappels de son autorité. En **1020**, à son retour en Angleterre, aux fêtes de Pâques, il tint à Cirencester, des assises solennelles, au cours desquelles, le duc Ethelwerd, et le chancelier Turketul furent bannis, pour des fautes légères, dans l'administration de leurs provinces.

L'an **1025**, Cnut retourna au Danemark, où il fut attaqué par une flotte et par une armée suédoises, commandées par Ulfr et Eglaf. Les débuts de Canut, dans ce conflit, furent marqués par un insuccès, mais bientôt, l'intrépidité et l'initiative de Godwin, relevèrent la fortune des armes danoises, par une victoire décisive, qui rendit plus étroits les liens de reconnaissance, qui devaient unir Cnut, au peuple anglais (1).

Rassuré par la soumission définitive de l'Angleterre, Cnut porta son ambition sur la Norvège, dont son parent, Hacon, avait été chassé, au profit du mystique Olaf, dont les efforts civilisateurs et les réformes, avaient été méconnus, par un peuple encore attaché à la barbarie, et qui sollicita l'intervention de Canut (2). Ulfr (3), dans cette lutte, se rangea d'abord, parmi les ennemis de Canut, mais s'étant réconcilié avec celui-ci, il passa même pour lui avoir sauvé la vie, dans une rencontre avec les Suédois. Mais le monarque danois se montra à l'endroit de son sauveur, d'une rare ingratitude. Il le querella, indignement, au jeu, et l'ayant vu se retirer, il lui reprocha en termes cruels, la lâcheté de son attitude : « Etais-je un lâche, lui cria Ulfr, quand je t'arrachai des griffes, des chiens suédois? » Canut ne put oublier, pendant

1. *Sax. Chron.*, 154 ; Matt. West , 405.
2. Snorre, II, 144, 212, 213.
3. Saxo, 195-196 ; Snorre, 271, 272.

son sommeil, cette injure qu'il avait provoquée, et à l'aube,
son ressentiment hautain exigeait une vengeance sanguinaire : un émissaire de Cnut, poignardait Ulfr, dans l'église
où il s'était réfugié. Canut, alors engagé dans les voies de
la bassesse, corrompit les sujets d'Olaf, et gagna ses courti-
sans, qui le reconnurent bientôt, pour leur souverain. Cnut
laissait Hacon gouverner la Norvège, avec une flotte de cinquante vaisseaux (1).

Tandis qu'Olaf cherchait un asile en Russie, Hacon s'apprêtait à quitter l'Angleterre, pour ses possessions de Norvège, qu'il n'était pas appelé à revoir : il devait périr, avec
les siens, dans un naufrage. Olaf tenta vainement, en 1028,
de reconquérir son trône : ses sujets, las de ses dispositions
pacifiques, le tuèrent dans une insurrection (2).

En 1031, Canut ayant pénétré en Ecosse, y soumit Malcolm, et deux autres rois, et lorsqu'il mourait, en 1035, à
l'apogée de sa gloire, il régnait en maître absolu et redouté,
sur six royaumes (3).

Dans les dernières années de sa vie, la félicité qui comblait
Canut, éleva son caractère, plutôt qu'elle ne l'abaissa. La
hauteur de son cœur et de sa pensée, fut égale à celle de sa
puissance souveraine, et dans le rayonnement de la gloire,
il sentait en lui-même des émotions dont la douceur lui était
inconnue, et qui donnaient à son âme repentante, plus de
noblesse et de sérénité. L'âge, et la lassitude du bonheur,
avaient apporté au barbare, épris de l'action héroïque, la
tristesse réfléchie, qui l'investissait avant sa fin. Avec ses con-
fidents, il se perdait souvent en longs entretiens, sur son
passé aventureux, et sur l'audace de sa fortune. Il ne cherchait point à s'absoudre des crimes et des injustices qu'il

1. Snorre, 276, 295, 296 ; Flor. Wig , 396.
2. Snorre, 296, 321.
3. Saxo, 196 ; Encom. Emmae, 492.

avait commis, mais seulement, il songeait sans cesse, à s'affranchir du remords, par la pénitence. Il se plaisait aux con-
fessions publiques (1), et donnait à tous la vue de ses larmes,
et le spectacle de son repentir, de même qu'il avait jadis
rendu le peuple, témoin de sa cruauté et de sa colère. Quand
il entreprit le pèlerinage de Rome, il s'arrêtait sur sa route,
à tous les monastères, implorant des prières, et quand il
arriva vers la Ville, il crut entrer, pour la première fois,
dans la gloire véritable.

A son retour, en Angleterre, et déjà touché par la mort,
un jour qu'il errait au bord de l'océan, berceau de ses premiers espoirs, et de sa fortune, il sentit plus qu'autrefois,
l'impuissance de l'homme, devant les éléments, et il se réjouit
d'avoir ainsi, pris conscience de son humilité.

« Puisse Dieu me permettre, répétait-il aux siens, de répa-
rer le mal qu'ici-bas, j'ai pu faire ! » Et de ce jour, jusqu'à sa
mort, Canut ne ceignait plus sa tempe, du bandeau royal (2).

. . . .

1. Saxo, 199 : Will. Malms , 74 ; Ingulf, 60.
2. Flor. Wig., 394-397; Ingulf, 59-61 ; Will. Malms., 74, 75 ; Matt.
West., 107.

CHAPITRE II

Les règnes d'Harold Ier, surnommé Pied-de-Lièvre, et d'Hardacanute. — Le règne d'Edouard le confesseur. — Le règne d'Harold II, fils de Godwin, et le dernier des rois Anglo-Saxons.

A sa mort, Cnut laissait trois fils, Svein, Harold, et Hardicanute, ou Hardacnut. De son vivant, il avait placé Svein, sur le trône de Norvège, et il avait désiré qu'Harold régnât en Angleterre, et Hardicanute, au Danemark. A l'assemblée d'Oxford, tenue pour l'élection du souverain, les avis furent partagés : les chefs d'origine danoise, portèrent leur choix sur Harold, les Saxons de l'Ouest, guidés par Godwin, préféraient à Harold, son frère, Hardacnut, parce qu'Emma, la mère de celui-ci, avait été femme d'Ethelred, et qu'elle jouissait parmi les Anglo-Saxons d'une grande popularité. On se souvint alors des fils d'Ethelred, retirés en Normandie; mais la dynastie danoise n'était pas devenue impopulaire : aussi Harold, par la force, ou l'intrigue, obtint-il une partie du royaume, après avoir saisi les trésors qu'Emma tenait de la libéralité de Canute. Harold régna d'abord sur Londres, et sur la région, au Nord de la Tamise ; à Hardicanute fut confirmée la possession de l'Ouest de l'Angleterre.

Harold bien qu'élu roi, ne pouvait obtenir de l'archevêque la consécration et l'onction, sous prétexte que les enfants d'Emma étaient encore en vie, et la couronne et le sceptre demeuraient inutilisés, sur un autel, avant le sacre (1).

Cette résistance ne fit qu'exaspérer la haine religieuse d'Harold, qui affectait de faire traverser les églises par ses meutes. Il attira dans un piège, les fils d'Ethelred, et dans l'île d'Ely, en 1035, l'un d'eux, Alfred fut jugé, et condamné à avoir les yeux crevés. Harold mourut en 1040, après avoir obtenu le gouvernement de toute l'Angleterre, pendant l'absence d'Hardicnut. Le corps d'Alfred fut enseveli à Westminster (2).

A la mort d'Harold, en 1040, Hardacnut lui succéda : il ne se rendit guère célèbre, que par sa cruauté, et ses exactions. Sa santé était précaire, et il mourut d'intempérance, à Lambeth. La mort d'Hardacnut séparait, en fait, les possessions anglaises de celles du Danemark, et Magnus, roi de Norvège, obtenait le sceptre de tous les Danois (3).

La branche royale danoise, était devenue impopulaire, et les vœux de la nation semblaient se porter vers les descendants de ses anciens rois : aussi Edouard, fils d'Ethelred, qui se trouvait, alors, en Angleterre, fut-il élu roi (4). Pendant l'exil d'Edouard et de son frère, Godwin s'était montré leur implacable ennemi, et avait même projeté leur assassinat ; mais à l'avènement d'Edouard, il devint son plus zélé partisan, et contribua même à affermir son autorité naissante. Et le roi épousait bientôt, Editha, fille de Godwin.

Edouard fut d'abord menacé par les prétentions rivales de

1. Snorre, Saga Olafl Elga, 383 388 ; Flor. Wig., 398 ; Ms. *Chron. Sax.*, Tib. B. 1 ; Matt West , 410 ; Will Malms , 77 ; Hoveden. 438.

2. Ingulf. 61 ; Flor. Wig., 400 ; Ms Tib B. 1 et B. 4.

3. Flor. Wig., 403 ; Matt. West., 413 ; Malms., 76 : « Unde in singulorum ore hominum de eo haberi imprecatus ut tantae crudelitatis non diu abesset animadversis ».

4. Ingulf, 62 ; Flor. Wig., 404 ; *Sax. Chron.*, 157.

Magnus, roi de Norvège, qui avait assuré sa domination au
Danemark. Magnus, en des lettres au roi d'Angleterre, faisait
valoir ses prétentions à la couronne, et Edouard, pour empêcher un débarquement de ses ennemis, rassemblait une flotte
importante à Sandwich. Mais Magnus, inquiété de l'influence
de Svein, fils d'Ulfr, au Danemark, renonça à l'expédition
d'Angleterre (1).

Svein, en raison de sa communauté d'intérêts avec Edouard,
avait sollicité l'aide du roi d'Angleterre, contre Magnus ; et
Godwin, appuyant cette demande, au conseil du roi, exigeait
que cinquante vaisseaux fussent envoyés à Svein. Mais
comme les talents militaires de Magnus étaient alors renommés, l'assemblée, sur l'avis du sage Leofric, s'opposa à une
mesure qu'elle jugea inopportune et dangereuse (2). Magnus
chassa bientôt, Svein du Danemark, et mourut la même
année (3) ; au milieu de la désolation publique, Svein obtint
alors, la couronne danoise ; et Harald Hardrada, qui devait
périr, par la suite, au cours d'une expédition contre l'Angleterre, succéda au trône de Norvège : il était fils de Syguard
Syr, et par sa mère, frère d'Olaf (4). Sa valeur politique était
fameuse, et il s'empressa d'envoyer à Edouard, un message
amical, à la suite duquel, la paix fut rétablie entre les deux
royaumes. Aussi une nouvelle demande d'assistance de Svein
contre Harald, bien qu'appuyée par Godwin, fut combattue
par Leofric, et rejetée par le conseil du roi (5).

Le caractère d'Edouard n'avait ni cette vigueur, ni cette
élévation qui pût le porter à la réalisation de hautes concep-
tions politiques. Faible jusqu'à la pusillanimité, incertain

1. Snorre magnesi Goda, c. 38, 39.
2. Flor. Wig., 406, 407.
3. Snorre, Har. Hard , c. 28.
4. Snorre, c. 30, 31 ; Flor. Wig., 407.
5. Snorre, c. 36 ; Flor. Wig., 407.

au conseil, pieux et doux, Edouard sut se concilier l'amour
du peuple, par la simplicité de ses vertus, et le respect de
l'Europe, par le sage gouvernement d'administrateurs, unis
dans un même sentiment de loyalisme et de désintéresse-
ment, pour le monarque débonnaire, qui se fiait si entièrement, à eux. Le roi qui devait être canonisé par le pape
Alexandre III, était de haute stature, pâle et frêle. Il se
montrait dans ses mœurs, et dans sa vie publique, d'une
modération peut-être excessive, qui l'empêcha de donner
à la conduite du royaume (1), toute l'impulsion que commandaient alors, les circonstances. Sa piété sincère et
fervente l'emportait, loin de l'action, dans le calme de la
vie contemplative. Sa simplicité n'allait pas sans une réelle
grandeur, et sa charité éclairée l'auréolait, déjà, de cette
sainteté qui allait lui survivre dans la légende.

Sous son règne se préparait, en fait, l'invasion normande :
Ethelred n'avait-il pas épousé une princesse de Normandie,
et n'était-ce pas à la cour de ses ducs, que le roi d'Angleterre et ses fils, avaient reçu une hospitalité, dont ils devaient
garder le souvenir reconnaissant ? Depuis lors, Canute avait
épousé la veuve d'Ethelred, et non seulement Edouard, mais
encore les nobles qui l'avaient suivi dans son exil, se sentaient attachés à la Normandie, par leur souvenir, et par
leur passé, comme à une autre patrie. C'était en Normandie
qu'ils avaient connu les bienfaits et la douceur des civilisa-
tions franque et romaine, si bien harmonisées par Charlemagne. Leurs mœurs s'en étaient adoucies, et avaient perdu
ce reste de barbarie, dont elles ne s'étaient point dépouillées,
dans leur patrie, qui subissait toujours, la rude influence
des Danois, Edouard monté sur le trône, avait groupé autour
de lui ses compagnons de Normandie : c'étaient Robert,

1. Will. Malms., 91 ; Rossi., Hist. Reg. Angl., 105.

élevé par la faveur du roi, au siège primatial de Canterbury, et d'autres Normands nommés à des évêchés, et à d'importantes charges publiques (1).

La faveur dont jouissaient les Normands à la cour d'Edouard, éveilla la jalousie de Godwin, en faisant obstacle à sa propre ambition, qui était encore tenue en échec, par l'opposition avouée de Leofric, earl de Mercie, et de Siward, earl de Northumbria. Les partis en présence, se contentèrent de s'observer, jusqu'à ce que Godwin eût saisi l'occasion d'ouvrir les hostilités, et de prendre, dans le conflit, une attitude qu'il devait pousser jusqu'à la rébellion ouverte, contre le roi.

C'était alors en 1051, et le comte de Boulogne, ayant épousé la sœur d'Edouard, vint à Douvres. Quelques hommes de sa suite, pris d'ivresse, tuèrent un Anglais, et ce meurtre ayant provoqué une sédition dans le peuple, le comte irrité fit charger la populace, qui se leva en armes, contre lui. Le comte, devant la gravité du soulèvement, se retira auprès d'Edouard. à Gloucester (2).

Fort de ces incidents, Godwin ordonna des levées immédiates des troupes, de ses comtés de Kent, de Sussex, et de Wessex ; son fils Svein, rassembla des forces nombreuses, dans ses gouvernements d'Oxford, de Gloucester, d'Hereford, de Somerset, et de Berks ; un autre de ses fils, Harold, profitant de la même circonstance, vint grossir l'armée rebelle, des appoints de l'Essex, de l'Anglia orientale, et du Cambridgeshire, qu'il gouvernait.

La nouvelle de ces préparatifs fut portée à Edouard, qui envoya aussitôt, des messages à ses féaux. Leofric et Siward, leur demandant de venir en hâte, à son aide, avec toutes les forces dont ils pourraient disposer.

1. Ingulf, 62 ; Will. Malms., 80.
2. Flor. Wig., 410.

Les earls loyaux répondirent sur-le-champ à son appel, et une levée immédiate fut ordonnée dans leurs comtés. Les troupes de Godwin étaient entrées dans le Gloucestershiré, et le roi Edouard fut sommé par les rebelles, de leur livrer le comte de Boulogne, les nobles de sa suite, et tous les Normands, renfermés avec lui, dans Dover-Castle (1).

Le roi terrifié par ces menaces, ne savait quel parti prendre : mais, quand il apprit que ses amis accouraient à son aide, il opposa un refus formel aux prétentions de Godwin. Une guerre civile semblait inévitable, quand Leofric proposa à Godwin d'échanger des otages, et de laisser trancher son différend par la *witena-gemot* (2). Cette proposition fut agréée du rebelle, qui retourna dans le Wessex. A l'équinoxe d'automne, l'assemblée fut réunie à Londres, où le roi vint camper, avec la majeure partie de son armée ; Godwin et ses fils, pendant ce temps, occupaient Southwark, et y voyaient diminuer chaque jour, le nombre de leurs partisans.

La witena-gemot fut ouverte : Svein qui avait fait défaut, fut mis hors la loi ; Godwin et Harold furent cités devant l'assemblée. Soudain Godwin (3) s'enfuit pendant la nuit, craignant les suites d'une enquête judiciaire sur sa conduite, et voyant déjoués, tous les projets de son ambition. Le lendemain, au matin, le roi, président l'assemblée, le déclara hors la loi, avec son armée, et ses enfants : cinq jours de grâce lui étaient donnés, pour quitter le royaume. Avec trois de ses fils, Godwin, réunissant en hâte, ce qu'il pouvait emporter de richesses, passa dans les Flandres. Harold s'embarqua pour l'Irlande, et sa sœur, la reine, fut enfermée dans un monastère (4).

1. Flor. Wig., 410-411.
2. *Ibid.*, 411-412 ; *Sax. Chron.*, 163, 164.
3. *Sax. Chron.*, 164.
4. Ms. Chron. Tib. B. 4 ; Flor. Wig., 412.

17

Toutes les apparences semblaient alors prouver, que la maison de Godwin était à jamais perdue, en Angleterre. L'attachement d'Edouard croissait, chaque jour, pour ses conseillers normands. Obéissant aux suggestions d'une ambition prématurée, Guillaume, duc régnant de Normandie, vint visiter l'Angleterre, avec une suite nombreuse de nobles, et de chevaliers. Edouard le reçut avec grand honneur, lui donna une magnifique hospitalité, le conduisit à travers les villes, lui fit visiter les châteaux royaux, et le chargea de présents, à son retour en France (1). Cette visite n'était pas sans importance, pour Guillaume : elle lui faisait connaître les chefs, et le peuple anglais, parmi lequel son nom se répandait, déjà. Sans doute le duc de Normandie dut-il garder de sa venue en Angleterre, une impression très vive qui se changeait bientôt en un désir obstiné de revoir en roi, ce pays sur lequel il voulait régner.

Edouard vivait alors sans espoir de postérité, et à l'exception d'un de ses parents, élevé en Hongrie, le trône n'avait point d'héritier. La famille de Guillaume était unie à celle d'Edouard par le mariage, et par les liens d'une reconnaissance mutuelle. En 1051, la famille de Godwin était exilée sans espoir de retour, et Guillaume ne pouvait que songer à sa succession éventuelle au trône de son allié.

La famille de Godwin songeait, dans son exil, aux moyens de reconquérir son rang et son pouvoir. Harold et son frère envahirent l'ouest de l'Angleterre, avec une flotte d'aventuriers, réunis en Irlande. Ils pillèrent à loisir, les côtes anglaises, et défirent successivement, la plupart des officiers royaux. Comme Godwin lui-même menaçait ces régions, de l'attaque de ses troupes, une flotte royale de quarante vaisseaux, fut équipée à Sandwich, pour empêcher le passage

1. Flor. Wig., 412 ; Ingulf, 65.

de Godwin. Celui-ci évita la flotte anglaise, et parvint à gagner le Kent, pour y soulever, dans les comtés environnants, tous ses amis, en faveur de sa cause. Mais les troupes du roi étaient toujours lancées à sa poursuite : il se réfugiait successivement, dans Pevensey, et dans l'île de Wight, où Harold le rejoignit. En rassemblant leurs forces, ils firent voile pour Sandwich. Mais le zèle et le loyalisme des amis d'Edouard s'étaient ralenti, devant les progrès des Normands, dans la faveur du roi ; et Godwin s'avançait avec succès, jusqu'à la Tamise, et atteignit Southwark. Là, il sollicita le rétablissement de sa famille, dans ses anciens droits. Cette demande fut attentivement examinée par le Conseil, qui sur l'avis de l'archevêque Stigand, conclut à la paix, et au pardon du rebelle. Godwin vint se décharger devant le roi, des crimes dont on l'accusait : Edouard le reçut en toute amitié, et lui rendit ses honneurs, avec ses richesses, et son gouvernement. Les Normands, à leur tour, furent déclarés hors la loi, et Svein seul, fut excepté des mesures généreuses, prises à l'égard de Godwin, et de ses compagnons : la mémoire du crime qu'il avait commis sur son cousin Beorn, s'attachait encore à lui, et pour rassurer sa conscience alarmée, il entreprit pieds-nus, et en mendiant, le pélerinage des Flandres, à Jérusalem. Il mourut, à son retour, en Lycie (1).

Godwin devait éprouver, en 1053, les vicissitudes du sort. A peine avait-il recouvré la splendeur de son rang, qu'il mourait subitement, au cours d'un festin, pendant les fêtes de Pâques (2).

Les Gallois avaient souvent inquiété les provinces anglaises dans leur voisinage. En 1049, trente-six vaisseaux de

---

1. *Sax. Chron.*, 167, 168 ; Flor. Wig., 414.
2. Ingulf, 66 ; Will. Malms., 81 ; Henr. Hunt., 366 ; Flor. Wig , 415

pirates irlandais qui remontèrent la Saverne, et avec le concours de Griffith, roi de la Galles du Sud, obtinrent des avantages appréciables. En 1052, Griffith ravagea une partie de l'Herefordshire, et y fit un large butin (1).

La mort de Godwin releva quelque peu, sa famille : Harold succédait à l'earl infidèle, dans tout l'éclat de la jeunesse et du courage ; il était généreux, plein de promesses, et impatient de gloire. Quand Harold fut élevé aux dignités de son père, ses gouvernements d'Essex et de l'Anglia orientale, furent donnés à Algar, fils de Leofric, le patriote. Mais l'élévation d'Algar portait ombrage à Harold, dont les intrigues le firent injustement exiler. Aussi le ressentiment d'Algar était-il trop vif, pour que celui-ci demeurât inactif : il gagna l'Irlande, réunit dix-huit vaisseaux de pirates, et il intéressa à sa cause, Griffith, roi de Galles. Avec ces forces, il apparut soudain dans Hereford, où il fut victorieux ; et quoiqu'Harold fût déjà parti à sa rencontre, telles étaient les mœurs changeantes du moment, qu'Algar reconquit, par sa seule soumission, son patrimoine et son pouvoir. Ses alliés s'en vinrent à Leicester, et furent récompensés par le père d'Harold, qui subit un nouvel exil, et bénéficia, par la suite, d'une semblable restauration.

Les Gallois avaient fait sous ce règne, mainte tentative contre la puissance des Anglo-Saxons, en Bretagne. Mais quelque faible que fût le gouvernement des Saxons, il avait toujours empêché les Gallois, de développer leur action hostile. Ainsi Griffith, pendant quelques années, et servi par la fortune, avait-il harcelé avec succès, les comtés à l'entour du pays de Galles, et longtemps, ces agressions demeurèrent impunies. En 1055 et 1058, Algar fut tour à

1. Flor. Wig., 409-412.
2. Flor. Wig., 417-420.

tour, éloigné du pouvoir, ou rappelé, en grâce ; mais en 1063, après une nouvelle attaque du roi d'Ecosse, Harold se décida à marcher définitivement contre lui. Griffith s'enfuyait devant les progrès du Saxon, qui incendiait le palais et les vaisseaux du roi d'Ecosse. Au commencement de l'été, Harold fit de la piraterie sur les côtes de Galles, alors que son frère Tostig, pénétrait par terre, dans la même région. Les Gallois se soumirent à Harold, lui payèrent un tribut, et bannirent de ses états, Griffith qui devait mourir peu de temps après sa chute (1).

On attribua le succès des armes d'Harold aux changements que celui-ci avait introduits, dans l'armement de ses soldats. Avec leur lourde armure, les Saxons ne pouvaient poursuivre les Gallois, jusque dans leurs retraites montagneuses. Harold se rendit compte de ces entraves, et donna à ses hommes des armures de cuir, et des armes plus légères, qui facilitaient la course du soldat, dans la poursuite de l'ennemi (2).

Partout, l'orgueilleux Harold élevait les trophées de ses victoires, et sur des pierres, le vaincu pouvait lire cette inscription, si souvent répétée : « Ici, Harold a vaincu ! » Le pays de Galles était dépeuplé par son invasion, et c'est au souvenir de ces désastres, que Giraldus attribuait non sans raison, la soumission spontanée que les Bretons allaient bientôt faire aux Normands (3). Harold mit le comble à ses rigueurs en édictant une loi, aux termes de laquelle tout Breton, trouvé en armes, au delà du fossé d'Offa, devait avoir la main droite coupée (4).

Macbeth, l'usurpateur du trône d'Ecosse, immortalisé

<hr>

1. Flor. Wig., 424 ; Ingulf, 68 ; Ms. Lamb., *Sax. Chron.*, 170.
2. Ingulf, 68.
3. Giraldus Cambriensis de illaudab. Walliae, c. VII, p. 431.
4. Joan. Salisb. De Nugis Cur., p. 185, lib. VI, c. 6.

par le génie de Shakespeare, fut en partie, le contemporain d'Edouard : en 1039, Duncan après un règne de cinq ans, avait été assassiné par Macbeth (1). Les deux fils de Duncan, Malcolm, surnommé *Ceanmore*, ou *Grande-Tête*, et Donald, dit *Bane*, ou *le Bel*, s'enfuirent de l'Ecosse. Malcolm se réfugia dans le Cumberland, et Donald, aux Hébrides. Onze ans après son usurpation, Macbeth est représenté, par les chroniqueurs, comme faisant largesse d'aumônes, à Rome. En 1054, tandis que Macduff, thane de Fife, excitait une révolte en Ecosse, le fameux Siward, dénommé *le Géant*, ligua les Northumbriens contre Macbeth. Au cours d'une bataille acharnée, où plusieurs milliers d'hommes périrent, Macbeth fut défait, et Siward se retira à York avec un grand butin, quand il eut fait roi, Malcolm (2). Siward devait mourir, après sa victoire, loin des champs de bataille, d'un mal cruel : « Je me sens honteux, disait-il en son rude et barbare héroïsme, d'avoir survécu à tant de combats, et de mourir, à présent, de la mort des vaches : revêtez-moi de ma cotte de mailles ; armez-moi de mon épée ; et donnez-moi mon bouclier, et ma hache de bataille, afin que j'expire en soldat ! » (3).

En 1057, mourait Leofric, duc de Mercie, dont la sagesse et le sens politique avaient longtemps préservé Edouard des troubles intérieurs du royaume, et des périls extérieurs qui menaçaient, chaque jour l'Angleterre (4). Son fils Algar, lui succéda en son duché.

A la mort de Siward, en 1055, Tostig, frère d'Harold, fut

---

1. Mailros, 156 ; Sim. Dun., 33.

2. « 1050 ». « Scotorum Machethad Romae argentum spargendo distribuit ». Flor. Wig., 409 ; Sim. Dun., 184 ; Hoveden, 441 ; Haile's *Annals of Scotland.*, p. 2.

3. Rad. Dic., 477.

4. Flor. Wig., 419 ; Ingulf, 66 ; De Pont. Gale, III, 372.

fait earl de Northumbria. Mais par ses exactions et ses meurtres, il fut chassé de la province en 1065, au cours d'une sédition, depuis longtemps provoquée : les insurgés invitèrent Morcar, fils d'Algar, à les gouverner. A la tête des hommes du Northumberland, Morcar s'avança vers le sud, et y fut rejoint par les armées de Galles, et d'autres comtés. Harold le rencontra à Northampton, au milieu de ce déploiement de force inattendu, et jugea prudent de confirmer l'élection populaire, qui élevait Morcar au gouvernement de Northumbria. Tortig s'enfuit avec sa femme et les siens, dans les Flandres, où il reçut l'hospitalité de Baldwin (1).

Edouard, déjà détaché du monde, avait assisté à ces luttes, sans y prendre part. La maladie l'affaiblissait chaque jour, et après avoir tenu sa cour à la Noël, en 1066, dans Londres, il vit consacrer l'église de Saint-Pierre, qu'il avait fait élever à Westminster. C'est là qu'après l'Epiphanie, il devait lui-même reposer, loin des agitations du siècle, auxquelles il s'était mêlé par devoir et avec résignation, plus que par ambition personnelle.

Edouard avait d'abord songé à désigner pour son successeur au trône, son cousin Edouard, fils d'Edmond, *Côte-de-Fer*, qui avait continuellement vécu en Hongrie, du jour où il y avait fui le ressentiment de Cnut. Rappelé dans sa patrie, par Edouard le Confesseur, il avait revu l'Angleterre en 1057, et y était mort, peu après son arrivée (2).

La mort de ce prince, devait donner un égal espoir aux deux prétendants à la couronne anglaise, Harold et Guillaume de Normandie.

Harold avait juré à Guillaume, de l'assister dans la con-

1. *Sax. Chron.*, 171 ; Flor. Wig., 427.
2. Flor. Wig., 419.

quête du trône d'Angleterre, mais Harold allégua par la suite, qu'il avait prêté ce serment par contrainte, puisque le duc de Normandie le tenait alors en son pouvoir. Les rivaux exposaient des prétentions égales ; chacun d'eux invoquait une donation, ou un acte testamentaire d'Edouard, en sa faveur ; chacun avait été uni d'amitié au roi défunt, et comptait avec lui, ses alliances (1).

Nul fait de l'histoire d'Angleterre n'est plus difficile à élucider, et il convient de comparer, ici, les versions d'Harold et de ses partisans, — de cet événement, avec celles de la tradition normande.

En se reportant aux récits des partisans d'Harold, on trouve de sa venue sur le continent, deux relations contradictoires : selon les uns, Harold pêchant à Bosham, dans le Sussex, fut emporté par les hasards d'une tempête, sur les rives de Normandie (2) ; selon les autres, Harold se serait rendu volontairement dans les états du duc Guillaume. Deux des frères d'Harold avaient été confiés au duc, par Edouard, lors de la rébellion de Godwin. Harold, d'après certains chroniqueurs, aurait voulu faire cesser leur captivité, et

---

1. Les auteurs affirmant qu'Edouard désigna Harold, pour son successeur, sont : *Sax. Chron.*, 72 ; Flor. Wig , 427 : Hoveden, 447 : Sim. Dun . 194 ; Al. Bev., 122 ; Will. Malms , 93. D'autre part, la désignation de Guillaume de Normandie au trône, est affirmée par *Annales Margenses,* 1 ; Wikes' Chron., 22 ; Peter de Ickham, Domit. A 3 : « Willo duci Normanniae consanguineo suo sicut ei prius juramento promiserat regnum teste dedit » ; Will. Sheepheved, Faust. B 6 : « Adoptavit in regnum Willielmum ducem Normanniae adoptavit heredem » ; *Chron. S., Martini de Dover a Bruto ad Henr.*, II ; Vespas. B. 11 ; Chron. de Hale's ab initio mundi ad 1304. Cleop. D. 3 ; Annales de Gest. Angl. ad. 1377, Cleop. D. 9 ; Hist. Abb. Glaud. B 6 : Faustina, A 3 : « Devicto Heraldo rege cum suis complicibus qui mihi regnum prudentia domini destinatum et beneficio concessionis domini et cognati mei gloriosi regis Edwardi concessum, conati sunt auferre ».

2. Matt. Paris., 2 ; Matt. West., 426.

serait venu solliciter dans ce but, Guillaume, en Normandie.
Le roi d'Angleterre, sans vouloir lui donner de raison posi-
tive, tenta de le détourner de ce voyage, et lorsqu'à son
retour, Harold lui rapporta que Guillaume ne lui avait laissé
quitter ses états, que sous le serment de l'aider à s'emparer
un jour, du trône d'Angleterre, Edouard rappela à Harold,
et ses conseils méconnus, et ses trop justes prévisions (1).

Les historiens normands, déclarent au contraire, qu'à la
mort du fils d'Edmond, *Côte-de-Fer*, Edouard suivant ses
préférences personnelles, désigna Guillaume, pour son successeur ; qu'il envoya Harold lui communiquer ses intentions,
et que celui-ci naviguant vers les Flandres, pour remplir la
mission dont Edouard l'avait chargé, fut jeté, au cours
d'une tempête, sur les côtes des états du comte de Ponthieu, qui le fit aussitôt prisonnier. Et les mêmes auteurs
ajoutent encore, que le Normand Robert, archevêque de
Canterbury, fut chargé par le roi d'Angleterre, de porter au
duc Guillaume, le même message (2). Mais il paraît difficile
d'admettre cette dernière assertion, puisque Robert fut exilé
d'Angleterre, en 1052, lors de la rentree en grâce de Godwin.
L'archevêque avait gagné la Normandie, non en ambassadeur, mais en fuyard (3), et il était si peu dans la pensée
d'Edouard, d'adopter Guillaume, en 1052, qu'en 1057, il
faisait venir de Hongrie, en Angleterre, le fils d'Emond,
qu'il désignait pour son héritier présomptif. De plus, la
mission de Robert serait demeurée inutile, puisque le duc de
Normandie avait séjourné en Angleterre, après la rébellion

1. Eadmer, 4 ; All. Bev., 125 ; Sim. Dun., 195 ; Brompton, 947 ; Radic.
Dic., 479 ; Walt. Hemingford, 456 ; Chronica Will. de Giseburne, Cott.
Lib. Tiberius., B. 4, Higden, 283.

2 Ingulf, 68 ; Guil. Pictav, 191 ; Will. Gemmet, 285 ; Orderic. Vital,
492 ; Ann. Petrob., 45 ; Walshingham. Ypod., 28 ; Wicke's Chron., 22.

3. *Sax. Chron.*, 168 : Hoveden, 443.

de Godwin, et l'année même où l'archevêque avait dû quitter le roi Edouard. Ingulf déclare (1) d'autre part, qu'étant en Angleterre, Guillaume n'y avait point reçu de promesse de succession. L'archevêque put s'entremettre pour favoriser les ambitions du duc, mais jamais avant la mort de son cousin, Edouard ne dut regarder Guillaume, comme son successeur éventuel.

La fameuse tapisserie de Bayeux dépeint la série de ces faits : « C'est une pièce de toile de lin de dix-neuf pouces de haut, écrit Lancelot, sur deux cens dix pieds onze pouces de long, sur laquelle on a tracé des figures avec de la laine couchée et croisée, à peu près comme on hache une première pensée au crayon » (2). La tradition normande a donné à cette tapisserie le surnom de, « La toilette du duc Guillaume », et elle passa longtemps pour avoir été tissée par la reine Mathilde, et par ses suivantes.

Sur la tapisserie est représentée l'histoire d'Harold et de Guillaume : la première figure qu'on y rencontre, est celle d'un roi armé d'un sceptre, et assis sur le trône ; il tend sa main droite vers deux hommes à qui il semble donner des ordres. Au-dessus de sa tête, on lit une inscription : « Edward Rex ». On a souvent fait remarquer qu'ici, Edouard apparaît, comme ordonnant à Harold de se rendre en Normandie — ce qui confirme le dire des chroniqueurs normands, qu'Harold fut envoyé par le roi Edouard, auprès du duc de Normandie (3).

---

1. « De successione autem regni spes adhuc aut mentio nulla facta inter eos fuit ». Ingulf, 65.

2 Lancelot dans *Mem. Acad. Inscript.* IX, 535-561 ; XII, 369-469 ; cf. Ducarel, Antiquités Anglo-Normandes, *passim*.

3. Lancelot, 541 : « Il faut observer la simplicité du trône du roi Edouard, semblable à celle que nous représentent les sceaux et les autres monuments qui nous restent de ces temps-là. Les bras du trône sont

Les figures suivantes sont celles de cinq cavaliers, précédés d'un héraut portant un faucon sur sa main gauche, et cinq chiens courant devant lui.

L'inscription surmontant la scène est la suivante : « Ubi Harold dux Anglorum et sui milites equitant ad Bosham... » (1).

Puis, une église fait suite à cette scène, avec deux hommes agenouillés, sur la tête desquels court une devise : « Ecclesia... ». Après quoi, la tapisserie représente une salle du palais, où deux hommes boivent : l'un, dans une corne ; l'autre, dans un gobelet. La scène suivante représente l'embarquement d'Harold, à Bosham, dans le Sussex, avec la mention : « Hic Harold mare navigavit ». Et plus loin, ce sont deux vaisseaux voguant en pleine mer, avec le commentaire suivant : « Et velis vento plenis venit in terra Widonis Comitis ». Les autres figures représentent Harold devenant prisonnier de Guy, comte de Ponthieu, qui le tient captif à Belre. Les inscriptions de la tapisserie, permettent d'identifier les acteurs de la scène : « Ici, Harold et Guy conversent — ici, les messagers de Guillaume vinrent vers Guy — ici, Guillaume s'avance avec Harold, dans son palais ». Quand Harold se sentit prisonnier de Guy, il en fit savoir la nouvelle au duc Guillaume qui, à force de menaces et de dons, ordonna son élargissement (2).

Le conflit de Guillaume et de Conan, comte de Bretagne, est ensuite dépeint, avec la rubrique : « Ici, le duc Guillaume et son armée, vinrent au Mont-Saint-Michel, et passèrent le fleuve Couesnon (3) ; ... ici, les soldats du duc Guillaume

terminés par une tête de chien ; ceux des empereurs d'Allemagne avaient ordinairement un lion. Son sceptre est terminé en fleuron... ».

1. Lancelot, 378 : « C'était alors l'usage de la noblesse de marcher ou en équipage de guerre, quand il y avait quelque expédition à faire, ou en équipage de chasse, quand la guerre ne l'occupait point ».

2. Lancelot, 555, 381.

3. *Ibid.*, 396, 397.

combattirent contre les Dinantes (1)... Plus loin, c'est Guillaume tout bardé de fer, et armant chevalier, Harold... Un historien normand rapporte que Guillaume devant récompenser Harold, lui fit don d'armes, de chevaux et de bijoux (2).

Après trois cavaliers en armes, avec la devise : « Ici Guillaume se rend à Bagias » (Bayeux), le duc apparaît sans armes, sur son trône, avec une épée, et la main gauche tendue. Près de là, sont deux reliquaires : Harold est entre eux, une main posée sur chacune des châsses ; les hommes d'armes l'entourent : la scène porte la mention : « Ici Harold fait serment au duc Guillaume ».

Des chroniqueurs allèguent qu'Harold fit à Guillaume le serment de faciliter son accession au trône d'Angleterre, afin d'obtenir sa fille en mariage. D'aucuns rapportent que ce ne fut qu'après son serment, qu'Harold se rendit compte du nombre et de l'importance des reliques, sur lesquelles il avait juré (3).

La suite de la tapisserie représente un vaisseau voguant sur la mer : c'est le retour d'Harold en Angleterre, suivi de l'entrevue d'Harold avec Edouard ; de la maladie et des funérailles du roi.

Puis, se déroule la scène du couronnement d'Harold : un homme lui offre la couronne ; un autre lui offre une hache de bataille : Harold apparaît sur son trône avec le globe dans la main gauche, et le sceptre dans sa droite. Deux guerriers lui présentent une épée, et l'archevêque Stigand se tient à ses côtés...

Le soir même des funérailles d'Edouard, Harold prit pos-

---

1. *Ibid.*, 399.
2. Order, Vital. Lib. III, 492 : Lancelot, 402.
3. Guil. Pictar : « Sicut veracissimi multaque honestate praeclarissimi homines recitavere qui tunc affuere testes... ». Ord. Vital., 492.

session de la couronne d'Angleterre, en 1066. Comme il pouvait compter parmi ses compétiteurs, Edgar Atheling, petit-fils d'Edmond, et représentant du droit héréditaire et dynastique à la couronne, tout retard eût pu compromettre la réalisation de ses desseins (1).

Profitant des divisions intérieures du royaume et fort de l'appui de ses partisans, Harold se fit aussitôt couronner par l'archevêque de Canterbury.

Si le temps ne permit pas à Harold de réaliser les intentions dont il fit preuve, au début de son règne si court, on ne peut avec les chroniqueurs, que reconnaître la dignité toute royale qu'il montra sur le trône (2). Ses droits à la couronne étaient incertains ; sa popularité les lui confirma, et peut-être n'était-ce que pour se gagner le peuple, qu'Harold gouverna d'abord avec équité et modération. N'allait-il pas mourir avant que l'on reconnût la sincérité ou l'opportunité de sa conduite politique ?

Les compétiteurs d'Harold à la couronne, étaient son frère Tostig, Guillaume de Normandie, et Haralld Hardrada, roi de Norvège. Ces deux derniers jouissaient d'un pouvoir solidement établi, et étaient renommés pour leurs talents militaires. Leur situation de droit et de fait, était ainsi supérieure à celle d'Harold, roi nouveau, aux titres incertains, et au pouvoir encore jeune, et dont les partisans ne représentaient qu'une partie de la nation qu'il gouvernait.

Tostig, homme d'initiative et de bravoure éprouvées, apportait, dans sa lutte contre son frère, un ressentiment et une haine, exaspérés par son expulsion de Northumbria, sous le

1. Matt. West., 433 : « ... extorta fide a majoribus... ; Matt. Paris, 2 ; Will. Malms , 93 ; Rudborne., 24 ; Ord. Vital : « sine communi consensu aliorum praesulum et comitum procerumque... », 492.

2. Guil. Pictar., 196 : Ord. Vitalis, 421.

3. Matt. West., 439 ; Will. Gem., 285.

règne précédent, et Harold ne l'avait point reçu en grâce. Ces griefs de Tostig étaient habilement entretenus par Guillaume, dont la politique consistait à multiplier les ennemis d'Harold, pour diviser et neutraliser les forces de celui-ci. Impatient d'agir contre son frère, Tostig essaya, mais en vain, de persuader au roi de Danemark, d'attaquer Harold ; il eut plus de crédit auprès du roi de Norvège, Haralld Hardrada, qui lui promit une invasion de l'Angleterre par les Norvégiens, pour le prochain été (1). Tostig se rendit ensuite dans les Flandres, pour préparer sa propre expédition : il se rendit auprès de Guillaume de Normandie, et devint l'instrument aveugle de son ambition. Il recruta tous les Anglais qui voulaient servir sous ses ordres ; il fit une levée de troupes dans les Flandres, et avec une flotte de soixante vaisseaux, il fit voile vers les côtes anglaises (2).

Il leva des contributions sur l'île de Wight, et pilla toute la côte, jusqu'à ce qu'il eût gagné Sandwich. Harold était alors, à Londres. Il rassembla une armée nombreuse, pour faire face aux forces qu'on lui opposait, et qu'il regardait comme l'avant-garde de l'armée même de Guillaume. Lorsqu'Harold eut atteint Sandwich, Tostig dont les partisans se trouvaient surtout répandus dans les régions du Nord, partit précipitamment pour le Lincolnshire, et dévasta Lindesey. Les earls de Mercie et Northumbria ne lui laissèrent pas faire de propagande, mais prirent aussitôt, une attitude hostile à son endroit (3). Tostig défait, s'enfuit en Ecosse, avec douze vaisseaux, pour y attendre l'arrivée de ses alliés, et Malcolm lui donna asile. Le premier danger avait donc été évité pour Harold, par la rapidité de ses décisions, mais il ne pouvait demeurer ainsi, dans une fausse sécurité :

1. Snorre, III, 146-149 ; W. Gemmet., 285.
2. Order. Vital., 492 ; Snorre, 150.
3. Malms., 94 ; Henr. Hunt., 367 ; Matt. West., 433.

deux souverains dont les armées isolées, eussent suffi à menacer sa couronne, allaient combiner contre lui, leur effort.

Guillaume, le rival d'Harold, était fils de Robert, cinquième duc de Normandie. Il était enfant naturel, et sa naissance ne l'empêcha pas de recueillir, sans opposition, la succession de son père (1). Quand Robert entreprit le pèlerinage de Jérusalem, il donna à son fils Guillaume, le gouvernement de la Normandie, sous le contrôle d'un conseil, et il avait prié le roi de France et les nobles, de veiller à la bonne administration du duché (2). Robert mourut à Nice, en **1035**, à son retour de Palestine, l'année même de la mort de Cnut (3).

Guillaume devint duc de Normandie, à l'âge de huit ans (4). Bien des nobles tentèrent sous sa minorité, de s'affranchir du pouvoir ducal, et guerroyèrent les uns contre les autres. Le roi de France, lui-même, ambitionnait les états de Normandie. Et ce dernier pays, pendant bien des années, ne fut en proie qu'à des guerres intestines, et le jeune duc grandissait ainsi, dans l'épreuve, discipliné et soutenu par de loyaux partisans. Les difficultés du début de son règne avaient mûri son jugement et sa conduite politiques, aussi ce fut avec méthode et prudence, qu'il tenta de réaliser ses projets ambitieux, sur l'Angleterre.

Le couronnement d'Harold étant un fait accompli, Guillaume ne pouvait plus espérer d'issue à ses prétentions, par la voie des négociations, et devait fatalement, recourir aux armes. Toutefois, il voulait avoir, devant l'Eurepe, l'appa-

---

1. W. Gemmet, lib. VII, c. 3 ; Glaber Rodulphus, 47 : « Fuit enim usui a primo adventu ipsius gentis in Gallias, ex hujusmodi concubinarum commixtione illorum principes extitisse ».

2. Glaber, 47.

3. Gemmet., lib. VI, c. 12, 13 ; Ord. Vit., lib. III, 459.

4. Ord. Vit., 459.

rence du bon droit : aussi envoya-t-il à Harold une ambassade, avec un message, lui rappelant en termes modérés, ses serments, et son usurpation de la couronne. Le duc Guillaume concluait, en menaçant Harold d'hostilités, si celui-ci ne lui abandonnait pas le trône d'Angleterre. Ce manifeste n'avait d'autre but que de faire retomber sur Harold aux yeux du peuple anglais, la responsabilité de la guerre, qui allait s'ouvrir et d'apprendre à la nation, les droits du duc Guillaume à une couronne, qu'il ne voulait disputer par les armes, qu'après avoir épuisé tous les moyens de conciliation (1). Et le duc de Normandie savait pertinemment qu'en recevant son message, Harold ne se serait pas contenté de quitter simplement le trône, sur lequel il était si précipitamment monté.

Harold suivit son compétiteur sur le terrain qu'il avait choisi, et répondit avec la même adresse et la même duplicité, que son partenaire, dans cette véritable farce diplomatique. Il parla de contrainte, dans le serment qui avait été exigé de lui; personne, disait-il, ne pouvait disposer de la couronne, à son profit, sans le consentement du peuple, et lui-même n'était-il pas l'oint du Seigneur, et l'élu de la nation? Pouvait-il, au surplus, sans déchoir, abandonner un trône, auquel l'avait appelé le choix unanime, prétendait-il, de la noblesse anglaise?

En prenant pour femme, Alditha, fille du comte Algar, au lieu d'Adeliza, fille de Guillaume, Harold se ménageait un appui en Mercie, et en Northumbria, provinces qui étaient gouvernées par les frères de son épouse (2).

Guillaume tint conseil avec les chefs de son duché, sur l'opportunité de l'invasion qu'il projetait; quelques-uns l'en

1. W. Gemmet, 277 ; Le P. Daniel, Hist. Fran., I, 362, 368.
2. Matt. Paris, 2 ; Matt. West., 434 ; Eadmer, 5 ; Gemmet, 285.

dissuadèrent, mais l'influence et les raisonnements du duc furent les plus forts, et l'expédition décidée, fut préparée en grande activité (1). La tapisserie de Bayeux détaille les phases de ces apprêts : ce sont des flottes construites ; des hommes portant des cottes de mailles, des lances, des épées, des barriques de vin, un char couvert d'armes, vers les nouveaux vaisseaux. Ces préparatifs furent achevés à la fin du mois d'août 1066 (2).

Guillaume, dans l'intervalle, avait recruté au loin des soldats, auxquels il promettait une forte solde, et une part du pillage. Des combattants, des aventuriers affluèrent de Bretagne, de France, des Flandres, et vinrent se ranger sous la bannière du duc de Normandie, grossissant ses propres troupes, et formant avec elles, une formidable armée, animée de l'impatience des conquêtes, et confiante en la victoire de son chef (3). L'Empereur lui-même vit si favorablement, cette expédition, qu'il promit de protéger la Nor-

1. Guill. Pictar., 197 ; Ord. Vital., 493 ; W. Gemmet, 286.
2. Roman de Rou (Lancelot, 429) :

> « Fevres et charpentiers manda
> Dont veissiez à granz effors
> Par Normendie à touz les pors
> Merriens à traire et fust porter,
> Chevilles à faire et bois doler
> Nesf et esquiex appareillier,
> Velles estendre et mats drecier
> A grant entente et a grant ost,
> Tout un este et un aost
> Mistrent au navie atorner. »

3. « Guil. Pict., 197 : « Convenit etiam externus miles in auxilium copiosus ». Ord. Vit., 494 : « Rumoribus quoque viri pugnaces de vicinis regionibus exciti convenerunt... Galli namque et Britones, Pictavini et Burgundiones aliique populi Cisalpini ad bellum transmarinum convolarunt ». W. Gemet., 286 : « Ingentem quoque exercitum ex Normannis et Flandrensibus Francis et Britonnibus aggregavit ».

mandie, en l'absence du duc. Les circonstances favorisaient singulièrement Guillaume : le roi de France, bien qu'hostile à l'accroissement du pouvoir de Guillaume, n'osait prendre parti contre celui, qui invoquait comme cause de l'expédition, la forfaiture de son ennemi, et à qui le pape, en signe d'approbation, avait envoyé une bannière consacrée. Et sans doute, la neutralité était-elle commandée, chez le roi de France par le secret espoir de l'échec du duc de Normandie, qui eût pu lui permettre de réaliser, à son tour, les desseins de Guillaume (1).

En même temps que le duc de Normandie, le roi de Norvège achevait ses préparatifs contre Harold. L'expédition semble avoir été impopulaire en Norvège : chacun avait fait l'épreuve du nombre et de la valeur des soldats anglais, sur les champs de bataille, et l'issue de la guerre apparaissait incertaine aux plus prudents (2).

Haralld Hardrada, ayant confié à son fils Magnus, le gouvernement de la Norvège, fit voile vers l'Angleterre, avec son autre fils Olaf, la reine Ellisif, et ses filles, Marie et Ingegerdr (3). Le roi de Norvège trouva les côtes anglaises sans défense : Harold n'était occupé qu'à affronter les armées de Guillaume. Tostig avait rejoint Hardrada, et tous deux se dirigèrent sur Scarborough qu'ils pillèrent, et qu'ils incendièrent. Avec cinq cents vaisseaux, ils remontèrent l'Humber (4). Ils s'avancèrent jusqu'à Reichale, où les comtes Edwine et Morcar, bien que surpris par leur attaque, s'apprêtèrent à leur opposer une résistance aussi forte que celle qui s'était achevée par la déroute de Tostig. Le 20 sep-

---

1. Guill. Pict., 197 ; Ord. Vital., 493.
2. Snorre, Haralldi Hardrada Saga, c. 82, 149 ; *Ibid.*, 150-152.
3. Adam. Brem., 41, 43.
4. Snorre, 153, 154 ; Orkneyinga Saga, 95 ; Flor. Wig., 429 ; Hoveden, 448 ; Ingulf, 200.

tembre, ils livrèrent bataille aux envahisseurs près d'York, sur la rive droite de l'Ouse (1). Hardrada divisa son armée de telle sorte que l'une de ses ailes atteignait le fleuve, et que l'autre était protégée, et par un fossé, et par un vaste marais. Le gonfanon du roi flottait sur le fleuve même, où se trouvaient réunis l'élite de ses guerriers. Ses lignes près du fossé, paraissaient faibles, et tentèrent l'attaque des beaux-frères d'Harold : l'ennemi fut chassé par eux, de cette position. Ce fut alors qu'Hardrada se précipita dans la mêlée, et qu'avec le gros de ses troupes, il parvint à diviser les forces anglaises, qui le poursuivaient. L'écrasement des Anglais fut tel, qu'au dire des chroniqueurs, les Norvégiens traversèrent le fleuve, sur des monceaux de cadavres. Les deux comtes furent alors assiégés dans York (2).

Harold qui guettait, avec anxiété, tous les mouvements du duc de Normandie, avait échelonné ses troupes sur les côtes du Sud. Les victoires d'Haralld Hardrada, le contraignirent à renoncer à ces moyens de défense, et il dut marcher avec son armée, dans le Nord. Pour pouvoir lutter avec succès contre Guillaume, il lui fallait d'abord, repousser aussitôt, le roi de Norvège, qu'il vint attaquer à York, quatre jours après la défaite des comtes.

Hardrada fut surpris par la soudaine arrivée d'Harold : il avait donné le commandement de la flotte à son fils, Olaf, et s'était rendu dans la cité d'York, pour y établir son gouvernement. Tout à coup, le roi de Norvège aperçut une armée qui s'avançait vers la sienne : il interrogea Tostig, et celui-ci lui répondit qu'il espérait que ces troupes étaient des leurs, mais qu'il connaissait assez la rapidité de décision

---

1. Henr. Hunt., 367 : « Cujus locus pugnae in australi parte urbis adhuc ostenditur ».

2. Snorre, 155; Orkneyinga Saga, 95 ; Hoveden, 448 ; Flor. Wig , 429; Will. Malms., 94.

de son frère, pour ne pas supposer que ces troupes fussent l'avant-garde de l'armée anglaise.

La vérité fut bientôt connue : Tostig parlait d'une retraite sur les vaisseaux, mais Hardrada ne voulut point refuser la bataille qui lui était offerte, et son armée s'étant rassemblée en hâte, il la rangea en une seule et longue ligne, très serrée. Comme la cavalerie des Norvégiens était inférieure à celle des Anglais, Hardrada ordonna à l'infanterie de ficher en terre, obliquement, ses lances, pour arrêter les charges des Anglais ; la deuxième ligne de bataille tenait ses armes prêtes à éventrer les chevaux, emportés dans leur premier élan ; les archers, en troisième ligne, devaient achever, sous une grêle de traits la défaite de la cavalerie anglaise (1).

Hardrada inspectait une dernière fois ses troupes, lorsque son cheval le précipita à terre : il se releva aussitôt, et il déclara que cet accident était d'un heureux présage, puisque sa chute était ainsi suivie d'un relèvement. Harold, de ses lignes avancées, avait vu la scène, et la chute du roi de Norvège, drapé dans sa tunique bleue, la cuirasse éclatante : « Il est grand et majestueux, dit-il, mais basse sera sa fortune ! » (2).

Une dernière fois, Harold voulant éviter une lutte fratricide, offrit à Tostig, avant la bataille, le gouvernement de la Northumbria, et d'autres honneurs, s'il abandonnait la lutte, et le parti du roi de Norvège. Tostig non content de ces concessions, demanda quel avantage retirerait son allié, en renonçant à la guerre : « Il aura sept pieds de terre, répondit simplement Harold, et comme il est très grand, peut être davantage (3) » ! Les négociations furent rompues sur ces mots, et les Norvégiens furent surpris par les

1. Snorre, 159.
2. *Ibid.*, 160.
3. *Ibid.*, 160.

armées anglaises, avant d'avoir pu revêtir leurs cottes de mailles, tandis que le roi de Norvège leur chantait un poème épique. Les charges des Anglais furent reçues avec résistance, sur la ligne de bataille continue, et tout le temps que les Norvégiens ne laissèrent point changer leurs positions de défense, ils repoussèrent victorieusement, les attaques des Anglais. Ceux-ci feignirent de se retirer en désordre, et aussitôt, les Norvégiens abandonnant les positions qui les avaient jusqu'alors protégées, se jetèrent à la poursuite de leurs ennemis. Les Anglais ne tardèrent pas à effectuer un retour offensif, dont ils firent sentir aux Norvégiens, la fureur destructive. Hardrada encourageait les siens, par des paroles héroïques, mais ses efforts furent vains, pour lutter contre la défaite. Une flèche l'atteignit à la gorge, et il tomba, en assurant un premier triomphe à Harold, son compétiteur au trône (1).

Tostig prit alors le commandement, et la bataille reprit encore, avec plus d'acharnement. Harold, pour la deuxième fois, offrit la vie et la paix à son frère et aux Norvégiens, mais Tostig dans sa rage, se refusa à toute conciliation. Il voulut la victoire, ou la mort, et l'arrivée d'un corps d'armée, sous la conduite d'Eysteinn Orri, lui donnait un nouvel espoir.

Ces troupes arrivaient, complètement armées, sur le champ de bataille. Leur attaque fut si fortement poussée que l'issue du combat, demeura un instant, incertaine. Mais les troupes étaient épuisées par la course qu'elles venaient de faire, pour gagner le lieu du combat, où Tostig, et la noblesse de Norvège trouvèrent la mort (2). Harold fit preuve après sa victoire, d'une réelle générosité : il permit à Olaf, fils d'Har-

1. Snorre, 163, 175.
2. Snorre, 165 ; Ord. Vit., 500.

drada, de revoir avec ses compagnons de défaite, la terre de sa patrie. L'été suivant, Olaf revint en Norvège, où il devait régner, conjointement, avec son frère Magnus.

Si un intervalle avait séparé l'arrivée de Guillaume, de cette dernière campagne, la fortune d'Harold eût été assurée contre son troisième compétiteur. Mais trois jours seulement, s'étaient écoulés entre la défaite d'Hardrada, et l'arrivée de Guillaume. Alors que le roi de Norvège était mort, le **25** septembre, le duc de Normandie, le **28** septembre **1066**, abordait à Pevensey (1).

Harold, dans l'attente d'une invasion de Guillaume, avait fortifié de son mieux, pendant l'été, les côtes sud de l'Angleterre. Au large de l'île de Wight, il avait fait croiser la flotte importante, qui devait rencontrer les Normands sur mer, et porter la nouvelle de leur arrivée, aux troupes nombreuses, campées sur les côtes prochaines. Cette surveillance fut continuée pendant l'été et l'automne, et préserva Harold de toute attaque du Normand. Cette flotte qu'on aurait dû regarder comme un moyen essentiel d'avertissement et de défense, fut obligée de se disperser, faute de vivres. Harold qui s'était alors engagé contre les Norvégiens, négligea de rétablir la flotte, et de la ravitailler. Par cette dernière imprudence, tout obstacle à l'imminente expédition de Guillaume, se trouvait levé.

Guillaume avait achevé ses armements au mois d'août, et il se tenait entre Le Havre et Caen, lorsque des vents contraires empêchèrent son départ. Ce retard lui fut favorable, car s'aventurant aussitôt sur la mer, il eût eu à affronter la flotte anglaise, soutenue par la ligne de défense établie sur terre, et avant de s'engager sur le continent avec

1. Hoveden, 448 ; Ingulf, 69 ; Orkneyinga Saga, 91, 93 ; Snorre, 171, 176 ; Ord. Vital., 500 ; *Sax. Chron.*. Ms. Tib. B. 4.

Harold, le Conquérant n'aurait eu que des forces diminuées, pour une action décisive (1). Mais pendant qu'il était ainsi, retardé d'un mois, la flotte anglaise levait l'ancre, en lui laissant libre le passage de la mer, et Harold abandonnait ses positions au sud de l'Angleterre, pour faire face à l'invasion norvégienne.

La flotte de Guillaume partait, enfin, de Dieppe, le port normand, le plus rapproché de l'Angleterre. La traversée fut d'abord contrariée : quelques vaisseaux coulèrent, et plusieurs de ceux qui avaient été enrôlés pour cette expédition, prirent soudain, conscience de ses dangers, et abandonnèrent l'armée. Le duc sentit la nécessité d'enflammer le zèle, des siens : il fit des distributions de vivres et de numéraire, et fit entendre à tous l'appel de son éloquence chaleureuse et convaincante. Et il fit promener la châsse de Saint-Vallery, devant l'armée, comme gage d'une heureuse traversée, pour elle.

Après quoi, les troupes furent empressées à s'embarquer : le duc ordonnait le départ de la flotte, et pour éviter des naufrages sur une mer et des rivages mal connus, il ordonna aux commandants de tous les vaisseaux de se grouper, la nuit, autour du sien, et de ne point lever l'ancre, avant d'avoir vu briller une lumière, au mât du navire-royal, et d'avoir entendu les trompettes donner le signal du départ (2).

1. Ord. Vital., 500 ; Guill. Pict., 198.
2.   « Ne vous voil mie mettre en lettre,
          Ne je ne me voil entremeitre
          Quels barons et quels chevaliers,
          Granz vavasours, granz soudoiers
          Ont li Dus en sa compaingnie
          Quant li prist toute sa navie.
          Mez ceu oi dire a mon pere,
          Bien m'en souvient, mes vallet ere,

Guillaume s'embarquait sur sept cents vaisseaux, avec des chevaux, et tous les détails de son armement. Son vaisseau s'avançait le premier, et eut bientôt dépassé le reste de la flotte. Sur l'ordre du duc, un marinier était monté dans les mâtures, et déjà, il ne distinguait plus aucun navire, à l'horizon. Guillaume fit jeter l'ancre, et un second matelot découvrit bientôt, les quatre vaisseaux d'avant-garde de la flotte, qui s'avançaient vers le navire ducal. Guillaume ne put contenir sa joie, à la vue de cette forêt de mâts, agitée sur les flots, et par ce premier succès, il prit conscience de toute l'étendue de ses futures victoires.

A Pevensey, débarquait, le 28 septembre 1066, l'armée normande (1). Guillaume ne rencontra pas de résistance, à terre, mals sans laisser séjourner ses soldats en ces lieux, il se hâta de partir à Hastings, afin de s'y ravitailler (2). La tradition rapporte que le duc Guillaume tomba sur le sol, en abordant : l'armée d'abord effrayée par ce présage, fut rassurée par les paroles d'un soldat, qui releva le duc, et s'écria : « Heureux guerrier, tu as déjà pris l'Angleterre ! Vois, sa terre est entre tes mains ! (3) » Quoiqu'il en ait été de cette anecdote, le duc détourna ses troupes du pillage, et

> Quer sept cent nesf quatre mains furent,
> Quant de St. Valery s'esmurent,
> Que nesf, que batteaux, que esquiez
> A porter armes et hernoiz.
> Ai je en escript trouvé,
> Ne sai dire s'est verité,
> Que il y eut trois mile nesf,
> Qui porterent velles et tresf ».

Lancelot, 431

1 Guil. Pict., 199 : « Mare transivit et venit ad Pevenesae ».

2. *Ibid.*, 190 : « Sed non diutius ibi moratus, cum omni exercitu suo venit ad alium portum non longe ab isto situm quam vocant Hastingas ibique omnem suam militiam requiescere jussit ».

3. Matt. West., 435.

fortifia Pevensey et Hastings, afin de protéger sa flotte (1).
Guillaume toujours en éveil, apprit la victoire d'Harold sur
le. roi de Norvège, et s'apprêta, dès lors, à combattre. Il
allait, résigné à la fatalité de la victoire, ou de la mort, et
il voulait, au plus tôt, une bataille rangée qui mit fin à
l'incertitude qu'il avait, du sort de ses armes (2).

Harold apprit la nouvelle du débarquement de Guillaume,
tandis qu'il était à souper, à York. Harold écoutait, aussitôt,
dans son ardeur naturelle, sa bravoure et son impatience de
vaincre, qu'avaient accrue ses succès contre les Norvégiens.
Il n'avait en rien, le jugement de son redoutable adversaire. Au lieu de se recueillir, et de mûrir le plus longtemps
possible, un plan de bataille, après avoir réuni tous les
hommes dont il pouvait disposer, il vola témérairement, vers
Londres, comme si la victoire devait lui appartenir, en raison
même de sa hâte à la disputer.

Cet empressèment fiévreux, fut une première faute
d'Harold : n'avait-il pas, avant d'engager une action décisive, à combler les vides de son armée, déjà disséminée par
la lutte contre Hardrada? Son impopularité parmi ses soldats, était grandissante : on lui reprochait de garder par
devers lui, tout le butin de guerre. Quelques troupes avaient
déserté : et quand Harold marcha sur Londres, contre Guillaume, il ne comptait plus dans ses rangs, que des merce-
naires et des soudés (3).

Il envoya des espions, qui devaient observer l'armée et les
positions du duc de Normandie. Celui-ci, conscient de ses
forces, les montra lui-même aux espions, qu'il traita dans son
propre camp. Quand ils revinrent auprès d'Harold, ils lui

---

1. Will. Gemmet., 286; Ord. Vital., 500.
2. Henr. Hunt., 368.
3. Will. Malms., 94; Matt. West., 434.

parlèrent avec étonnement et crainte, de l'armée ennemie, et de ces étranges soldats qui la composaient, et qui tous, avec leurs visages rasés, ressemblaient à des clercs (1).

L'intérêt immédiat d'Harold, lui conseillait d'ajourner la bataille, mais sa hâte ambitieuse l'emporta sur la prudence que commandaient les événements. Ce fut en vain que son frère Gurth, lui rappela qu'il n'avait pas réparé ses pertes de la dernière campagne, et qu'il lui conseilla d'écarter les propositions que Guillaume lui avait fait transmettre par des moines, ses ambassadeurs (2).

Le duc de Normandie offrait à Harold, ou de quitter le trône, et de régner en Angleterre, comme son vassal ; ou de vider leur querelle, en un combat singulier. Les premières propositions furent écartées par l'ambition d'Harold, et le roi d'Angleterre ne songea pas davantage, à se mesurer personnellement avec son ancien hôte, dont il connaissait le calme courage, la force physique, et l'étonnante adresse au jeu des armes. Il se contentait, finalement, de répondre aux envoyés de Guillaume, qu'il s'en rapportait au jugement de Dieu (3).

Harold ne demeura que six jours à Londres, avant de marcher à l'ennemi (4), vers Hastings. Son armée ne cessa d'avancer, pendant toute la nuit : il espérait surprendre le duc de Normandie, comme il l'avait fait des Norvégiens, et telle était sa confiance en ses destinées, qu'il arma une flotte de sept cents vaisseaux, pour empêcher la retraite de

---

1. Will. Malms. 100 ; Cott. Ms. Jul. D. 6, 101 : « Non potuit de pari conditione contendere qui modico stipatus agmine, quadruplo congressus exercitu, sorti se dedit ancipiti ».
2. Will. Malms., 100.
3. Will. Malms., 100 ; Guil. Pict , 200 ; Matt. Paris, 3.
4. Will. Gemmet, 287.

Guillaume sur le continent, après la victoire des armes anglaises (1).

C'était là, de la part d'Harold, une nouvelle faute. Il avait dû détacher de son armée de terre, un grand nombre de soldats, qu'il répartit sur les vaisseaux qu'il avait équipés, et il se privait, de la sorte, d'éléments nécessaires. De plus, n'était-ce pas sur terre, que Guillaume voulait lui livrer une bataille décisive, et n'avait-il pas, à cet effet, concentré toutes ses forces, sur le sol anglais ? Les mouvements de la flotte d'Harold, ne pouvaient avoir d'issue, sur la fortune de ses armes.

Averti par ses avant-postes de l'arrivée d'Harold, Guillaume fit rester pendant toute la nuit, ses hommes sous les armes (2) ; et Harold troublé par cette mesure, n'osa point ordonner l'attaque.

Les Anglais avaient campé sur une colline voisine : les Normands ayant quitté Hastings, occupaient une éminence opposée. Les Anglais passèrent dans les réjouissances, la nuit qui précéda le combat : les Normands, dans l'intervalle, ne cessèrent de prier.

Tandis que Guillaume revêtait son armure, il arriva qu'il la mit à l'envers : cet incident frappa ceux de sa suite comme un présage funeste, mais le duc les eut bientôt rassurés, en disant avec calme : « Si je croyais aux présages, je ne me battrais pas aujourd'hui, mais jamais, je n'accordai de crédit à ces superstitions : en toutes mes actions, j'attends les décrets du Créateur (3). »

Sur l'ordre de leur chef, les Normands rassemblés dans lo

1. Ord. Vit., 500 ; Guil. Pict., 201. L'*Ancienne Chronique de Normandie*, et le *Roman de Rou* (Lancelot, 444-446) affirment que Guillaume brûla et détruisit sa flotte, pour couper la retraite à sa propre armée et pour obtenir ainsi, de ses soldats, un effort désespéré.

2. Gemm., 287.

3. Will. Malms., 101 ; Taylor Anon., 192 : « Si ego in sortem crederem,

çamp coururent aux armes. Guillaume entendit la messe en grande dévotion, et reçut la communion. Il suspendit à son cou, les reliques, sur lesquelles Harold avait prêté autrefois son serment, et ayant ceint son épée, il partit au galop, sur le front des troupes, après avoir confié son étendard à Toustain le Bel.

Son armée fut divisée par lui, en trois corps. En première ligne, l'infanterie légère se trouvait rangée, avec les flèches et les balistes ; derrière elle, des troupes aux lourdes armures étaient échelonnées, et la dernière ligne était composée de la seule cavalerie (1).

Pour la dernière fois, le duc Guillaume harangua l'armée. A tous il rappela leurs origines glorieuses, les triomphes déjà légendaires, d'Hastings et de Rollon. Il allait, élevant leurs cœurs et leurs volontés à ses desseins magnifiques ; leur montrant un succès prochain et facile, pour leur héroïsme invincible. Il parla, enfin, de la patrie plus grande qu'ils allaient conquérir, et de cette aide surnaturelle qu'il sentait autour de l'armée, et qui l'allait porter à la victoire, pour la justice, et pour la vengeance de la forfaiture (2).

Tandis qu'il parlait encore, ses troupes s'étaient élancées au combat. A leur tête, Taillefer chevauchait, chantant à haute voix, les chansons de Charlemagne et de Roland, avec un enthousiasme qui se répandait par tous les rangs de l'armée (3), qui bientôt se rencontrait avec les forces

hodie amplius in bellum non introirem, sed ego nunquam sortibus credidi... Creatori meo semper me commendavi... ». Guell. Pict , 204 ; Ord. Vit., 500.

1. Guill. Pict., 204 ; Ord. Vital., 504.

2. Henr. Hunt., 368.

3.   Taillefer qui mout bien chantout,
        Sur un cheval qui tost alout,
        Devant euls aloit chantant... ».

Roman de Rou, 461.

d'Harold. Le cri de guerre des Normands, était : « Dieu nous aide ! ; — celui des Anglais : La sainte Croix ; — la Croix de Dieu ! » Au centre de l'infanterie anglaise, formée en un formidable carré, protégé par la muraille de boucliers, on voyait flotter le gonfanon d'Harold, enrichi d'or et de pierreries, et représentant un guerrier au combat. Le roi d'Angleterre était là, avec ses frères, et mêlé à ses soldats, dont il voulait partager les périls (1).

Au premier choc, les Anglais s'emparèrent d'une colline, avec un bois, à ses flancs : l'infanterie normande s'avançait, et fit voler sur eux, une grêle de traits ; — mais l'armée anglaise gardait le terrain conquis, et répondit à l'attaque, à coups de haches et de lances. La mêlée fut bientôt, générale et désespérée. Avantagés par l'élévation du terrain, par leur masse formidable, et leurs armes puissantes, les Anglais repoussaient sans cesse, les attaques de l'ennemi : l'infanterie et la cavalerie de Bretagne durent même reculer. Une panique s'ensuivit, et le bruit de la mort du duc, courut dans l'armée normande, déjà prête à la déroute. Guillaume en cet instant, se montrait partout à ses troupes, tuant lui-même les fuyards, ralliant ses soldats, les poussant à l'attaque, se prodiguant dans tous les rangs de l'armée (2). Celle-ci, à cet irrésistible appel, se retourna avec fureur contre les Anglais, toujours fermes et immobiles, et gardant leurs mêmes positions.

Ce fut alors que Guillaume eut un recours à un stratagème :

1. Henr. Hunt., 368 ; Rad. Dic., 480 ; Bromton, 960.

> « Alierot est en Engleiz
> Qui Sainte Croix est en Franceiz
> Et Goderode est autrement
> Comme en François Dex tout puissant ».
>
> *Roman de Rou*, 461.

Cf. Malmsb., 101 ; Taylor Anon. Hist., 192.
2. Guill. Pict., 202.

ayant vu le succès relatif de sa première manœuvre, il résolut de feindre une retraite ; de provoquer chez les Anglais, une poursuite désordonnée, et de profiter de leur confusion. Un corps de cavalerie, sous la conduite du comte de Boulogne, chargea les Anglais, avec de grands cris : puis soudain, comme effrayés par les forces de l'ennemi, les cavaliers normands simulèrent une retraite précipitée. Les Anglais furent dupes de cette tactique, et se lancèrent à la poursuite des Normands, — d'abord avec quelque succès, — car ceux-ci avaient été emportés par leur élan, dans de dangereuses fondrières (1). Dans l'intervalle, les forces du duc séparèrent en deux tronçons, l'armée anglaise qui enveloppée par toute la cavalerie normande, ne put opérer encore, sa jonction.

La bataille continuait ainsi, avec des fortunes diverses. Harold au milieu des siens, s'exposait sans cesse à la mort, et

1. Taylor. Anon. Hist., 193 ; Dugdale l, 311 : Henr. Hunt., 368 : Rad. Dic., 480.

> « En la champagne out un fossé
> Normans l'avient eux adossé
> Embelinant l'orent passé
> Ne l'avoient mie esgardé.
> Engleis on tant Normans bastez
> En tant empoins et tant boutez
> Ez fossez les ont fait ruser,
> Chevaux et hommes gambeter
> Mout voissiez hommes tomber.
> Les uns sur les autres verser
> Et tresbuschier et adenter
> Ne s'en pooient relever ;
> Des Engleis y mourut assez
> Que Normans ont à euls tirez. »

Roman de Rou, Lanc. 464.

Guillaume eut trois chevaux tués sous lui (1). Le soleil disparaissait à l'horizon, et la victoire demeurait incertaine, car Harold toujours vivant, ne songeait ni à se rendre, ni à renoncer à la lutte.

Une dernière manœuvre de Guillaume allait, enfin, décider de la victoire, en sa faveur. Afin d'harceler les masses lointaines de l'armée anglaise, le duc fit lancer des traits vers le ciel, qui retombaient comme une pluie de tempête, sur l'arrière-garde d'Harold. Cette grêle de traits fut appuyée par une nouvelle charge de la cavalerie normande, qui sema la confusion parmi les rangs des Anglais. Le roi Harold avait été mortellement blessé, au début de la manœuvre, d'une flèche à l'œil. Un écuyer normand, le soir venu, vint s'acharner sur son cadavre : le duc Guillaume sur le lieu même de l'outrage, le souffleta du plat de son épée, et le dégrada... Pendant ce temps, les dernières unités de l'armée anglaise étaient taillées en pièces, par le comte Eustache, que Guillaume lui-même remplaçait, après la mort de celui-

1. Henr. Hunt., 368 ; Bromton, 960 ; Will. Malms., 104 ; Guill. Pict. 202 ; Matt. West., 437-438.

> « Heralt à l'estendart estoit,
> A son poer se deffendoit.
> Mez mout estoit de l'œil grevez
> Pour ceu qu'il li estoit crevez,
> A la douleur que il sentoit
> Du cop de l'œil que li doloit,
> Vint un armé par la bataille,
> Heralt feri sor la ventaille
> A terre le fist tresbuchier ;
> A ceu qu'il sé vout condrecier,
> Un chevalier le rabati,
> Qui en la cuisse le feri,
> En la cuisse parmi le gros
> La plaie fu disi qu'a l'os. »

Roman de Rou, Lanc. 467.

ci, dans un dernier assaut, qui emporta toutes les positions, héroïquement gardées, par l'ennemi.

Le corps d'Harold, retrouvé près des cadavres de ses frères, fut porté au camp normand. La mère du roi qui offrit de racheter le corps de son fils au poids de l'or, vit refuser aux restes du parjure, — ainsi le jugeaient les Normands, — les honneurs de la sépulture (1).

La victoire de Guillaume était définitive, mais la mort d'Harold l'avait surtout assurée : l'armée anglaise eût été encore capable d'une longue résistance, car, c'était en la personne de son chef qu'elle avait été vaincue. Sous un autre roi, en effet, elle eût pu, rassemblée, faire face à l'envahisseur. Mais elle ne devait plus voir le signe du ralliement, et le peuple impatient de paix et d'ordre, regardait désormais le Conquérant, comme un sauveur. Ne succédait-il pas aux Danois et aux Saxons? Et c'était pour la nation un titre suffisant, qu'après eux et comme eux, son avènement fût consacré par la victoire...

Un manuscrit de l'Harléenne (2), contient de la survivance d'Harold, une légende que l'on peut citer, sans la discuter, pour sa simplicité touchante : « Le corps d'Harold fut emporté du champ de bataille, par quelques paysans, qui confièrent leur roi, à une vieille femme sarrasine, qui lui rendit la vie. Le monarque détrôné, selon le chroniqueur anonyme, avait perdu jusqu'au souvenir de l'ambition, qui l'avait tourmenté. Il avait comme changé de nature, et le bâton du pèlerin,

1. Guill. Pict., 203, 204 : « In castra Ducis delatus, qui tumulandum eum Guillemo agnomine Maletto concessit, non matri pro corpore dilectae prolis auri par pondus offerenti. Æstimavit indignum fore ad matris libitum sepeliri cujus ob nimiam cupiditatem insepulti remanerent innumerabiles ». Will. Malms., 102 : « Corpus Haroldi matri repetenti sine pretio misit licet illa multum per legatos obtulisset » (?). Cf. Ord. Vit., 502 ; Matt. West., 439 ; Hoveden, 449 ; Sim. Dun., 197.

2. N° 3.776.

avait remplacé dans sa main, le glaive des combats qu'il serrait naguère. Il était parti, pieds nus, en Palestine, et pour mourir, il avait voulu revoir l'Angleterre. Son cœur avait battu, ainsi qu'autrefois, dans les combats, quand les falaises de Douvres s'étaient dressées à ses yeux, comme des remparts. Il se renferma, dès lors, dans la vie érémitique, et jamais les vanités du siècle n'avaient arraché de regret, à son âme humiliée. Il voulut mourir, sans révéler son secret, et ses yeux se portèrent vers le ciel, qui figurait encore, pour le guerrier, l'image d'une dernière bataille .   .   .   .

.   .   .   .

APPENDICE

---

1. Généalogie des Rois d'Angleterre, jusqu'à la Conquête Normande.

L'ANGLETERRE ET LE PAYS DE GALLES AVANT LA CONQUETE NORMANDE

Liste des Noms de Lieux, avec leurs qualifications modernes

N. B. — Les noms d'origine galloise, sont précédés d'un W

Abbandun. Abingdon, Berks.
Acemannesceaster. Bath, Somerset.
Acleah. Ockley, Surrey.
Ad Baruae. Barrow, Lincoln.
Ad Caprae Caput. Gateshead, Durham.
Ad Gefrin. Yeavering, Northumberland.
Ad Lapidem. Stoneham, Hants.
Aebbercurnig. Abercorn, Linlithgowshire.
Aefene mutha. Embouchure du fleuve Avon. Gloucester et Somerset.
Aegelesburh. Aylesbury, Bucks.
Aescesdun. The Berkshire Downs.
Aethelingaieg. Athelney, Somerset.
Agmundernes. Amounderness (Hundred), Lancaster.
Alcuith. Nom breton de Dumbarton.
Alne. River Aln, Northumberland.
Ambresburh. Amesbury, Wilts.
Andeferan. Andover, Hants.
Andredes-leah ou weald. Forêt du Kent, South Surrey, North Sussex et
    Hants.
Apuldre. Appledore, Kent.
Ardudwy, W. Ardudwy, co. Merioneth.
Arewe. Fleuve Orwell, Suffolk.

Arllechwed, *W.* Arllechwedd, Carnarvon.

Arvon, *W.* Arfon, co. Carnarvon.

Arwystli, *W.* Partie de Gwynedd.

Ascanmynster. Axminster, Devon et Dorset.

Assandun Assington, Suffolk.

Australes Saxones The South Saxons, Saxons du Sud Sussex)

Baddanburh. Badbury, Dorset.

Badecanwiellon, to. Bakewell, Derby.

Baenesingtun. Bensigton ou Benson, Oxford.

Bancor
Bancornaburg } Bangor-ys-Coed, Denbigh et Flint

Bangor. Bangor, Carnarvon.

Baruae, ad. Barrow, Lincoln.

Basingum. Basing, Hants.

Bathan
Bathanceaster } Bath, Somerset.

Beamfleot. Benfleet, Essex.

Beardaneu }
Beardanig } Bardney, Lincoln.

Bearda(n)stapol. Barnstaple, Devon.

Bearrucscir. Berkshire.

Bearwe. Barrow, Lincoln.

Bebbanburh, Urbs Bebbae. Bamborough, Northumberland.

Bedanford. Bedford.

Bedanfordscir. Bedfordshire.

Bedcandford. Bedford ?

Beoforlic. Beverley, York.

Beorhhamstede. Berkhampstead, Hertford.

Beornice, *Lat.* Bernicii. Habitants de Beornicia, région de la moitié nord de Northumbria.

Berecingum, in. Barking, Essex.

Bernicii. Cf. Beornice.

Bosanham. Bosham, Sussex.

Bradanford. Bradford-on-Avon, Wilts.

Bradan-relice ou Steapan-relice, aet ? Flatholme ou Steepholme, dans Bristol Channel (ou Lundy Island).

Brecenanmere ? Lac de Llangorse (Llyn Safaddu), Brecknock.

Breceniauc. Brecknockshire.

Bregentford. Brentford, Middlesex.

Breodun. Bredon, Warwick.

Britford. Britford, Wilts.

Briudun. Bredon, Warwick.

Briuton. Bruton, Somerset.

Brunemue. Burnham Harbour, Norfolk.

Brunnan-burh
Brunnan-weorc   } ? Brunswark ou Birrenswark Hill, près d'Ecclefechan,
Brunes-weorc   )   Dumfries.

Brycg, Cwatbrycg. Bridgnorth, Salop.
Brycgstow. Bristol, Gloucester.
Brytland. Wales.
Buallt, Built, W. Hundred of Builth, Brecknock.
Buccingaham. Buckinghamshire.
Buccingahamscir. Buckinghamshire.
Burh. Peterborough, Northampton.
Buttingtun. Buttington, Montgomery.
Byferesstan. Beverstone, Gloucester.
Bylgesleg. Billingsley, Salop.
Caellwic. Callington, Cornwall.
Calne. Calne, Wilts.
Campodono, in ? Slack, près Stainland, York.
Candida Casa. Whithorn, Wigtownshire.
Cantia. Kent.
Gantwarabyrig. Canterbury.
Carlegion. Chester.
Cartmel. Cartmel, Lancaster.
Cataracta, Cetreht. Catterick, York.
Ceaster. Chester.
Ceasterford. Castleford, York.
Cent, Centlond. Kent.
Ceolesig. Cholsey, Berks.
Cereticiaun, W. Ceredigion, ancienne principauté (Cardiganshire).
Cerniu, W. Cornwall.
Cerotaesci. Chertsey, Surrey.
Cetreht. Catterick, York.
Cicc. St. Ossyth, Essex.
Ciltern. Chiltern Hills, Oxford.
Cingestun. Kingston, Surrey.
Cippanhamme. Chippenham, Wilts.
Cirenceaster. Cirencester, Gloucester.
Cissan [caestir]
Cisseceaster   } Chichester, Sussex.

Civitas Legionum. Chester.
Clastburh. Glasbury, Readnor et Brecknock.
Cnobheresburg? Burh Castle, Suffolk.
Cofantreo. Coventry, Warwick.
Colneceaster. Colchester, Essex.

Coludersburh. Coldingham, Berwickshire.
Colunwy, *W*. Clun, Salop.
Corabrycg. Corbridge, Northumberland.
Corfesgeat. Corfe, Dorset.
Cornoguatlaun. *W*. Carnwyllon.
Cornwelas Cornwall (des habitants de).
Cosham. Cosham, Hants.
Creccagelad. Cricklade, Wilts.
Creeganford. Crayford, Kent.
Cridiantun. Crediton, Devon.
Crucern. Crewkerne, Somerset.
Cruland. Crowland, Lincoln.
Cumberland. Cumberland.
Cwatbrycg. Bridgnorth, Salop.
Cwicelmeshlaew. Cuckhamsley Hills, Ilsley, Down, Berks.
Cymenesora. In Selsey, Sussex.
Cyneburgeceaster. Castor, Northampton
Cynemacresford. Kempsford, Gloucester.
Cynetan, aet ? Kintbury, Berks.
Cyricburh. Chirbury, Salop.
Dacore amnis. River Dacre, Cumberland.
Defenanscir. Devonshire.
Deoraby. Derby.
Deorbiscir. Derbyshire.
Deorham. Dirham, Gloucester.
Deorhyrst. Deerhurst, Gloucester.
Derauuda, in, Silva Derorum. Beverley, York.
Dere, *Lat*. Deri. Les habitants de la partie Sud de la Northumbria.
Deruentio, fl. River Derwent, Cumberland.
Dofre Dover, Kent.
Dogfeiliog. *W*. Principauté de la Galles du Nord.
Domnoc civitas } Dunwich, Suffolk.
Domuce   }
Dorciceaestrae. Dorchester, Oxford.
Dornsaete. Dorset (les habitants du).
Dornwaraceaster. Dorchester, Dorset.
Dorobrevi. Rochester, Kent.
Doruentio, fl. River Derwent, York.
Doruvernis. Canterbury, Kent.
Driffeld. Driffield, York.
Dunholm. Durham.
Dyfed, *W*. Demetia (royaume de la Galles du Sud).
Dynbaer. Dunbar, Haddingtonshire.

Eadesburh. Eddisbury, Chester.
Eadulfes Naes. The Naze, Essex.
Eadwinesclif. Eildon Hill, près Melrose.
Ealdelmesburh Malmesbury, Wilts.
Eamotum, aet. Fleuve Eamont, près Dacre, Cumberland et Westmore-
   land.
East Engle. East Anglia (les habitants de l').
East Seaxe. Essex (Saxons du Sud).
Ebchester (Ebban-ceaster). Ebchester, Durham.
Eburacum. York.
Egonesham. Eynsham, Oxford.
Elge, Elige. Ely, Cambridge.
Elmete silva. Forest dans le Yorkshire.
Elmham. Elmham, Norfolk.
Englafeld. Englefield, Berks.
Eofeshamm. Evesham, Worcester.
Eoforwic-ceaster. York.
Erging, W. Archenfield, Hereford.
Erminge Strete. Ermine Street.
Ethandun. Edington, Wilts.
Euyas, W. District autour d'Ewyas Harold, Hereford.
Exanceaster. Exeter.
Exan-mutha. Exmouth, Devon.
Farne insula. Fern Islands, Northumberland.
Fledanburh Fladbury, Worcester.
Folcanstan. Folkestone, Kent.
Fos. Foss Road.
Frome, on. Frome, Somerset.
From-mutha. Embouchure du Froom, Dorset.
Gegnesburh. Gainsborough, Lincoln.
Geothaburh. ? Jedburgh, Roxburgshire.
Getlingum, In. Gilling, York.
Gifelceaster Ilchester, Somerset.
Gillingaham. Gillingham, Dorset.
Gipeswic. Ipswich, Suffolk.
Glaestingaburh Glastonbury, Somerset.
Gleawanceaster. Gloucester.
Gleaweceastrescir. Gloucestershire.
Gleni, fl. Fleuve Glen. Northumberland.
Godmunddingaham. Goodmanham, York.
Grantabricgscir. Cambridgeshire.
Grantacaestir. Grantchester, Cambridge.
Grantanbrycg. Cambridge.

Grante, fl. Fleuve Cam, Cambridge.
Grenawic. Greenwich, Kent.
Guened, *W.* Gwynedd (*Venedotia*), royaume de la Galles du Nord.
Guent, W*.* (Wente). Gwent, royaume de la Galles du Sud.
Gyldeford. Guildford, Surrey.
Gyrwe, North. North Gyrve.
Gyrwum, In. Jarrow, Durham.
Hacanos. Hackness, York.
Haestinga-ceaster. Hastings, Sussex.
Haethfeld. Hatfield Division, Notts, et Hatfield Chase, York.
Haethfelth. ? Hatfield, Hertford.
Hagustaldensis ecclesia }
Hagustaldes-ea, -ham   } Hexham, Northumberland.
Hamtun. Southampton, Hants.
Hamtun. Northampton.
Hamtunscir. Hampshire (Southamptonshire).
Hamtunscir. Northamptonshire.
Hengestesdun. Hingston Down, Cornwall.
Heorotford. Hertford.
Heortfordscir. Hertfordshire.
Hereford. Hereford.
Heruteu. Hartlepool, Durham.
Herutford. Hertford.
Hlydanford. Lidford, Devon.
Hocneratun. Hook Norton, Oxford.
Homelea, fl. River Hamble, Hants.
Hreopandun. Repton. Derby.
Hreutford. Redbridge, Hants.
Hrofaes-caestrae }
Hrofes-ceaster   } Rochester, Kent.
Hrypum, In. Ripon, York.
Humbre Mutha. Embouchure de l'Humber.
Huntandun. Huntingdon.
Huntandunscir. Huntingdonshire.
Hwaelleage, aet. Whalley, Lancaster.
Hwerwillon, to. Wherwell, Hants.
Hwitanarne, aet. Whithorne, Wigtownshire.
Hyth. Hythe, Kent.
Icanho, aet. Boston, Lincoln.
Icenhilde-weg. The Icknield Way.
Iercingafeld. Archenfield, Hertford.
Iutorum provincia. Le district des Iutae dans Hants.
Kunegeceaster. Chester-le-Street, Durham.

Kyveiliauc. Cyfeiliog, Montgomery.
Laegeceaster. Chester.
Laestingaeu. Lastingham, York.
Laew. Lewes, Sussex.
Landwithan. Lawhitton, Cornwall.
Langport. Langport, Somerset.
Legacaestir. Chester.
Legcceasterscir. Leicestershire.
Leomynster. Leominster, Hereford.
Liccedfeld. Lichfield, Stafford.
Ligeraccaster. Leicester.
Limen. Lympne, Kent.
Lindcolnescir. Lincolnshire.
Lindcylene. Lincoln.
Lindesig. Lindsey, Lincoln.
Lindisfarena eg.   }
Liudisfarnensis Insula } Lindisfarne Island.
Lindisfari. Habitant de Lindsey, Lincoln.
Lindissi provincia. Lindsey, Lincoln.
Llandav. Llandaff, Glamorgan.
Lleudduniawn, W. Lothian.
Llyyn, W. Lleyn, Carnarvon.
Loidis regio. District de Leeds, York.
Lothene. Lothian.
Luel   }
Lugubalia } Carlisle.
Lunden   }
Lunden-burh |
Lunden-wic } London.
Lundonia ·)
Lyccidfelth. Lichfield, Stafford.
Lygetun. Leighton Buzzard, Bedford.
Maeldun. Maldon, Essex.
Magilros. Melrose, Roxburghshire.
Magonsaetan. Habitants d'Herefordshire.
Maildufii Urbs. Malmesbury, Wilts.
Mailros. Melrose, Roxburghshire.
Mameceaster. Manchester, Lancaster.
Maserfelth. Oswestry, Salop.
Mealdelmes-burh. Malmesbury, Wilts.
Medeshamstedi. Peterborough, Northampton.
Medwaege, fl. Fleuve Medway, Kent.
Meiryonyd, W. Meirionydd, Merioneth.

Meresig. Mersea Island, Essex.
Mersc-ware. Habitants de Romney Marsh, Kent.
Middel Seaxe. Middlesex (les habitants de).
Middeltun. Milton, près Sittingbourne, Kent.
Mid-Engle. The Middle Angles. Les Angles du Milieu.
Mierce. Mercia (les habitants de la).
Mochnant, W. District dans Powys, Denbigh et Montgomery.
Mon, W. Anglesea.
Monig. Anglesea.
Monig. The Isle of Man. L'île de Mean.
Morcanuc, W. Morganwg, *alias* Gwlad Morgan : royaume de Morgan Hên.
Mynyw. St. Davids (*Menevia*), Pembroke.
Myrcforth. The Firth of Forth.
Nechtanes Mere. At Dunnichen, Forfar.
Nidd, fl. River Nidd, York.
North Folk. Norfolk (les habitants du).
North Wealas. North. Wales (les Gallois du Nord).
Northan-Hymbre. Les habitants de la Northumbria.
Northwic. Norwich.
Ottanford. Otford, Kent.
Oxenaford. Oxford.
Oxenafordscir. Oxfordshire.
Passanhamme, to. Passenham, Northampton.
Peartaneu. Partney, Lincoln.
Pedridan mutha. Embouchure de la Parrot, Somerset.
Pefenasae. Pevensey, Sussex.
Penta amnis. Fleuve Blackwater ou Pant, Essex.
Peonnho, to Pinhoe, Devon.
Peonnum, aet. Penn Pits, etc., près Penselwood, Somerset.
Perscora. Pershore, Worcester.
Polleswyrth. Polesworth, Warwick.
Port, Portland. Portland. Ile de Dorset.
Portascihth. Portskewett, Monmouth.
Portesmutha. Portsmouth, Hants.
Portlocan, aet. Porlock, Somerset.
Prifetes floda. Fleuve à Privett, Hants.
Puclan-cyrcan, aet. Pucklechurch, Gloucester.
Raculfe. Reculvers, Kent.
Ramesig. Ramsey, Huntingdon.
Readingum, to. Reading, Berks.
Reculf. Reculvers, Kent.
Rendlaesham. Rendlesham, Suffolk.
Repta-caestir. Richborough Castle, Kent.

Richale. Riccall, York.
Rippel, fl. Fleuve Ribble, Lancaster.
Rudelan. Rhuddlan, Flint.
Rumanea. Romney, Kent.
Rumcofan, act. Runcorn, Chester.
Rutubi portus. Richborough, Kent.
Sabrina amnis) La Saverne.
Saefern   )
St. Eadmundes burh. Bury St. Edmunds, Suffolk.
St. Petroces-stow. Padstow, Cornwall.
Sceaftesburh. Shaftesbury, Dorset.
Sceapig. Sheppey, Ile de Kent.
Sceoburh. Shoebury, Essex.
Sceorstan. Sherston, Wilts.
Scireburnan, act. Sherborne, Dorset.
Scotwad. The Firth of Forth.
Scrobbesburh. Shrewsbury.
Scrobbesbyrigscir. Shropshire.
Scythles-cester? Chesters près Chollerford, Northumberland.
Searoburh. Salisbury.
Seccandun. Seckington, Warwick.
Selaeseu. Selsey, Sussex.
Seolesig. Selsey, Sussex.
Snotingaham. Nottingham.
Snotingahamscir. Nottinghamshire.
Soluente. River Solent.
Sondwic. Sandwich, Kent.
Staefford. Stafford.
Staeningum, act. Steyning, Sussex.
Stafford-scir. Staffordshire.
Stane, aet. Staines, Middlesex.
Stanfordbrycg. Stamfordbridge, York.
Steanford, Stamford.
Sture mutha. Embouchure du Stour, Essex
Suala, fl. River Swale, York.
Sudergeona. Surrey (les habitants de).
Sumorsaete. Somorset.
Sumortun. Somerton, Somerset.
Sunning. Sonning, Berks.
Suthburh. Sudbury. Suffolk.
Suth. Engle. The South Angles. Les Angles du Sud.
Suth-folk. Suffolk (les habitants du).
Suth-geweore. Southwark, Surrey.

Suthrige. Surrey (les habitants de).
Suth-Seaxe. Sussex (les Saxons du Sud).
Suthwillan, act. Southwell, Notts.
Swanawic.. Swanage, Dorset.
Taddenes-scylf. Tanshelf, York.
Taefingstoc. Tavistock, Devon .
Tacmeseford. Tempsford, Bedford.
Tamaweorthig. Tamworth, Stafford et Warwick.
Tame, act. Thame, Oxford.
Tamur. Fleuve Tamar, Devon et Cornouailles.
Tanotos Insula. Thanet, Ile de, Kent.
Tantun. Taunton, Somerset.
Tatha [nceaster]. Tadcaster, York.
Tegeingel, *W*. Tegeingl, Flint.
Tegntun. Teignton, Devon .
Temes, fl. La Tamise.
Tenet. Thanet, Ile de.
Theotanheale, act. Tettenhall, Stafford.
Thelwaele, to. Thelwall, Chester.
Theodford. Thetford, Norfolk.
Thorneg. Thorney, West, Sussex.
Tilaburg. Tilbury, Essex.
Tinan-mutha. Tynemouth, Northumberland.
Tine ea
Tinus amnis } River Tyne, Northumberlan et Durham.
Tofeccaster. Towcester, Northampton.
Totanaes. Totnes, Devon.
Treanta, fl.
Trente, fl. } Fleuve Trent.
Tuidi fl.
Tuidi, fl. Fleuve Tweed.
Tunebryeg. Tunbridge, Kent.
Turecesieg. Torksey, Lincoln.
Tweoxneam, act. Christchurch (Twineham), Hants.
Uaeclinga-caestir. St. Albans, Hertford.
Uerlama-caestir. St. Albans, Hertford.
Uetadun, Waetadun. Watton, York.
Uinuaed, fl. ? River Went, York.
Uiurae-muda. Embouchure du Wear, Durham.
Uiuri, fl. Fleuve Wear, Durham.
Undalum, In. Oundle, Northampton.
Urbs Bebbae. Bamborough, Northumberland.
Urbs Legionum. Chester.

Use, fl. Fleuve Ouse, Bedford.
Use, fl. Fleuve Ouse, York.
Vecta. Wight, Ile de.
Venta. Winchester.
Verolamium. St. Albans, Hertford.
Waeced. Watchet, Somerset.
Waeclinga Straet. Watling Street.
Waege, fl. Fleuve Wye, Hereford.
Waeringwic. Warwick.
Waeringwic-scir. Warwickshire.
Waestburh. Westbury-on-Severn, Gloucester.
Waetadun. Watton, York.
Wealingaford. Wallingford, Berks.
Wealtham. Bishop's Waltham, Hants.
Wecedport. Watchet, Somerset.
Wedmor. Wedmore, Somerset.
Weolud. fl. Fleuve Welland.
Weor. Feuve Wear, Durham.
Werham. Wareham, Dorset.
Westanwuda, be. Sherborne, Dorset.
Westmoringaland. Westmoreland.
West Seaxe. Wessex.
Wibricg. Weybridge, Surrey.
Wiger (n) aceaster. Worcester.
Wihtgaraburh. Carisbrooke, Ile de Wight.
Wiltun. Wilton, Wilts.
Wiltunscir. Wiltshire.
Winburna. Wimborne Minster, Dorset.
Wincelcumb. Winchcombe, Gloucester.
Wintan-caestir. Winchester.
Witham. Witham, Essex.
Woddesbeorh. Woodborough, Wilts.
Wuse. Fleuve Ouse, Cambridge et Norfolk.
Ypwines-fleot. Ebbsfleet, Kent.
Yttinga-ford. At Linslade, Buckingham.

TABLE DES MATIÈRES

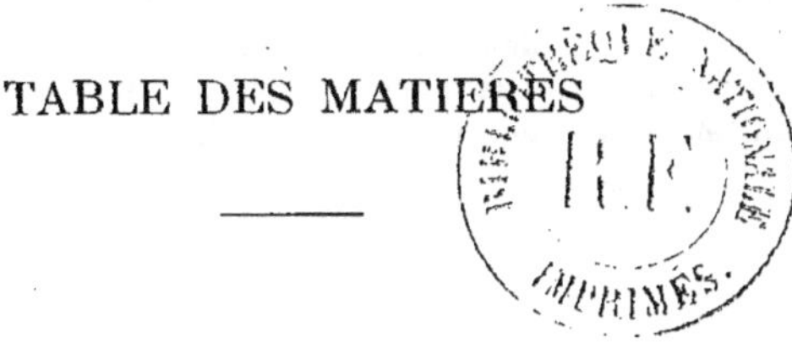

LIVRE II

Chapitre premier

Chapitre II

Chapitre III

LIVRE III

Chapitre premier

Chapitre II

LAVAL — IMPRIMERIE L. BARNÉOUD ET Cie.

I

GÉNÉALOGIE DES FILS DE WODEN

Chron. Sax. a. 855	De l'Edda de Snorre (édit. Rask)
Noc.	Sif.
Sceaf	Loride.
Bedwig.	Henrede.
Hwala.	Vingethor.
Hathra.	Vingener.
Itermon.	Moda.
Heremod	Magi.
Sceldwa.	Cespheth (Sefsmeg).
Beaw.	Bedvig.
Tætwa.	Atra (Anna).
Geat.	Itrmann.
Godwulf	Heremod.
Finn.	Skialldunn (Skiöld).
Frithuwulf.	Biaf (Biar et Bavr)
Frealaf.	Jat.
Frithuwald	Gutbólfr.
	[Finnr.]
Woden.	Fiarlef (Frialafr) (Frithleif).
	Vothinn (Othinn).

Wecta, ancêtre des rois du Kent.

Baeldaeg, — Brond.

Casere, ancêtre des rois de l'Anglia orientale.

Scaxneat, ancêtre des rois de l'Essex.

Waegdaeg, ancêtre des rois de Deira.

Wihtaelg, ancêtre des rois de Mercie.

Winta, ancêtre des princes de Lindisfaras

Frithogar, ancêtre des rois du Wessex.

Beornd (Beonoc), ancêtre des rois de Bernicia.

II

GÉNÉALOGIE DES ROIS DU KENT.

Woden[1].
|
Weeta[2].
|
Witta[1].
|
Wihtgils[1].
|
Hengest[1], 446. † 488. — Honsa[1],
|
Eric, surnommé Aesc[2], 488. † 512.
|
Octa[3].
|
Eormenric[3], † 566.
|
├─ Ricole[4], Sledu roi d'Essex.
└─ Aethelberht[5], 568: † 24 Feb. 616. Bertha, fille de Charibert.
    |
    ├─ Aethelburh ou Tate[6], Eadwine de Northumbrie.
    └─ Eadbald[7]. 616. † 20 janv. 640.
        |
        ├─ Eormenred[8], Oslaf.
        ├─ Ecgfrith[9], 618.
        ├─ Earconberht[8], 640. † 14 July 664.
        └─ Eanswith[10],

Eormenbeorh[11]. Domneva. Merewald, ealdorman des Angles orientaux. — Eormenburh[12]. — Eormengyth[12]. — Aethelthryth[12]. — Aehthelred[13]. — Aethelbyrht[13]. — Ecgberht[13], 664. † Juillet 673. — Earcongote[8], † dans l'abbaye de Brie. — Eormengild[12], — Hlothhaere[13], 673. † 6 Fév. 685.

Ecgberht[13] :
├─ Eadric[14], 673-686.
└─ Wihtraed[14], 690. † 23 avril 725. 1. Cynegyth ; 2. Aethelburh.
    |
    ├─ Eadbert[15], 725. † 748.
    ├─ Aethelberht II.[15], 748. † 760.
    └─ Alric[15], 760. † 794.

Eadbert[15] :
└─ Eardwulf[16], † avant 794.

Hlothhaere[13] :
└─ Richard[17], moine

[1] Beda, i, 15. Sax. Chron. a. 449.
[2] Beda, ii. 5. Sax. Chron. a. 457.
[3] Beda, ii. 5.
[4] Beda, ii. 3. Sax. Chron. a. 604.
[5] Sax. Chron. aa. 508, 516. Beda, ii. 5 ; i. 25.

[6] Beda, ii. 9. Flor. Geneal.
[7] Beda, ii. 5. Charte dans Bède, de Smith, p. 694. Sax. Chron. Fl. Wigorn. a. 640. Ann. Jovav. Thorne. col. 1769. Cod. Diplom. p. 10.
[8] Beda, iii. 8. Sax. Chron. a. 640. Flor. Geneal.

[9] Cod. diplom. t. i. p. 9.
[10] Flor Geneal.
[11] Sim. Dunelm. Flor. Geneal W. Malm. lib. i.
[12] Flor Geneal.
[13] Beda, iv. 5, 26. Sax. Chron.

[14] Beda, iv. 26, v. 23. Sax. Chron. Cod. Diplom. pp. 42, 48, 49, 50.
[15] Beda, v. 23.
[16] Charte de 762, dans Cod. Diplom. p. 115
[17] Alford. t. i. p. 588.

GÉNÉALOGIE DES ROIS DU WESSEX, DE Woden à Egberht.

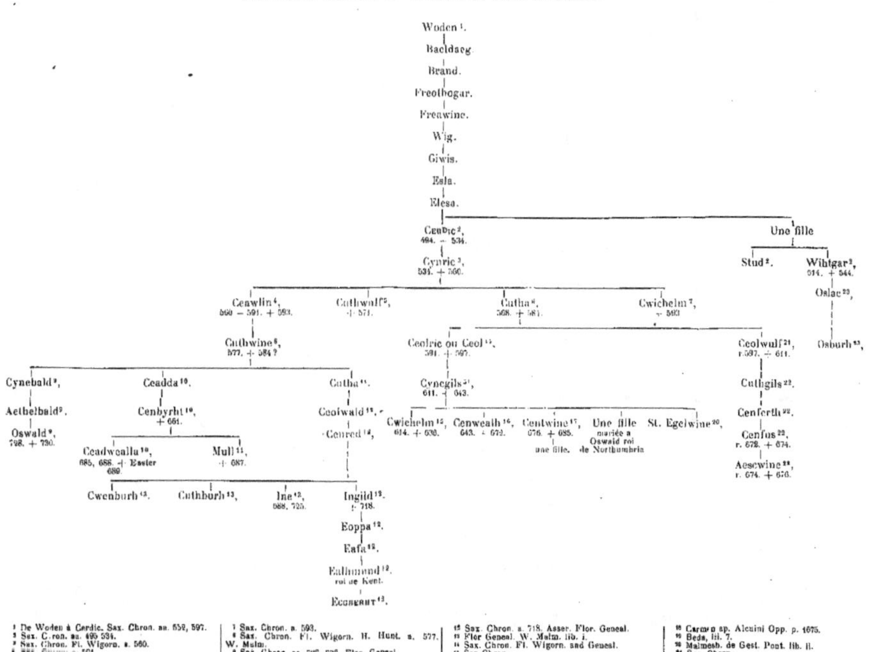

1 De Woden à Cerdic. Sax. Chron. aa. 552, 597.
2 Sax. Chron. aa. 495 534.
3 Sax. Chron. Fl. Wigorn. a. 560.
4 Sax. Chron. a. 591.
5 Sax. Chron. a. 571.
6 Sax. Chron. aa. 568, 584. Fl. Wigorn. a. 584.
7 Sax. Chron. a. 593.
8 Sax. Chron. Fl. Wigorn. H. Hunt. a. 577. W. Malm.
9 Sax. Chron. aa. 728, 738. Flor. Geneal.
10 Sax. Chron. a. 685.
11 Sax. Chron. a. 584.
12 Sax. Chron. a. 718. Asser. Flor. Geneal.
13 Flor. Geneal. W. Malm. lib. i.
14 Sax. Chron. Fl. Wigorn. and Geneal.
15 Sax. Chron.
16 Beda, iii. 7. Sax. Chron.
17 Beda, iv. 15. Eddius, c. xxxix. Sax. Chron.
18 Carmen ap. Alcuini Opp. p. 1675.
19 Beda, iii. 7.
20 Malmesb. de Gest. Pont. lib. ii.
21 Sax. Chron.
22 Flor. Geneal Sax. Chron.
23 Asser.

IV

GÉNÉALOGIE DES ROIS DE L'ANGLIA ORIENTALE

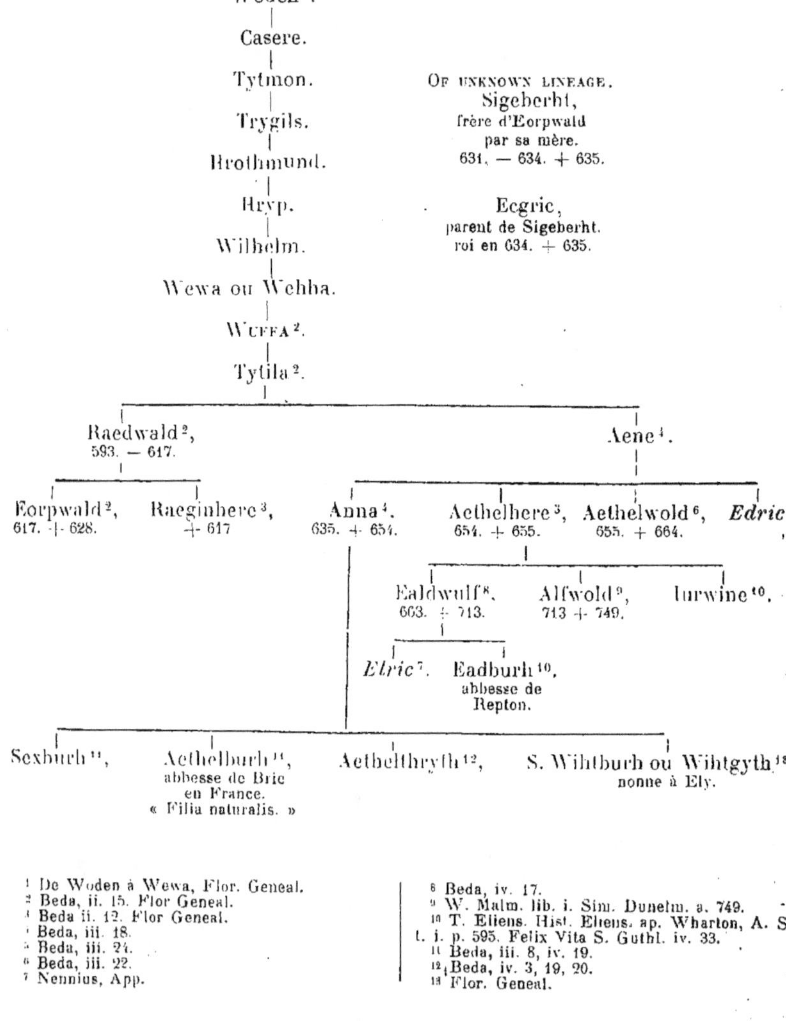

[1] De Woden à Wewa, Flor. Geneal.
[2] Beda, ii. 15. Flor Geneal.
[3] Beda ii. 12. Flor Geneal.
[4] Beda, iii. 18.
[5] Beda, iii. 24.
[6] Beda, iii. 22.
[7] Nennius, App.
[8] Beda, iv. 17.
[9] W. Malm. lib. i. Sim. Dunelm. a. 749.
[10] T. Eliens. Hist. Eliens. ap. Wharton, A. S. t. i. p. 595. Felix Vita S. Guthl. iv. 33.
[11] Beda, iii. 8, iv. 19.
[12] Beda, iv. 3, 19, 20.
[13] Flor. Geneal.

V

GÉNÉALOGIE DES ROIS DE L'ESSEX

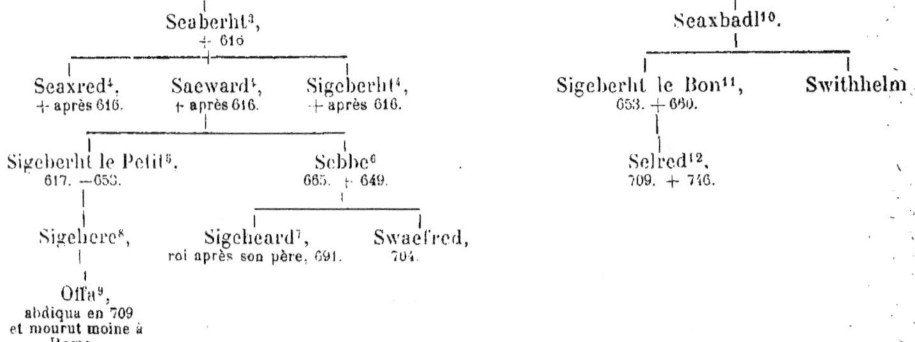

[1] Flor. Geneal. H. Hunt.
[2] Beda, ii. 3. Sax. Chron. a. 604.
[3] Beda, ii. 5.
[4] Fl. Wigorn. Geneal. W. Malm. lib. i.
[5] Beda, iii. 22. Flor. Geneal. W. Malm.
[6] Beda, v. 30.
[7] Beda, iv. 11. W. Malm.
[8] Beda, iii. 30. Rad. de Diceto, Abbreviat. a. 641.
[9] Beda, v. 19. W. Malm.
[10] Flor. Geneal.
[11] Beda, iii. 22.
[12] Sax. Chron. Fl. Wigorn. a. 746. W. Malm. lib. i.

GÉNÉALOGIE DES ROIS DE BERNICIA

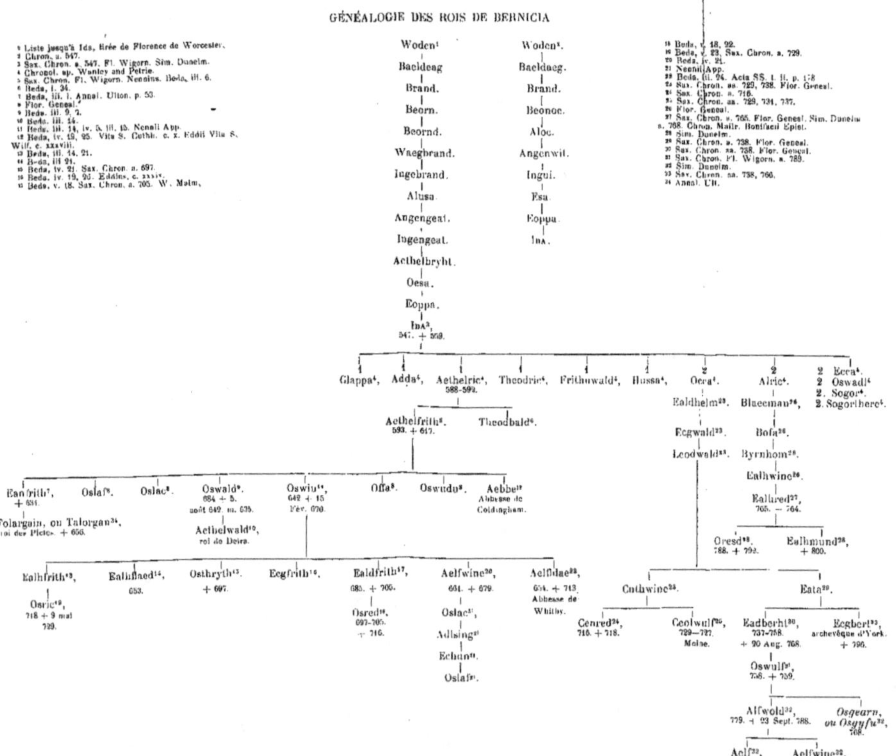

GÉNÉALOGIE DES ROIS DE DEIRA

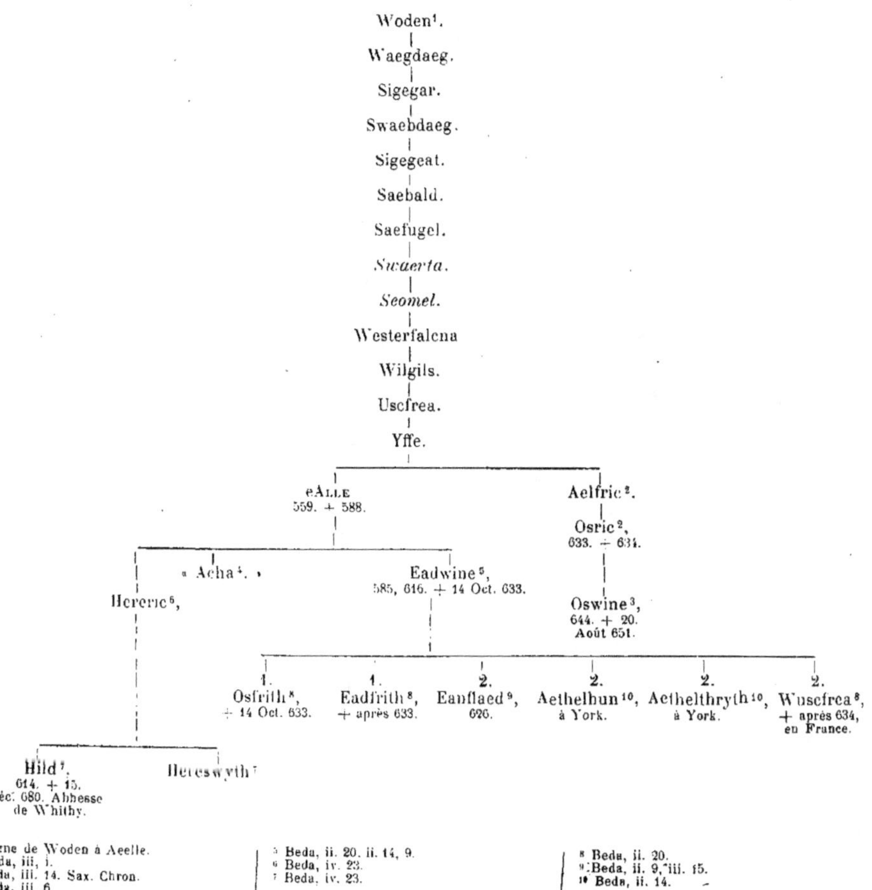

[1] Ligne de Woden à Aeelle.
[2] Beda, iii, i.
[3] Beda, iii. 14. Sax. Chron.
[4] Beda. iii. 6.

[5] Beda, ii. 20. ii. 14, 9.
[6] Beda, iv. 23.
[7] Beda, iv. 23.

[8] Beda, ii. 20.
[9] Beda, ii. 9, iii. 15.
[10] Beda, ii. 14.

VIII

GÉNÉALOGIE DES ROIS DE MERCIE

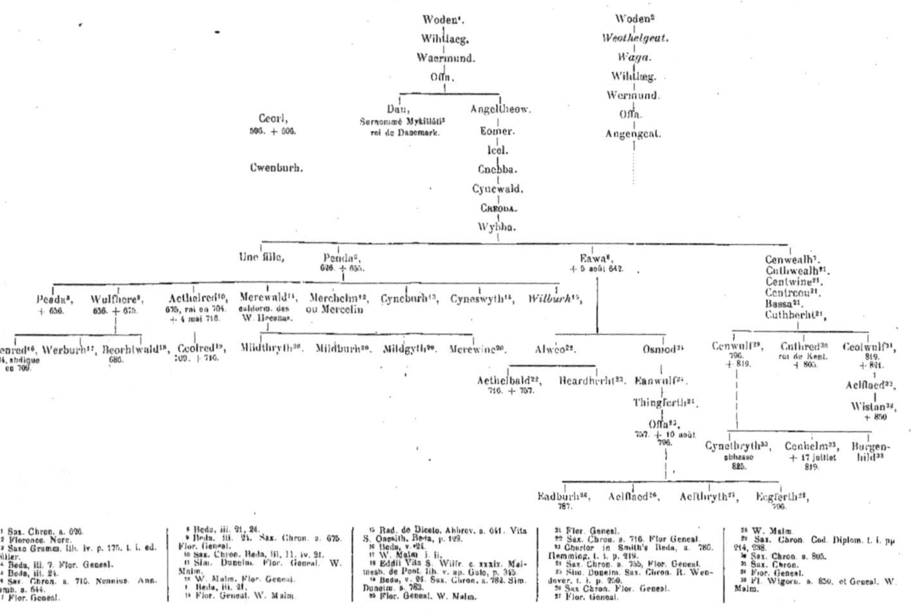

1 Sax. Chron. a. 626.
2 Florence. Nore.
3 Saxo Gramm. lib. iv. p. 175. t. i. ed. Müller.
4 Beda, iii. 7. Flor. Geneal.
5 Beda, iii. 24.
6 Sax. Chron. a. 716. Nennius. Ann. Camb. a. 644.
7 Flor. Geneal.
8 Beda, iii. 21, 24.
9 Beda, iii. 24. Sax. Chron. a. 675. Flor. Geneal.
10 Sax. Chron. Beda, iii. 11, iv. 21.
11 Sim. Dunelm. Flor. Geneal. W. Malm.
12 W. Malm. Flor. Geneal.
13 Beda, iii. 21.
14 Flor. Geneal. W. Malm.
15 Rad. de Diceto. Abbrev. a. 641. Vita S. Onesith. Beta, p. 129.
16 Beda, v. 24.
17 W. Malm. i. ii.
18 Eddii Vita S. Wilfr. c. xxxix. Malmesb. de Pont. lib. v. ap. Gale, p. 345.
19 Beda, v. 24. Sax. Chron. a. 782. Sim. Dunelm. a. 783.
20 Flor. Geneal. W. Malm.
21 Flor. Geneal.
22 Sax. Chron. a. 716. Flor Geneal.
23 Charter in Smith's Beda, a. 786. Hemming, t. i. p. 219.
24 Sax. Chron. a. 755, Flor. Geneal.
25 Sim. Dunelm. Sax. Chron. R. Wendover, t. i. p. 250.
26 Sax Chron. Flor. Geneal.
27 Flor. Geneal.
28 W. Malm.
29 Sax. Chron. Cod. Diplom. t. i. pp 214, 238.
30 Sax. Chron. a. 805.
31 Sax. Chron.
32 Flor. Geneal.
33 Fl. Wigorn. a. 850. et Geneal. W. Malm.

GÉNÉALOGIE DES PRINCES DES LINDIS-FARAS, OU HABITANTS DE LINDSEY, TERRITOIRE AUTOUR DE LINCOLN

Woden[1].
|
Winta.
|
Cretta.
|
Cweldgils.
|
Caebdäed.
|
Bubba.
|
Beda.
|
Biscop.
|
Eanferth.
|
Eatta.
|
Ealdfrith.

Liste tirée de Florence de Worcester.

X

GÉNÉALOGIE DES ROIS DU WESSEX

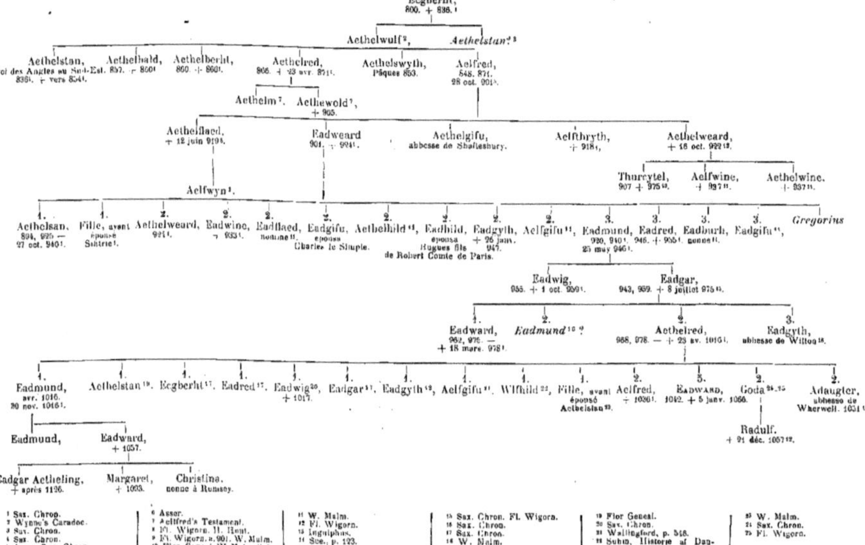

1 Sax. Chron.
2 Wynne's Caradoc.
3 Sax. Chron.
4 Sax. Chron.
5 Asser. Sax. Chron.
6 Asser.
7 Aelfred's Testament.
8 Fl. Wigorn. H. Hunt.
9 Fl. Wigorn. a. 901. W. Malm.
10 Flor. Geneal. W. Malm. ii. 5.
11 W. Malm.
12 Fl. Wigorn.
13 Ingulphus.
14 Sos. p. 123.
15 Sax. Chron. Fl. Wigorn.
16 Sax. Chron.
17 Sax. Chron.
18 W. Malm.
19 Flor Geneal.
20 Sax. Chron.
21 Wallingford, p. 548.
22 Suhm, Historie af Danmark, iii. p. 431.
23 W. Malm.
24 Sax. Chron.
25 Fl. Wigorn.

GÉNÉALOGIE DES ROIS ANGLO-DANOIS[1].

Harald Blåtand.
933-986.

Svein Tjuguskegg,
† 2 fév. 1014.

Gunhild,
13 nov. 1002.

Fille, ayant épousé Olaf Trygg- vason, roi de Norvège.

Fille, ayant épousé Styrbiörn, fils d'Olaf, roi de Suède.

Fille, épouse de Wyrtgeorn, roi des Wends.

Harald,
1016.

Cnut,
1016. † 11 nov. 1035.

Gytha, épouse Eric, jarl de Norvège.

Astrith (Margaret).

Thorgils Sprakalegg.

Gunhild, épouse 1. Hakon jarl, † 1030. 2. Harald, fils de Thorkell, † 13 nov. 1042.

Hakon, earl de Worcester. † 1030.

Ulf jarl, † 1025.

Biörn † 1049.

Asbiörn

Svend Estrithson, roi de Danemark 1047. † 1076.

Hemming,
1044.

Thorkell,
1044.

1.
Svein, roi de Norvège. † 1036.

1.
Harold Harefoot, 1036. † 17 mars 1039.

2.
Harthacnut, 1039. † 8 juin. 1042.

2.
Gunhild, épouse en 1036 Henry III roi de Germanie. † 16 juillet 1038.

Beatrice, 1045 abbesse de Quedlinburg.

(1) Généalogie tirée de la *Chronique Saxonne*, et des Chroniqueurs, déjà cités.

XII

GÉNÉALOGIE DE LA FAMILLE DE GODWINE

Aegelric.

Eadric Streona, † 25 déc. 1017. — Brihtric. — Aelfric. — Goda. — Aethelwine. — Aethelweard. — Aethelmaer.

Eadric le Forestier, 1067-1072.

Wulfnoth, 1008.

Godwine, † 1053.

Gunhild, † 24 août 1087. — Eadgyth, 1045 † déc. 1074. — Sweyn, † 1052. — Harold, janv. 1066, 14 oct. 1066. — Tostig, † 25 sept. 1066. — Leofwine, † 14 oct. 1066. — Gyrth, † 14 oct. 1066. — Wulfnoth, 1087.

Hakon.

Godwine. — Eadmund. — Magnus. — Ulf. — Gytha, 1087. — Gunhild.

GAUTIER (Léon). — **Histoire de la poésie liturgique au Moyen-Âge. Les tropes**, 1886, in-8° broché   10 fr.

MAGNIN (E.). — **L'église Wisigothique au VIIe siècle**, tome premier, 1 volume in-12   3 fr. 50

MILLARDET (Georges). — **Étude de dialectologie landaise. Le développement des phonèmes additionnels**, 1910, petit in-8° broché   .   10 fr.

— **Petit atlas linguistique d'une région des Landes. Contribution à la dialectologie gasconne**, 1910, petit in-8° broché   20 fr.

MORTENSEN (Jean). — **Le théâtre français au Moyen-Âge**. Trad. du Suédois par Emm. Philipot, 1903, in-12 broché, planche hors texte   3 fr. 50

NYROP. — **Grammaire historique de la langue française**, 1904-1908, 3 vol. in-8°, chaque volume   10 fr.

    Tome I, 2e édition. PREMIÈRE PARTIE : **Histoire de la langue française**.
      DEUXIÈME PARTIE : **Phonétique**.
    Tome II. TROISIÈME PARTIE : **Morphologie**.
    Tome III. QUATRIÈME PARTIE : **La formation des mots**.

— **Manuel phonétique du français parlé**, 2e édition traduite et remaniée par Emm. Philipot, 1903, in-8° broché, fig.   4 fr.

Li Romans de Bauduin de Sebourc, IIIe roi de Jhérusalem, poème du xive siècle, publ. par L. C. Louis Boca, archiviste du Pas-de-Calais. Valenciennes, 1841, 2 vol. grand in-8° broché   25 fr.

TOBLER (Adolf). — **Mélanges de grammaire française**, traduction française de la 2e édition par Max Kuttner et L. Sudre, petit in-8° broché   6 fr.